新都杨升庵博物馆藏珍

新都杨升庵博物馆
四川大学博物馆 编

巴蜀书社

编委名单

EDITORIAL BOARD LIST

目录

CONTENTS

序

霍巍

《新都杨升庵博物馆藏珍》的出版，将为中国传统文化和历史文化遗产研究献上一份厚礼。虽然这座博物馆在全国千万座各具地方特色的博物馆中，只是一座小馆，但是其馆藏文物，却汇聚了中国西南地区的若干精华，具有独特的历史、文物和艺术价值。

新都是一座历史文化名城，有着深厚的人文积淀。“新都”之名，源远流长。相传蜀王开明氏称帝，新建都邑，以别于前代蜀王杜宇所建的旧都郫邑，故有“新都”之名。晋人常璩所著《华阳国志·蜀志》记载：“开明王自梦廓移，乃徙治成都。”自此“蜀以成都、广都、新都为三都，号名城”。秦汉以后，巴蜀地区被纳入统一的中央王朝版图，在秦汉王朝所设立的郡县中，新都先后归属于蜀郡、广汉郡等郡，一直是成都平原上自然资源最为丰富、战略位置最为重要、人文特点最为鲜明的地区之一。

历年来，在新都取得了一系列重要的考古发现，大量地下出土的历史文物充分展示了新都作为川西平原千年名都的神韵与风采。其中，收录在本书的战国青铜器、汉代画像砖和汉代陶俑等，都是享誉全球的珍贵文物。以汉代画像砖为例，新都出土的东汉画像砖凝聚了川西平原最为富饶的成都地区汉代画像砖之精华。从其内容题材上看，它是对汉代的社会习俗、生产和生活情景的生动写照，涉及面极其广泛：从表现精神信仰的“升仙”，到折射蜀地古风的“野合”；从达官显贵的车马仪仗，到村夫农妇的田园牧歌；从歌舞升平的宫廷宴饮，到鲜为人知的帐中

秘戏……这一幅幅汉代画像，反映出这个时期人们的生活片断和对死后世界的想象，这都是文献记载所不可替代的重要实物资料。从造型艺术上看，新都汉代画像砖具有现实主义的写实风格与夸张技法相结合的特点，画面犹如木刻画，在其上施以凸起的线条，图像简洁，造型生动，是汉代艺术中的珍品，开启了后世魏晋以迄隋唐的雕刻、绘画的艺术风尚。

新都向来以山川锦绣、人杰地灵而著称，有著名的宝光寺、龙藏寺、桂湖等大量古迹，成为川西成都的历史文化名片。“相如赋、太白诗、东坡词、升庵科第”——这是蜀地文化最引以为豪的四颗灿烂明珠。本书精选的馆藏杨升庵书法作品及各种著述，从一个侧面反映出这位明代状元和政治家“诗书济世、耕读传家”的精神风貌和人文品性。本书还另精选了历代对杨升庵家族生平记载的若干重要碑刻、墓志及拓片，这对于新都杨氏家族的身世脉络和家族传统的研究，无疑有着重要的价值。由于新都杨升庵博物馆有着“近水楼台先得月”之便，馆内所藏书画作品中还有许多与纪念杨升庵有关的书画作品，此次也精选了一部分，为本书增色不少。

在这座博物馆当中，还收藏有不少零散的文物精品，具有很高的文物价值和科学研究的价值。例如，收入的两件唐代高足金杯，是修建新都县医院时出土的文物。从它们的造型风格上看，具有古代西方金银器的特点，分别采用了锤揲、錾刻、鎏金、焊接、镂空等多种工艺制作而成，这表明新都出土的唐代高足金杯和中原北方地区一样，制作多仿西方东罗马－拜占廷金器，但同时又逐渐中国化。这两件高足杯的杯体形制虽然仿西方器形，但主要纹饰却是中国传统文化中常见的“匹出方格纹”，具有典型的“中西合璧”的特点。过去这类高足金杯多见传世的收藏品，

考古发掘出土的实物不多，新都出土的这两件高足金杯，尚未明确究竟是出土于窖藏，还是出土于墓葬，但都透露出一个重要的历史信息：作为唐代号称“扬一益二”的成都门户——新都，是唐代中外文化交流的重镇，唐代金银器中外来风格的遗风流韵，通过这两件高足金杯的出土同样得以彰显。

自秦汉以来，新都就是从中原经“金牛道”进入成都平原的最后门户，是古代中原与古蜀交通往来的要冲之地。新都东汉崖墓中出土的《石门关题铭》，将一个移民家族经历艰苦的迁徙、流浪之后，期望在这块土地上能够定居下来，在此地“造墓定基”，建“万岁之宅”的强烈愿望表达无遗。我们也可以由此推想，这些汉代的移民，在抵达新都之后，势必将此地视之为人生最终的目的地、理想中的“人间乐土”。唐代的新都，是成都府下辖的县，文献记载其与中原甚至外域的人员往来、文化交流十分活跃。例如，唐代高僧释道世所撰《法苑珠林》卷三十八记载，曾有天竺（古代印度）僧人前往成都，先至雒县“大石寺塔所敬礼”，事毕之后先住宿在雒县和成都之间的“两女驿”，随后即到达成都与新都之间的“天回驿”，最后抵达成都府[1]。在这样的历史背景之下，这两件唐代高足金杯在新都的出土，也就在情理之中了。

一座底蕴深厚的博物馆，无论其大小、级别，如果可以由点到线、由线到面、由面成体，从而多层次、多视角地浓缩和凝聚一个区域的历史；同时也可以由此辐射到更为广阔的时代背景，让人去领略从古蜀文明到中华文明的历史进程；去眺望更为遥远的中西方文明交流的历史片断，从而对习总书记所说的中华民族对于构建“人类命运共同体”所做出的历史贡献有更为深刻的理解，那么，这就是一座精彩的博物馆。

[1] 参见严耕望：《唐代交通图考》第四卷“山剑滇黔区”，上海古籍出版社，2007 年，第 901 页。

引言

王波

一城

“蜀以戎都、广都、新都为三都，号名城”，《华阳国志》如是说。新都地处成都平原腹心地带，地理位置优越，自古即置身于蜀文化的核心区域。其北临三星堆古城，南接金沙遗址，西与郫县古城毗邻，西南的温江鱼凫古城近在咫尺。在这样一个被史前古城和青铜时代蜀国王城环绕的地方，一定会有震惊世人的地下宝藏等待着有缘人来发现和唤醒。

先秦时期，区境沿毗河、青白江两岸台地宝墩文化（新石器时代）和十二桥文化（商周）时期古遗址星罗棋布，它们是成都平原先秦时期众多聚落的一部分。1980 年在新都马家清理了一座战国中期大型木椁墓，当考古人员面对盗掘一空的墓室扼腕叹息时，谁也没料想巨大的惊喜会降临。揭开椁室底板，赫然发现一个由木板四面围合的矩形腰坑，坑内出鼎、罍、编钟、壶、鍪、釜、剑、戈、钺、斤、斧、凿等各类礼器、兵器及生活器具共有 188 件。它们或五件一组，或两两成对，通体闪着炫目的金属光泽，铮亮如新。马家大墓出土的青铜器品类之丰富、铸造之华美、用料之上乘，着实让人叹为观止。再加之规模宏大的墓室、青铜印章和器具上铸刻的神秘族徽无不显示出墓主人的显赫地位和王者气象。近几年在马家大墓以东 10 千米的青白江区双元村（原隶属新都）发现一处大型春秋战国时期墓地，共清理墓葬近 300 座，出土青铜器 600 余件，这批蜀人与马家大墓主人之间是否存在一定的联系，尚待进一步研究。

两汉时期，尤其是东汉，在区境西北毗邻彭州的清流、新繁、新民、马家等镇，有为数不少的画像砖墓，区境东部的龙泉山脉，则密布数以千计的崖墓。这些墓葬所出的遗物，构成了新都馆藏文物的大部。

一湖

城中古县署之南，有一湖，名桂湖。盛夏，翠荷田田，粉莲盈盈；金秋，桂蕊吐芳，暗香浮动。

湖始凿于何时？初为何名？

这样的疑问不禁使人生出些许怀古思远之情，当然，也包括清嘉庆新都县令杨道南。嘉庆十七年夏六月的一天，到任新都县令甫始的杨道南循旧例登城墙视察城防，得见城南门内有良田数十顷，禾稻芃芃，蔚然在望。这不禁让他疑窦丛生，城内民房鳞次栉比，几无隙土，何以有这片良田错出于人烟稠密之中。询诸士人得知，其为古桂湖，废而为田已逾百年。湖因明升庵先生沿堤植桂作桂湖曲而名桂湖。清乾隆十四年，湖水偶涸，官府衙役将湖湮为田以充解费，士人多有争讼。杨道南遂废田复湖，一则断绝衙役与民争利，二则复一县之胜迹，为后世留存下凭吊升庵的遗迹。清道光十二年，邑令汪澍在前人培植的基础上，再建亭台楼榭，桂湖遂成今日之气象。

凿地为湖，湮湖为田，废田复湖，桂湖俨然就是这座城的缩影，与城一道历经沧桑变迁、兴废迭代。

一人

《明史·杨慎传》云："明世记诵之博，著作之富，推慎第一。"究竟是怎样的"博"与"富"？杨慎的挚友简绍芳说得很详细，他在《赠光禄卿翰林修撰升庵杨慎年谱》中记到："凡宇宙名物之广，经史百家之奥，下至稗官小说之微，医卜技能、草木虫鱼之细，靡不究心多识，阐其理，博其趣，而订其讹谬焉。"

杨慎的学识和才情，世人多有评述，或誉或毁，或抑或扬，林林总总、不一而足。不过，好在他海量的著述大都还留存至今，后人可以借由这些泛黄的字纸走进他的世界，感知他的才情禀赋和思想灵光，时间终会给予他一个客观公允的评价。

中国传统士大夫遵循着"修身、齐家、治国、平天下"这样的路径，通过不懈的努力达到人生顶点。杨慎予人震撼之处，并不是他弱冠之年即高中状元仕宦君侧，达到了无数士子终其一生也难企及的高度，而是其经历"大礼议"事件和远戍滇南所展现出来的士大夫风骨。即便在个人功成名就之时，仍能誓死捍卫心中之道，即便是坠入命运谷底，仍能回归修身初衷，呕心苦志，著书立说，这或许才是杨慎最具现实意义的价值所在。

新都这座城滋养和造就了"一门七进士，科甲满全川"的杨氏家族，杨家尤其是状元杨慎也成就了新都这座小城，留下了桂湖胜迹和香城美誉，使新都得以名扬海内外。

一馆

新都杨升庵博物馆坐落在古桂湖之畔，成立于 1984 年，前身为新都杨升庵纪念馆。现新都杨升庵博物馆以收藏、研究、展示新都历代出土文物及与杨慎有关的书画、古籍为主。馆藏文物近 3000 件，其中珍贵文物 464 件，包含画像砖、古籍善本、青铜器、金银器、石刻、陶瓷器、钱币、书画等十余个门类，尤以汉画像砖、汉陶俑及明杨慎著述善本最为突出。新都杨升庵博物馆现有三个常设展览，其中"璀璨新都"专题陈列由"古蜀名都""汉风唐韵""人文明清"三个单元构成，粗线条勾勒了新都古代文明发展历史；"翰墨丹青"专题陈列集中展示了博物馆书画精品；“百代人杰”专题陈列则以图文形式介绍了新都历代名人的生平伟绩。

新都杨升庵博物馆无论是从藏品数量、展陈质量还是人才配备上看，都实在算不上是个大馆，然而馆固然小，文博事业的舞台却很大，也并不妨碍我们立足自身需求推进人才培养、基础研究、社会宣教、展陈规划等各项事业的稳步发展。也因着这点滴的进步，新都杨升庵博物馆有幸成为成都市区县中首个国家二级博物馆。路还长，我辈仍需砥砺奋进。

一卷

《新都杨升庵博物馆藏珍》是在对博物馆全部馆藏文物细致梳理的基础上撷取部分精品荟萃而成。藏品的选取上，既突出了馆藏重头，也照顾了时代和类别等方面；内容的编排上，既有单件文物的简略描述，也有按大、小类别所作的背景知识介绍，更有就某一学术问题作专篇的精深阐述。能兼具鉴赏性和学术性，也是我们编纂本书的心愿。

用文物图像志的方式，来定格和展现城、湖、人、馆的变迁和联系，于是有了本卷图册。

图版目录

[1] 器物名称前加“*”符号的条目，表示该器物名称与“第一次可移动文物普查数据库”登记不一致，有修改。

三 馆藏书画精品 /128

四 馆藏其他文物精品 /150

馆藏精品文物及解说

一 馆藏东汉特色文物

新都位于成都平原腹地，南依成都，北临广汉，境内为肥沃的冲积平原，水系发达，气候温和。优越的自然地理环境孕育了繁荣的古蜀文化，自新石器时代以来，新都就处于古蜀文化的核心区域；秦灭蜀，置新都县；汉置广汉郡，以新都隶之。进入中原版图后，新都仍然是四川盆地经济、文化最为发达的地区之一。《华阳国志·蜀志》记载："新都县，蜀以成都、广都、新都为三都，号名城。有金堂山，水通于巴。汉时五仓，名万安仓。有枣、鱼梁。多名士，有杨厚、董扶。"汉代新都农业发达，因置粮仓；文化发达，出名士，除杨厚、董扶外，还有杨统、段翳、郭玉等。

汉代的新都已湮没在历史长河里，但却留下了丰富的物质文化遗存。从考古调查和发掘来看，很多遗址内都发现有汉代遗存，见诸报道的有界牌村汉代遗址。迄今为止，西汉时期的墓葬仅发现三河镇五龙木椁墓。发现数量最多的是东汉时期墓葬，主要有砖室墓和崖墓两类。砖室墓主要发现于今清流、新繁、新民、马家诸镇一线，且以大型墓葬居多。清流、新民、马家镇原有上、中、下三堆，其实都是高规格汉墓的封土堆。该区域发现多组画像砖墓，例如新繁镇清白乡画像砖墓、马家镇普东村画像砖墓、新民镇七星墩汉墓群（胡家墩画像砖墓为其中一墩）等。与青白江相邻的军屯镇也发现有东汉砖室墓。崖墓主要位于新都境内东部的龙泉山脉，该区域内崖墓数以千计。已清理的三河镇马家山、互助村及泰兴镇凉水村等崖墓群，发现了大量随葬品及画像石刻。著名的汉代稚子阙也位于新都境内。

新都杨升庵博物馆藏品中数量最多的是汉墓出土的器物，其中以陶器为大宗，常见的器类有罐、钵、釜、甑、瓮、壶、仓、灶、井、灯、熏炉、耳杯、案、盘、屋、田、塘、钱树座等。馆藏汉代器物中尤以东汉陶俑

和画像砖最引人注目。其中数量丰富、形式多样的陶俑囊括了四川东汉陶俑的大部分类型，有执锄（锸）俑、秧鼓俑、扛（提）罐俑、执镰俑、执飏扇俑、执箕俑、执帚俑、庖厨俑、提鸟鱼俑、提鞋执镜俑、抱囊俑、背负俑、拱手立俑、坐俑、舞蹈俑、抚琴俑、吹笛俑、击鼓俑、俳优俑、武士俑、镇墓俑等。馆藏的画像砖中，包括了车马过桥、轺车迎谒、轺车伍伯出行、棚车随从、骆驼建鼓、棚车卫从、斧车伍伯、轩车骖驾、三骑吹、池塘捕鱼、农事、桑园、放筏、四伍伯、拾芋、市集、谷物加工、酒肆、庖厨、寺门击鼓、习经、亭前迎谒、连接双阙迎谒、独立双阙迎谒、养老谷仓、养老仓楼、观伎、乐舞宴饮、鞞舞、奏乐、手搏、燕居、桑间野合、升鼎、仙人迎宾、林间仙鹿灵芝、龙驾云车、仙人博弈、西王母仙境、日神、月神（两种）等几十种图像，记录了汉代新都的社会生活、死后信仰的方方面面。

馆藏的东汉陶俑和画像砖不仅具有很高的观赏价值，还为今人揭开了东汉新都的繁华生活形态的一角：城外阡陌纵横，农人执镰收获于水田、扬谷于谷场；城内市集熙熙攘攘，行人三三两两集于酒肆；街上舆卫整肃地开道，马车里坐着远来的贵宾，迎谒之人已经早早候于府门。贵族的宅院之中，衣香鬓影，歌舞升平；庖厨紧张地准备佳肴美馔；厅堂之上，乐师抚琴，舞者执鞞，俳优赞咏，一派觥筹交错、宾主尽欢之景。遥远的云中仙境，西王母也在宴饮宾客，命终而灵魂升天的人们依然能够享受丰美的生活。

这批馆藏东汉陶俑和画像砖不仅具有很高的考古资料价值，其创作的艺术性、观赏性也是美术史上浓墨重彩的华章。

东汉陶俑

“俑”的记载早见于《孟子·梁惠王上》：“仲尼曰：‘始作俑者，其无后乎！’为其象人而用之也。”赵岐注：“俑，偶人也，用之送死。”[1]

汉代并无陶俑之称，时人谓“俑”为木偶。《论衡·薄葬》：“俑则偶人，象类生人。故鲁用偶人葬，孔子叹。”[2] 陶制品一般称为瓦器。《说文》：“瓦，土器已烧之总名。”[3] 而陶制模型器前面一般缀以“泥”或“瓦”称之。东汉王符《潜夫论·浮侈篇》:“或作泥车、瓦狗、马骑、倡排（俳）诸戏弄小儿文具以巧诈。”[4] 本书以汉代“俑”意为基础，结合后人一些约定俗成的称呼，将汉墓中出土陶制的、类人形的明器称之为陶俑。

秦、西汉陶俑随葬习俗开始盛行，其中关中、徐州地区发现的陶俑数量最多，最精致。特别是关中地区，作为皇家所在地，代表了全国最高水平。至东汉，以上两地陶俑发现数量减少，而四川、广州等地区陶俑盛行。广州地区发现的陶俑数量虽多，但其数量、规格、艺术水平都无法和四川地区相比。可以说东汉中晚期四川的陶俑代表了全国最高的水平。

四川发现的东汉陶俑极多，现散见于各类机构和收藏者手中，无法具体统计。依据动作、形象特征的不同，四川东汉陶俑可分为拱手立俑、耕猎生产俑、家庭生活劳作俑、俳优俑、坐俑（宾客或墓主）、童俑、行走俑（侍候主人出行）、武士俑、双人俑、神怪俑等十大类。东汉陶俑是模仿现实生活中的人物，由于陶俑的静态特点，那么匠人塑造某类陶俑一定会抓住其最主要的动作、形象特征及所执器物来予以表现社会人物、场景。因此此种命名、分类方法既能准确地抓住陶俑的特征，又能以此为基础分析各类陶俑的社会职能、身份，接近东汉人对陶俑的职能分类。

陶俑作为一种特殊的随葬品承载了大量历史信息，对于古代历史、文化研究具有重要的价值。解读陶俑在墓葬中的位置及其功能可以研究当时的丧葬习俗、宗教信仰；讨论

[1]［清］焦循撰：《孟子正义》，北京：中华书局，1987 年，第 63 页。
[2] 黄晖撰：《论衡校释》，北京：中华书局，1990 年，第 965 页。
[3]［清］段玉裁：《说文解字注》，上海：上海古籍出版社，1988 年，第 638 页。
[4]［清］汪继培笺、彭铎校正：《潜夫论笺校正》，北京：中华书局，1985 年，第 123 页。

陶俑的分类可以了解当时社会阶层、职业构成和生产生活体系等情况，如依据兵马俑可以了解当时兵种构成和排兵布阵情况，依据劳作俑可以了解社会生产情况，依据宴饮俑可以了解当时社会娱乐情况，依据舞乐俑可以了解音乐、舞蹈史；陶俑的穿着也提供了服饰信息，等等。故金石学家王襄认为："古俑之可宝，不第发前人之未见之奇，识古人之葬礼已也，其衣裳冠履可考历朝之服色焉，其跪拜立肃可考历朝之礼节焉，其装饰、其制作可考历朝之习尚与美术焉。有是数者，得之者当如何珍惜也。"[1]

陶俑最重要的特点是立体性强，这是任何历史文献和画像所不具备的。文字过于抽象，画像是平面的，而陶俑则是通过立体形象直接表现三维场景。限于生产力，古代不可能留下视频资料，而陶俑作为一个立体的、直观的形象，一定程度上可以看作是某段历史视频资料的片段；排列有序的一个陶俑组合就是一个社会场景的再现。研究者需要做的就是将这些片段、场景组合成连续的影像，最大程度地复原社会历史。

[1] 王襄：《簠室古俑》，1909年（影印本）。

说唱俑

时代　东汉
质地　陶
尺寸　高48厘米
级别　一级

说唱俑

“说唱俑”为今人称呼，其形象实为汉代“俳优”，“俳优俑”之名更为准确。俳优往往为侏儒，地位低，是一种通过丑谑、滑稽的表演娱乐观众的艺人，表演时常常伴以鼓乐、歌唱。《史记》卷一百一十七《司马相如列传》：“荆吴郑卫之声，韶濩武象之乐，阴淫案衍之音，鄢郢缤纷，激楚结风，俳优侏儒，狄鞮之倡，所以娱耳目而乐心意者，丽靡烂漫于前，靡曼美色于后。”颜师古曰：“俳优侏儒，倡乐可狎玩者也。”“俳谓优之亵狎者也，言相与谐谑而非笑之，非以俳优辈相目也。”

“说唱俑”主要发现于川渝地区汉墓中，其中成都地区出土数量最多，时代多为东汉中晚期至蜀汉。其均为男性侏儒；身体比例不协调，上身长，下身短；相貌丑陋，身体臃肿，大腹便便，双乳下垂；装扮可笑，上身袒露，裤子欲落，赤脚；动作滑稽，手脚乱舞，身体扭动，面部表情怪异。有时候还利用鼓作为表演工具，或站立执鼓，或蹲坐于鼓上。

馆藏有一件特别精美的东汉说唱俑，该俑中空，由模制的各部分对接而成。男性，身体肥胖，上身长，下身短；额上系幪头，有多道皱纹；眯眼，张嘴，吐舌；面部丰满，喜笑颜开；上身赤裸，缩颈耸肩，双乳下垂，腹部圆鼓。左腋下夹一鼓，臂上似系铃；右臂前伸，手半握，原应握棒；着裤，坐于圆鼓上，左脚曲蜷踩于鼓上，右脚前伸。一个手舞足蹈、表情滑稽、正沉醉于表演之中的艺人形象跃然眼前。

说唱俑

时代　东汉
质地　陶
尺寸　高52厘米

说唱俑

时代　东汉
质地　陶
尺寸　高74厘米

乐舞俑

乐舞俑，主要表现汉代倡优形象，一般手执乐器或呈舞蹈姿态。本书选了抚琴（瑟）[1]俑、击鼓俑、吹笛俑、秧鼓俑及舞蹈俑等六七件精品。

抚琴俑和击鼓俑表现了汉代乐人形象。抚琴、击鼓往往出现于宴会表演中。汉代蜀地特别是文人中流行抚琴这种演奏方式。司马相如就是用琴声吸引了卓文君，“酒酣，临邛令前奏琴曰：‘窃闻长卿好之，愿以自娱。’相如辞谢，为鼓一再行。是时卓王孙有女文君新寡，好音，故相如缪与令相重，而以琴心挑之。”[2]后相如与文君结为夫妻，传为千古佳话。

吹笛俑，往常误称为“吹箫俑”。长笛是一种单管乐器，大致出现于武帝时期，其形成可能受到羌笛影响而产生。马融《长笛赋》:“况笛生乎大汉，而学者不识其可以裨助盛美，忽而不赞，悲夫！有庶士丘仲言其所由出，而不知其弘妙。其辞曰:‘近世双笛从羌起，羌人伐竹未及已。龙鸣水中不见已，截竹吹之声相似。剡其上孔通洞之，裁以当簻便易持。’”[3]

秧鼓俑不同于宴娱的乐俑，他们出现于田间耕作活动中。绵阳新皂出土的东汉水田模型中的秧鼓俑立于田中，周围均为劳动者形象，表现了薅秧锣鼓的场景。秧鼓是薅秧锣鼓的简称，其作用是在集体薅秧时提高薅秧者效率并使之忘记疲劳。蜀地自古以来有薅秧锣鼓的习俗，元王祯《农书》中有薅秧鼓图，并注解：“薅田有鼓，自入蜀见之。始则召集其来，既来则节其作，既作则防其所以笑语而防务也。”[4]

四川出土的舞蹈俑形象动作大致接近，身着盛装，一手上扬，一手提裙。乐舞俑出土数量众多，显示出自古以来蜀人积极乐观的生活态度和喜乐精神。

[1]《说文》：“琴，禁也……练朱五弦，周加二弦。”《尔雅》：“大瑟谓之洒。”注：“二十七弦。世本，庖牺作五十弦。黄帝使素女鼓瑟。哀不自胜，乃破为二十五弦。”可见琴是七弦，瑟是二十五弦。但陶俑琴弦数量表现模糊，无法辨别是琴还是瑟。

[2]［汉］司马迁撰:《史记》卷一百一十七《司马相如列传》，北京:中华书局，1959年，第3000页。

[3] 马季长:《长笛赋》，《文选》，上海:上海古籍出版社，1986年，第822—823页。

[4]［元］王祯撰:《东鲁王氏农书译注》，上海:上海古籍出版社，2008年，第434页。

抚琴俑

时代　东汉
质地　陶
尺寸　高21厘米
级别　三级

击鼓俑

时代　东汉
质地　陶
尺寸　高35厘米
级别　三级

舞俑

时代　东汉
质地　陶
尺寸　高58厘米
级别　三级

*** 秧鼓俑（击鼓俑）**

时代　东汉
质地　陶
尺寸　高2C厘米

抚琴俑

时代　东汉
质地　陶
尺寸　高38厘米
级别　三级

*** 吹笛俑（吹箫俑）**

时代　东汉
质地　陶
尺寸　高55厘米
级别　三级

持物俑

陶俑手中所持物品往往传达了其职业和身份信息。馆藏的持物俑有持镜（亦有人认为是便面）坐俑、提鞋持镜、持镜握巾、持绳提罐、提鸡捧物、持刀剖鱼俑等类型。持镜坐俑姿态优雅，发饰繁缛，服饰华丽，应该表现的是一主人或者宾客形象。提鞋持镜、持镜握巾俑应为侍女，表现婢女伺候主人穿衣、梳妆时的场景。凤凰山出土的遣策对这类俑的身份有记载：“大婢留人奉疏（梳）。”持刀剖鱼俑表现了庖厨形象和汉代新都人的饮食习惯，《汉书·地理志》也说：“巴、蜀、广汉……土地肥美，有江水沃野……民食稻鱼，亡凶年忧，俗不愁苦。”持绳提罐俑表现了从井中提水的形象。提鸡俑也与厨房、饮食有关。通过他们所持物品结合动作形象可以大致了解其职业和身份，从而推想当时人们的生活场景。

执镜俑

时代　东汉
质地　陶
尺寸　高54厘米
级别　一级

执镜俑

时代　东汉
质地　陶
尺寸　高20厘米
级别　三级

提鞋执镜俑

时代　东汉
质地　陶
尺寸　高64.5厘米
级别　一级

提鸡捧物俑

时代　东汉
质地　陶
尺寸　高64厘米
级别　一级

其他俑

馆藏还有坐俑、抚耳俑、拱手立俑、庖厨俑、执兵器俑、镇墓俑等。

坐俑，多为主人或者宾客形象。着袍服，衣着讲究，姿态多样，大部分动作不羁，东倒西歪，衣衫不整，像是酒宴上的醉者；中原地区的类似形象往往正襟危坐。这表明汉代四川的礼制并非中原地区那般严肃。

抚耳俑，往往与乐俑共出，表现了听音乐或者歌唱者的形象。

拱手立俑，两手笼于袖中，拱于腹前，多为侍者形象，站立主人一侧。

庖厨俑，一般为坐姿，面前置一案板，正在加工案上的鸡、鱼、龟等食材。

执兵器俑，头戴巾帻，身着裋褐，有些披甲，以执刀盾形象最多，表现了武士的形象。此类俑往往出土于墓门附近。

镇墓俑，头上长角、面目狰狞，口吐长舌，手持蛇、斧（钺）等，其他与常人无异，应是带着面具的巫傩形象。其面具很可能就是文献中所说的魌头。傩佩戴魌参加丧葬活动，在《周礼·夏官·方相氏》中有记载："方相氏掌蒙熊皮，黄金四目，玄衣朱裳，执戈扬盾，帅百隶而时难，以索室驱疫。大丧，先柩，及墓，入圹，以戈击四隅，驱方良。"汉郑玄注："冒熊皮者，以惊驱疫厉之鬼，如今魌头也。时难，四时作方相氏以难却凶恶也。"[1]此类俑一般出土于墓门附近，起驱鬼邪镇墓的作用。

* 坐俑（坐佛）

时代　东汉
质地　陶
尺寸　高20厘米
级别　三级

摊手静坐俑

时代　东汉
质地　陶
尺寸　高33厘米
级别　三级

[1]［清］孙诒让撰：《周礼正义》，中华书局，1987年，第2493页。

*** 坐俑（跪坐俑）**

时代　东汉
质地　陶
尺寸　高36厘米
级别　三级

抚耳俑

时代　东汉
质地　陶
尺寸　高30厘米
级别　三级

庖厨俑

时代　东汉
质地　陶
尺寸　高29厘米
级别　三级

庖厨俑

时代　东汉
质地　陶
尺寸　高56厘米

侍俑

时代　东汉
质地　陶
尺寸　高23厘米
级别　三级

长舌执蛇俑

时代　东汉
质地　陶
尺寸　高115.8厘米

＊执环首刀俑（执剑俑）

时代　东汉
质地　陶
尺寸　高78厘米
级别　三级

汉画像砖

汉代的墓葬中装饰艺术流行，其中画像是最为盛行、最为重要的形式。所谓“画像”，是一种特殊的艺术形式，它是用雕刻形式去表现的绘画。画像还可以分为画像石和画像砖两大类。画像砖是用拍印和模印的方法制作的图像砖。在西汉时期，画像砖是拍印有图像的大型空心砖，主要流行于中原地区。大约在西汉中期，在中原地区又出现了模印有图像的小型实心砖。西汉晚期，小型实心画像砖开始向其他地区扩散，到东汉前期，用这种实心画像砖构筑的墓葬在汉帝国境内已普遍地出现。东汉时期画像砖艺术的发展也达到了巅峰，并形成了以中原（今河南地区）和巴蜀（今四川、重庆）地区为代表的两大中心分布区。

巴蜀地区的画像砖和画像砖墓出现在新莽时期前后，到了东汉中期已在这一区域内普遍盛行，基本上所有的砖室墓都是用这种模印有图像的画像砖建造的，其画像砖墓的数量在全国居首。这一区域内的汉代画像砖根据画像的画面形式差异，可以分为正方形、长方形和长条形三类。前两类画面形式的画像分布在砖的正面，后一类画面形式的画像分布在砖的侧面或端面。画像分布在正面的画像砖在墓内都是镶嵌在侧壁或内壁上的，专门作为装饰用，因此这种画像砖墓又被称为“装饰画像砖墓”。画像分布在侧面或端面的画像砖在墓内都是作为建筑材料使用的，其有画像的一侧或一端面向墓室内以达到装饰的效

果。因此这种画像砖墓又被称为“建筑画像砖墓”。在巴蜀地区，建筑画像砖墓广泛分布于整个区域内，但是装饰画像砖墓的分布却基本仅限于成都平原及其周边地区。根据画面形式的差异，在装饰画像砖墓分布的区域内还可以再细分为中部、北部和南部等三个亚区。

装饰画像砖由于画面的面积更大，因此其画面的内容更加丰富，构图更加完整，艺术表现力也更强，代表了巴蜀地区画像砖的最高艺术水准。例如，“弋射收获”“车马过桥”“宴饮”“乐舞百戏”等画像砖，无一不是汉代画像艺术的杰出代表。

画像砖的题材内容十分丰富多样，并随着时代的发展而不断变化。但是，无论怎么变化，这些画像的内容都可以体现出汉代人的生死观和宇宙观。通览这些画像砖的内容，大体可以分为表现神仙仙境、墓主升仙、墓主仙境生活（通过生前生活再现）、生殖崇拜等类型。

新都地区历年来出土的画像砖数量众多，且又位于装饰画像砖墓分布的北部和中部两个亚区之间，出土装饰画像砖的数量也很多，目前仅新都杨升庵博物馆收藏的装饰画像砖就有74块，还不包括早年出土现藏于四川博物院的画像砖。

墓主仙境

汉代流行升仙信仰，人人都希望能进入仙境得以永生。仙境又是理想世界，在仙境画像中有的表现其仙树成林，灵芝遍地，有的着意表现仙人博弈，展示仙境中无忧无虑、快乐无比的生活。

西王母仙境 仙境中的主神就是西王母，她手中掌管有不死之药，掌握着决定人们能否成为神仙的大权。如《淮南子·览冥训》记载："羿请不死之药于西王母，姮娥窃以奔月，怅然有丧，无以续之。"因此，人们在墓中描绘西王母，其目的就是为了让死者也能抵达长生不死的神仙世界。在西王母仙境画像中，西王母端坐在龙虎座上，身边有奉侍西王母的三足乌和九尾狐，前面有蟾蜍为其舞蹈。画面右下方两人为人间装束，但臂生双翼，应是升入仙境的墓主夫妻，作为宾客坐在西王母身旁一同观赏蟾蜍舞蹈。左下方持节握笏跪拜者应是道士，作为使者来往于仙境和人间。画面着意刻画了墓主人升入仙境后的喜悦，暗含了道士等在帮助人们升仙方面的作用。

西王母仙境画像砖

时代　东汉
质地　陶
尺寸　横44厘米、纵25厘米、厚6厘米
级别　三级

仙鹿灵芝画像砖

时代　东汉
质地　陶
尺寸　横48厘米、纵28厘米、厚6厘米
级别　一级

龙车画像砖

时代　东汉
质地　陶
尺寸　横44厘米、纵24.5厘米、厚5厘米
级别　二级

仙人六博画像砖

时代　东汉
质地　陶
尺寸　横43厘米、纵23厘米、厚5厘米
级别　三级

日神、月神 在中国古人的宇宙观中，天上的物像均为神灵，日、月更不例外。他们认为日、月的运行，是由大鸟托载而行的缘故。《山海经·大荒东经》记载：“汤谷上有扶木。一日方至，一日方出，皆载于乌。”汉代画像中的日神、月神，形象地再现了古人的这种观念。其形象均是人首鸟身，头戴冠，腹部有一圆轮，即为日、月。圆轮中分别有金乌和蟾蜍、桂树。在新繁清白乡画像砖墓中，日神、月神画像砖位于西王母画像砖两侧，共同置于墓室内壁，表现以西王母为首的天国仙境，共同构成一幅天国仙境图。关于日中之乌，在汉代以前著作中，仅言是乌，如东汉王充在《论衡·说日篇》中就言“日中有三足乌”，但在东汉时期，由于西王母崇拜盛行，人们又将日中之乌与西王母联系在一起。

日神画像砖

时代 东汉
质地 陶
尺寸 横48厘米
纵28厘米
厚6厘米
级别 一级

月神画像砖

时代　东汉
质地　陶
尺寸　横48厘米、纵28厘米、厚6.5厘米
级别　三级

月神画像砖

时代　东汉
质地　陶
尺寸　横45厘米、纵25厘米、厚5厘米
级别　三级

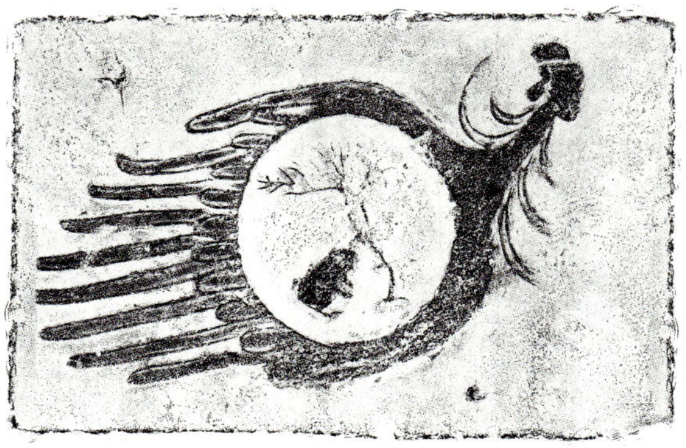

墓主升仙

天门与门前迎谒 根据汉代制度，在主要交通要道上设置有亭、驿等，当上级官吏出行路过此地时，亭长等必须迎候拜谒，负责接待，并维持治安。各种阙门画像即是再现了出行行列到达阙前时，其亭长、门吏在阙前躬迎的场面。不过，通过画像中的铭文可知，这种门阙实为表现仙境中的“天门”。

乘车骑马是汉代人外出时最常用的交通工具，但为什么要在如此众多的墓葬中都要着意刻画墓主出行的场面呢？通过仔细观察可以发现，这些出行行列都是朝着一个固定的方向，即朝着天门（门阙）的方向行进，显然这一幅幅出行图应该是表现墓主升天的。也就是说，这种多幅的车马出行图与“天门”图合起来才形成一个完整的主题，表达墓主升仙的意境。

双阙画像砖

时代　东汉
质地　陶
尺寸　横43.5厘米、纵25.5厘米、厚6.5厘米
级别　三级

双阙画像砖

时代　东汉
质地　陶
尺寸　横50厘米、纵29厘米、厚6厘米
级别　一级

车马出行 车马出行图是汉代画像中最常见的内容之一，几乎每座画像砖墓中都有。新都出土与车马出行图相关的有车马过桥、跪迎轺车、轺车伍伯、轺车、辎车（棚车）、建鼓驼舞、斧车伍伯、四伍伯、三骑吹、轩车骖驾等画像砖，如果将这些画像连接起来便构成了一幅完整的车马出行图。最前面开道导从的是各种伍伯，有的吹管持棍，有的持矛握盾，有的持便面或者持幢，其后有骑从、斧车、骑马吹奏者、骑马击鼓者或骑骆驼击鼓者，在主车前后还有作为掾吏乘轺车出行的从车等。这也反映出墓主生前的显赫地位。当然，根据墓主生前地位高低差异这种出行行列的繁简也不一。

驼舞画像砖

时代　东汉
质地　陶
尺寸　横41.5厘米、纵33.5厘米、厚5厘米
级别　一级

伍伯画像砖

时代　东汉
质地　陶
尺寸　横48厘米、纵28厘米、厚6厘米
级别　二级

导从斧车画像砖

时代　东汉
质地　陶
尺寸　横43.5厘米、纵25厘米、厚6厘米

骖驾轩车画像砖

时代　东汉
质地　陶
尺寸　横41厘米、纵33厘米、厚5厘米

二骑吏画像砖

时代　东汉
质地　陶
尺寸　横49.5厘米、纵28.5厘米、厚6厘米

轺车出行画像砖

时代　东汉
质地　陶
尺寸　横44厘米、纵25厘米、厚6厘米
级别　一级

轺车画像砖

时代　东汉
质地　陶
尺寸　横47厘米、纵27厘米、厚6厘米
级别　一级

迎谒画像砖

时代　东汉
质地　陶
尺寸　横44.5厘米、纵25厘米、厚5厘米
级别　一级

轺车出行画像砖

时代　东汉
质地　陶
尺寸　横44.5厘米、纵25厘米、厚5厘米
级别　二级

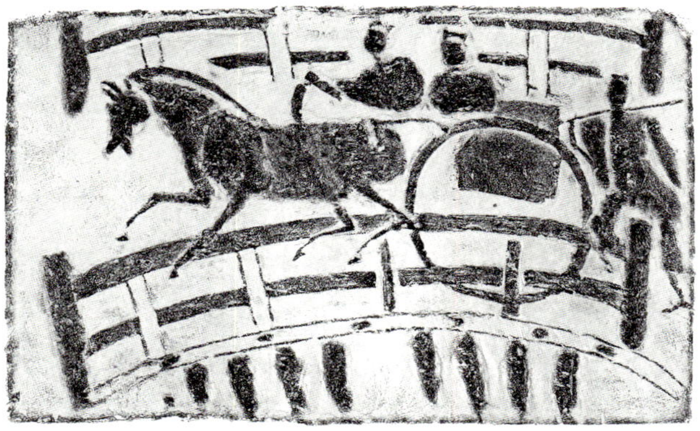

车马过桥画像砖

时代　东汉
质地　陶
尺寸　横50厘米、纵29厘米、厚6厘米
级别　一级

棚车画像砖

时代　东汉
质地　陶
尺寸　横49.5厘米、纵28.5厘米、厚6厘米
级别　一级

棚车画像砖

时代　东汉
质地　陶
尺寸　横43.5厘米、纵25厘米、厚6厘米
级别　三级

*** 骑鹿升仙画像砖**

时代　东汉
质地　陶
尺寸　横45厘米、纵26厘米、厚6厘米
级别　二级

鼎与升仙 过去多将升鼎图像解释为"泗水捞鼎"。故事见于《史记·孝武本纪》："（元鼎六年）其夏六月中，汾阴巫锦为民祠魏脽后土营旁，见地如钩状，掊视得鼎。鼎大异于众鼎，文镂无款识。"但是这一故事题材在墓葬中出现，似无法理解。在四川地区的汉代画像中类似的图像还有虎与凤鸟衔鼎，此外在有的西王母仙境图像中也将鼎放置在西王母前面。显然，作为供奉西王母的神具，其鼎自身就应具有神性。在早期道教中有一派讲究炼丹术，称为"丹鼎派"，鼎是他们炼丹的工具。再看画面中鼎的表面有卷云纹、云气纹，有的还有柿蒂纹。这些装饰纹祥都与升天有关。《史记·封禅书》记载："黄帝采首山铜，铸鼎于荆山下。鼎既成，有龙垂胡髯下迎黄帝。黄帝上骑，群臣后宫从上者七十余人，龙乃上去。"可以认为，这种图像在墓葬中出现，其寓意是希望或帮助死者升天。

* 炼丹鼎人画像砖（楚子问鼎画像砖）

时代　东汉
质地　陶
尺寸　横51厘米
　　　纵29厘米、厚6厘米
级别　二级

* 升鼎画像砖（捞鼎画像砖）

时代　东汉
质地　陶
尺寸　横44厘米、纵25厘米、厚6厘米
级别　三级

*** 炼丹鼎人画像砖（楚子问鼎画像砖）**

时代　东汉

质地　陶

尺寸　横49厘米

　　　纵28.5厘米、厚6厘米

级别　一级

秘戏 何为秘戏？《汉书·周仁传》：“仁为人阴重不泄……以是得幸，入卧内。（帝）于后宫秘戏，仁常在旁，终无所言。”由此可知汉代时将在室内的此类行为称为“秘戏”。根据画像的画面内容可以细分为三种类型：其一是接吻；其二是拥抱抚摸；其三是直接表现交媾。如四川德阳市黄许镇出土画像砖，为帷幔之下，一男一女正在床席上交媾。战国以来，在仙术中即有“房中”一派，他们认为男女交媾可达到延年益寿的目的，甚至还可以此术升仙。有专家认为“秘戏”画像砖名称改为“欢戏”更为贴切。

* 欢戏画像砖（燕居画像砖）

时代　东汉
质地　陶
尺寸　横43.5厘米
　　　纵26厘米、厚8.5厘米
级别　三级

农耕渔事 新都出土的反映农业生产活动的画像砖有掘地播种、谷物加工、鱼鹰放筏、捕鱼拾贝、拾芋等。掘地播种反映了农耕生产；高大谷仓和仓前的谷物加工活动都是表现粮食的丰硕；捕鱼拾贝和拾芋画面反映了当地池塘渔捞和栽培芋类等生业活动；鱼鹰放筏更是反映了成都平原河流水网密布的地理环境和渔业特色。

成都平原进入农耕社会很早，到了秦汉时期由于都江堰等大型水利灌溉工程的兴建，更是“水旱从人”，以至农业发达，成为膏腴之地，被誉为“天府之国”。新都出土的农业生产画像砖，其内容反映了当地以水田稻作为主，池塘渔捞、芋类种植为辅的多种生产方式的特点。这些画像在墓葬中出现，又再现了墓主生前拥有田地池塘等财富的情景。

* 谷物加工画像砖（舂米画像砖）

时代　东汉

质地　陶

尺寸　横50厘米

纵28厘米、厚6.5厘米

级别　一级

桑园画像砖

时代　东汉
质地　陶
尺寸　横43厘米、纵24厘米、厚5厘米
级别　三级

*** 驱雀画像砖（手搏画像砖）**

时代　东汉
质地　陶
尺寸　横44厘米、纵25厘米、厚6厘米
级别　三级

捕鱼画像砖

时代　东汉
质地　陶
尺寸　横49厘米、纵29厘米、厚6厘米
级别　二级

放筏画像砖

时代　东汉
质地　陶
尺寸　横45厘米、纵25厘米、厚7厘米
级别　三级

农事画像砖

时代　东汉
质地　陶
尺寸　横48厘米、纵28厘米、厚6厘米
级别　二级

拾芋画像砖

时代　东汉
质地　陶
尺寸　横49厘米、纵29厘米、厚6厘米
级别　二级

商贸市集 反映商业活动和市集繁荣内容的画像砖有市集、酒肆等。中国古代的市有人专门管理，固定时间开放关闭，因此市必有围垣和市门。市集画像砖反映了汉代市集的景象，画面上部左右两侧都有开放的市门，画面左上方有“北市门”三字，右上方有“南市门”三字。从画面可看出市集内的市场繁荣，交易活跃。在商业贸易中，有的是店铺买卖，有的是撑伞设摊，有的是设高台叫卖，也有的直接在露天就地交易。酒肆画像砖反映了当时酒肆沽酒的场景，用放有酒樽的独轮车运酒应是当地的一种特色。

沽酒画像砖

时代　东汉
质地　陶
尺寸　横43厘米、纵24厘米、厚5.5厘米
级别　三级

市集画像砖

时代　东汉
质地　陶
尺寸　横48.5厘米、纵27.5厘米、厚5厘米
级别　二级

舞乐宴饮 新都出土的这类画像砖有观伎、乐舞、鞞舞、奏乐、庖厨等。汉代的贵族、官吏和地主等有在官府和宅院厅堂中举行宴饮的风尚，在宴饮中既有请伎人来奏乐并歌舞百戏助兴，也有主人和宾客自己在席间起舞、颂唱，抒发情感，豪迈奔放。乐舞画像砖在画面中右侧有两乐人抚琴吹奏，而左侧两人着褒衣博带对舞，其身份可能就是宴饮的主人或宾客。鞞舞得名于舞人所持的鞞鼓这种舞具。鞞是一种带柄的扇形小鼓。鞞舞画像砖上有三人在厅堂式屋内起舞，中间一男性裸露上身，一手持鞞；左侧一男性也裸露上身，由于画面模糊不清，不知是否也持鞞；右侧一女性着长裙而舞。持鞞者大步腾跳，舞姿豪迈奔放，女性舞者的舞姿雍容曼妙，典雅优美。

观伎画像砖

时代　东汉
质地　陶
尺寸　横48厘米、纵28厘米、厚6厘米
级别　一级

奏乐画像砖

时代　东汉
质地　陶
尺寸　横42.5厘米、纵25厘米、厚5.3厘米

乐舞画像砖

时代　东汉
质地　陶
尺寸　横47.5厘米
纵28厘米
厚5厘米
级别　一级

鞞舞画像砖

时代　东汉
质地　陶
尺寸　横43.5厘米、纵25厘米、厚7厘米

庖厨画像砖

时代　东汉

质地　陶

尺寸　横44厘米、纵28厘米、厚6厘米

级别　一级

墓主身份

墓主身份 与墓主身份相关的画像砖主要有寺门击鼓、讲学、养老及前面的市井、车马出行图等题材。这些画像内容主要表现墓主生前的仕宦经历，表明墓主生前的尊贵地位。

汉代人们想象中的仙境与现实社会一样，存在着等级差异，有尊贵的神祇西王母，也有供其差使的裸体持棨戟仙人，为其抚琴奏乐、表演舞蹈的蟾蜍、仙人等，而道士等只能跪着拜谒西王母。在墓中着意刻画表现自己的仕宦经历和尊贵身份，是希望墓主升仙以后，在仙境中也能受到礼遇并获得尊贵的地位。这种推测还可以从仙境画像图中得到印证，例如在仙境中出现的墓主形象，有的作为宾客坐在西王母面前欣欣然地与西王母一起共同欣赏蟾蜍的表演，有的高冠博衣在他人的引导下在仙境中漫步；而乘车马临天门的墓主也都受到天门前大司的躬身迎候……

养老画像除了显示墓主的富有之外，还体现了墓主的德与仁义；习经讲学画像则重在标榜墓主重视自身文化修养和教育。

击鼓画像砖

时代　东汉
质地　陶
尺寸　横47.5厘米、纵27.5厘米、厚6厘米
级别　三级

习经画像砖

时代　东汉
质地　陶
尺寸　横48厘米、纵28厘米、厚6厘米
级别　三级

养老　新都出土的养老画像砖从画面形式方面观察可以分为三种，虽说图像有一定差异，但画面构成要素中都有高大的仓房、手持鸠杖的老人、戴高冠的官吏及送粮人。

养老是汉代一项制度，对象是年满七十的古稀老人。手持鸠杖是古稀老人的标志。早在《周礼》中就记载鸠杖为“王之所赐老者之杖”。《续汉书·礼仪志》记载：“仲秋之月，案户比民。年七十者授以玉杖，八十九十礼有加。赐玉杖长尺，端以鸠鸟为饰。”《太平御览》卷九二一引《风俗通》记载：“俗说高祖与项羽战，败于京索，遁藂薄中，羽追求之，时鸠正鸣其上，追者以鸟在无人，遂得脱。后及即位，异此鸟，故作鸠杖以赐老者……故作鸠杖以抚老。”《后汉书·章帝纪》也记载：章和元年“秋，令是月养衰老，授几杖，行糜粥饮食。其赐高年二人共布帛各一匹，以为醴酪”。通过这些记载可知，鸠杖是政府颁发的、作为老人享受政府供养补助的凭证。在墓葬中出现这种画像砖，既显示墓主生前的显赫地位与富有，又彰显墓主的高尚人格与修养。

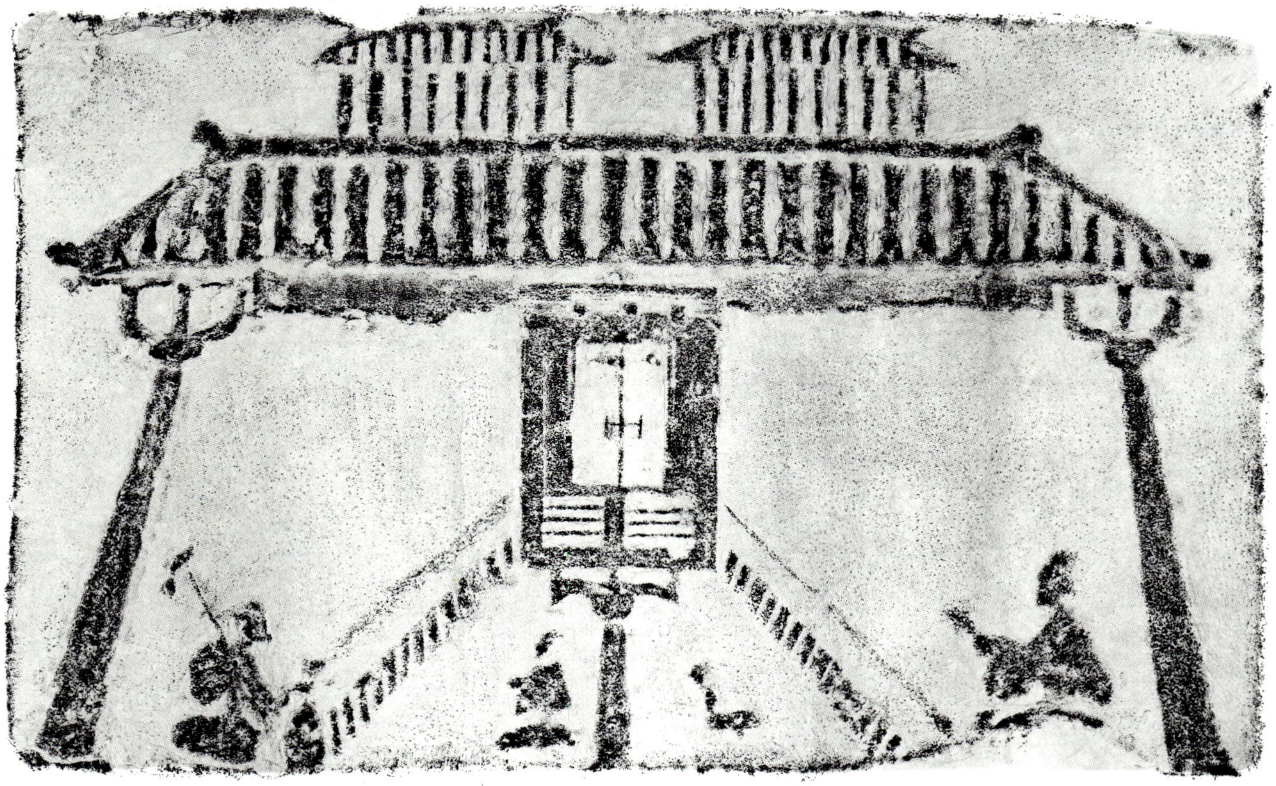

养老画像砖

时代　东汉
质地　陶
尺寸　横48厘米、纵28厘米、厚6厘米
级别　一级

养老画像砖

时代　东汉
质地　陶
尺寸　横50厘米、纵28厘米、厚6厘米
级别　一级

生殖崇拜

野合 新都出土野合砖共两种，均出土于同一墓葬，画面基本相同，都是一对裸体男女在树下性交，背景为一枝叶茂盛的大树，男女的衣物均挂在树上，树上还有猴类攀援、雀鸟踏枝。两幅图也有一定差异，其中一图有一裸体男性坐在树上，树旁还有一蹲着的裸体男性将生殖器对着树干；另一图中也有一站立的裸体男性将生殖器对准树干，另一裸体男性在助力性交者。

两种野合画像都有两个共同特点：一是画面突出男女性行为和男性的生殖器，显然与生殖崇拜有关；二是这些性行为都围绕大树进行，衣物还要挂在树上，性交之外的裸体男性或将生殖器对准树干，或坐在树上，而树木本身则枝叶茂盛，高大参天。在人类早期社会中普遍流行植物崇拜，多崇拜其生命力和繁殖力。中国古代的“社”就是以大树为社神，在社日可以野合。这两幅画像可能是表现社日野合的情景，在墓葬中出现则是祈求死者再生和永恒。

桑间野合画像砖

时代　东汉
质地　陶
尺寸　横50厘米、纵28厘米、厚6厘米
级别　一级

桑间野合画像砖

时代　东汉
质地　陶
尺寸　横49厘米、纵28厘米、厚6厘米
级别　一级

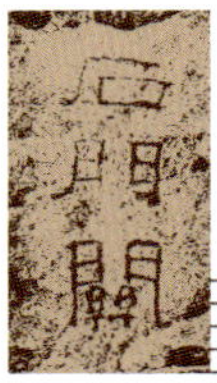

石门关碑刻

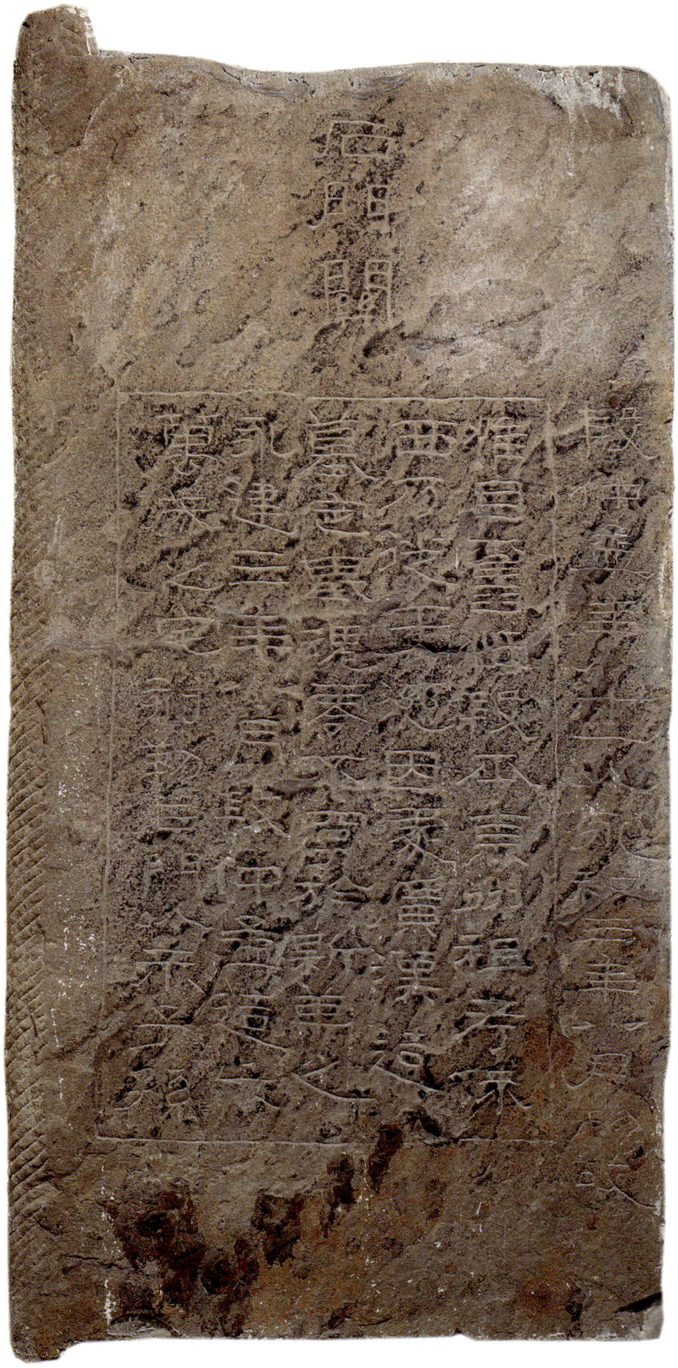

新都三河镇东汉崖墓群中第3号墓出土的这通《石门关题铭》，是四川地区出土的重要的汉代碑刻之一。这通题铭刻写在该墓的青石质门扉上，正文共71字，刻写者经过事先的规划，将这些文字规整地刻写在高101厘米、宽65厘米的方框之内。这通题铭虽然字数不多，却具有极其珍贵的历史价值和文物价值。全文通过对墓主先世的回忆，对其家族从“东州”西迁入蜀的历史进行了简要回顾，文中尤其强调了在广汉定居之后，为了使死者的亡灵得以安息，在此地“造墓定基”的举措。文中字句透露出，此墓墓主段仲孟在其生前的东汉永建三年（128）就开始为自己督造这处墓宅，期冀成为死后的“万岁之宅”，这和汉代丧葬观念中灵魂不死，死者可以“举形升仙”的信仰有着密切的关系。十年之后的永和三年（138），墓主逝世，他的后人果然按照他的遗愿将其入葬墓中，并在这通《石门关题铭》上补刻了一些字句。在短短数语之中，我们似乎可以穿越石门背后的千年时空，窥见东汉时期来自外方的新都移民从选择墓地、营建墓宅、刻石记事直到最后入葬墓穴的一整套完整的丧葬程序。《石门关题铭》的字体是东汉时期流行的隶书，字体端正规整，笔力遒劲刚健，刻工精准传神，也成为研究四川汉代隶书艺术风格的典范之作，具有极高的文物和艺术价值。

段仲孟年八十一以永和三年八月物故

惟自旧怟，段本东州。祖考倈西，乃徙于慈。因处广汉，造墓定基。魂零不宁，于斯革之。永建三年八月，段仲孟造此万岁之宅，刻勒石门，以示子孙。

二 馆藏杨升庵专题文物

岷峨挺秀，江汉炳灵，巴山蜀水，代有才人。明人李贽有言："岷江不出人则已，一出人则为李谪仙、苏坡仙、杨戍仙。"其中的"杨戍仙"就是被王夫之称为"三百年来最上乘"的杨慎。

杨慎，字用修，号升庵。先世庐陵（今江西吉安）人，元末避乱入蜀，定居新都。杨慎之父杨廷和，历仕明朝宪宗、孝宗、武宗、世宗四朝，为武宗、世宗两朝内阁首辅，官至少师兼太子太师、吏部尚书、华盖殿大学士。弘治元年十一月初六（1488 年 12 月 8 日），杨慎生于京师孝顺胡同，自幼聪颖过人，诗文并茂，受到茶陵派领袖文渊阁大学士李东阳的赏识。正德六年（1511），杨慎参加会试，名列第二，殿试拔为第一，中状元，授翰林修撰，年仅二十四岁。两年后，杨廷和升任内阁首辅。由于杨廷和久掌内阁、史馆等处要职，有机会接触文渊阁所藏皇家秘籍，这为杨慎广泛涉猎典籍、积累渊博的知识创造了条件。正德十六年（1521），明武宗驾崩，明世宗嘉靖皇帝继位，杨廷和以草诏定储之功，"总朝政者三十七日，中外倚以为安"。杨慎也在此时充任经筵讲官。史载："杨石斋当国日，一弟为京卿，二弟为方面，诸子姓布列中外甚众，子慎复举进士第一人。"杨氏家族在朝中的权势达到鼎盛。可惜好景不长，"大礼议"起，杨廷和辞官回乡，杨慎则因参与左顺门哭门事件激怒嘉靖皇帝，被谪戍云南永昌卫（今云南保山市）。杨慎于嘉靖三年（1524）秋被谪遣出京，次年正月抵达云南，从此开始了长达三十四年的戍边生活。在地方官民庇护下、亲朋好友邀请下，杨慎常常以"奉戎檄"为名出外游历、考察，吟咏题刻遍及西南各地。杨升庵的遗迹、遗物，目前主要分布于四川的成都、新都、泸州，云南的昆明、大理、保山等地，其中以升庵故里新都保存的文物最为丰富。

桂湖原名卫湖，为纪念三国蜀汉卫君常凿湖筑堰，兴修水利而得名。至明代，因杨升庵故居临近湖边，升庵"沿堤遍栽桂树，间常游憩其中"，遂改名"桂湖"。后经历代修葺，至清道光十九年（1839），又在桂湖修建升庵祠等纪念性建筑，大体形成了今天桂湖公园的规模和格局。桂湖公园西南面古城墙环绕，园内楼阁掩

映，曲径通幽。盛夏芰荷芬郁，金秋桂蕊飘香，四时光景，令人流连忘返，历来有“小西湖”之美誉。

杨慎家族墓，旧称“状元坟”，位于新都区体育中心内，20 世纪 70 年代被破坏，现已重新修复，于 2012 年 7 月被定为四川省文物保护单位。杨慎家族墓是新都地区明代墓葬群的代表。明正德年间，杨廷和之父杨春病逝，明武宗敕礼部营建其墓，“神道翁仲长列，丰冢松柏环护，蔚为壮观”。此后，杨氏家道中落，杨廷和、杨慎、杨恒诸考妣皆附葬于此，成为杨氏家族墓地。墓地出土了明代文渊阁大学士李东阳撰《明故敕封太孺人杨母熊氏墓志铭》（以下简称《杨母熊氏墓志铭》）、《封孺人杨母叶氏墓志铭》（以下简称《杨母叶氏墓志铭》）、《明故大理寺右寺副杨君用贞墓志铭》（以下简称《杨用贞墓志铭》）、《明故敕封孺人杨母王氏墓志铭》（以下简称《杨母王氏墓志铭》）等珍贵文物，还有刘春《杨留耕行状》、李东阳《明故封光禄大夫柱国少保兼太子太保户部尚书文渊阁大学士杨公神道碑铭》（以下简称《杨公神道碑铭》），今有拓片存世，是研究明代新都杨氏家族社会关系的第一手材料。

新都号为状元故里，夙称文献之邦。新都杨升庵博物馆一直都致力于升庵墨迹、著述的收藏、整理。升庵真迹存世不多，真伪难辨，较为可靠的是刻成石碑的墨迹，分散在西南各地。新都升庵桂湖碑林所藏《新都县八阵图记》《杨升庵先生墨迹》，是这些石刻墨迹中文字最多、保存最完整的。此外，新都杨升庵博物馆还注意收集其他地方散落的升庵碑刻拓片，例如四川成都出土的《忠勤两辅记》、云南昆明出土的杨慎撰《明故明威将军九华沐公墓志铭》、腾冲出土的《方田子郑国秀墓志铭》等，都具有极高的文物价值。升庵著述方面，馆藏明、清、民国抄、刻的古籍有一百余种，其中定级的有近四十种。升庵著述中比较有代表性的明刻本《丹铅总录》、清刻本《太史升庵全集》《升庵外集》均有收藏。其中，明梁佐刻本《丹铅总录》、明朱墨套印本《草堂诗馀》，在《第一批四川珍贵古籍名录》有著录。此外，王利器先生捐赠明刻本《杨升庵先生批点文心雕龙》、王文才先生捐赠抄本《南中集》等，不仅有珍贵的版本价值，更是研究升庵学术史的重要材料。

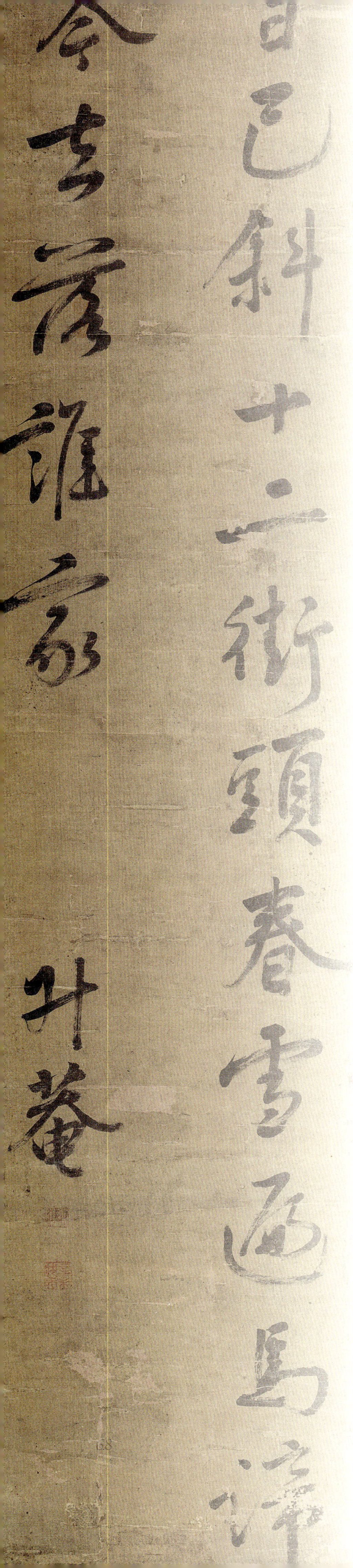

升庵遗墨

睹物思人，遥想高士。名人遗物的收藏，往往寄托着后人无尽的仰慕之情。升庵戍边三十余年，足迹遍布西南，但遗物存世者极其罕见，较著名者有云南建水杨升庵泥塑像、新都杨升庵博物馆藏升庵朝服画像（摹本）、云南省博物馆藏升庵筇竹杖等。然而世异时移，时代久远，五百余年间，遗物流传失绪，真伪难辨。

馆藏升庵行书《逢贾岛》诗轴，1961年由云南魏山县县委捐赠，是今天存世不多的升庵书画遗墨之一。此诗轴内容为唐人张籍七绝《逢贾岛》：“僧房逢着款冬花，出寺吟行日已斜。十二街头春雪遍，马蹄今去落谁家？”末有“升庵”落款。款冬花是一种严冬时节盛开的小黄花，为中医止咳良药。此诗意在讥讽贾岛干谒权贵，不如款冬花之耐寒。升庵所书对原诗略有改动：“十二街头”，原诗作“十二街中”；“落谁家”，原诗作“入谁家”。升庵好改前人诗句，所改往往胜于前人，此诗即为一例。升庵《丹铅总录》有“款冬花”一条，旁征博引，考证款冬花雪中出花、寒冬不凋的品格，引《逢贾岛》前两句作结，评曰：“诗人之兴于时物如此。”

升庵书法，崇尚晋人法帖，临写功底深湛。于后代书家，尤推许赵孟頫。明人王世贞论曰：“慎以博学名世，书亦自负吴兴堂庑。”又云：“笔意殷美，出入二王、松雪，故片纸只字，人争得之，如天球大弓。”然传世升庵遗墨多属赝品，手迹难得一见。今将此诗轴与升庵六十三岁《自书诗卷》对照，笔迹大都吻合，应为真迹。云南保山王照沧跋曰：“此杨升庵先生墨迹也。先生记诵之博，著作之富，推为明代第一，书法则流传甚少，尤不易得。此诗乃先生遭遣后，出京时所作，故云‘出寺行吟’，又云‘去落谁家’。其被谪远戍之情，已溢于言表，故为先生手笔无疑。”

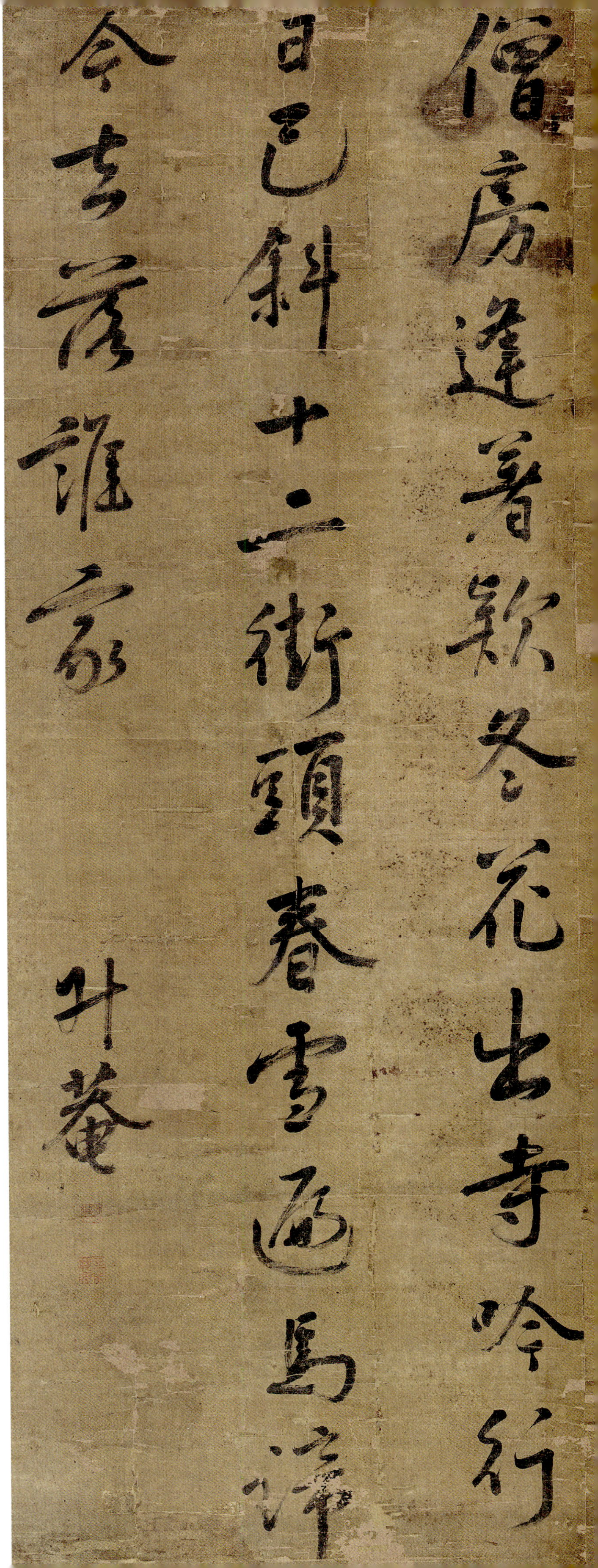

杨慎　行书《逢贾岛》诗轴

时代　明
质地　纸
尺寸　画心横50厘米、纵128厘米
级别　二级

升庵著述

升庵天资颖悟，加上后天勤于著述，故《明史》本传称“明世记诵之博，著作之富，推慎为第一”。但是，关于杨慎著作的种数，情况比较复杂，历来说法不一。明简绍芳《升庵先生年谱》说有四百余种，似乎包括杨慎死后未及整理的书稿在内。李贽《续藏书》所列书目有一百一十七种，大概仅收录当时已刊刻的。陈文烛《升庵文集序》说这一百余种当中，除杨慎自著诗文外，考订、杂著者有七十余种。万历年间，焦竑编《升庵外集》，列出一百三十八种，其中正集十五种，为诗文；杂著八十五种，为诗文评选、类书、经学、小学等；外集三十八种，为诗话、考订等杂著。何宇度《益部谈资》又列出一百四十种。明人所知见的杨慎著述种数皆未超出以上几家所列的范围。清初，李调元在前人收集的基础上编《升庵著书总目》，增益为二百种。清人所见也大体如此。1961年，四川省图书馆根据全国各地收藏目录，编成《杨升庵著述目录》（草稿），共计二百九十八种。1983年，王文才撰《杨慎学谱》时重新统计，“存亡并录，真伪兼收”，共得三百余种。其中，流传至今者，尚有《升庵文集》《升庵外集》《升庵遗集》《升庵长短句》《陶情乐府》《二十一史弹词》等一百七十四种。

升庵才华横溢，博览群书，著述的内容涉猎极广，包含经学、史学、文学、医学、民俗学、考订、音韵、文艺批评、书画评论等，几乎囊括了中国传统学术的方方面面。馆藏明清、近代升庵著述近百种，大体涵盖了升庵著述的主要部分。例如，明蔡汝贤刻本《太史升庵文集》、明金陵重刻本《升庵先生文集》、清养拙山房重刻本《太史升庵全集》、清古桂山房影明刻本《太史升庵遗集》、清桂湖影明刻本《升庵外集》，以及民国抄本《南中集》《南中续集》等，以上各书均为升庵诗文的汇集，归入“升庵别集”。“升庵杂著”，以《丹铅总录》之考证最见博古求真，以《二十一史弹词》之咏史最为脍炙人口，馆内均有明清善本收藏。明人好尚评论，升庵也不例外。世人皆知升庵长于艺术评论，在文学评论方面的代表作有《升庵诗话》《千里面谭》《谭苑醍醐》《艺林伐山》《升庵词品》《词品拾遗》等，为学者所熟知。馆藏杨慎等批校《梁昭明太子文集》《杨升庵先生批点文心雕龙》《草堂诗馀》《谢华启秀》《张禺山戊己吟》，则是升庵文学评论中不太常见的著述，归入“升庵批选”。明清时期对升庵进行评价和研究的书籍，也是馆内收藏的一大亮点，如《李卓吾先生读升庵集》是明代思想家李贽对升庵诗文的评点，民国抄本《升庵年谱》则是清人汇编的升庵生平事迹，以上两种，归入“后人评价”。

升庵别集

馆藏升庵别集，以明万历十年（1582）刻《太史升庵文集》为最古。此本为万历初年，蔡汝贤入蜀，购得升庵从子杨有仁家藏本数种刻印，是升庵著述中较早结集刊刻的本子。此外，养拙山房刻本《太史升庵全集》、古桂山房刻本《太史升庵遗集》、桂湖刻本《升庵外集》，均为清代新都本地刻印，较有特色。

馆中所藏较为特别的升庵别集还有民国抄本《南中集》六卷、《南中集钞》三卷、《南中集续钞》五卷，为升庵研究专家王文才先生捐赠，抄本书名叶上有“王文才”篆印及题辞。抄本底本疑为嘉靖二十四年谭棨刻本，据孔天胤《刻升庵南中集叙》述此书编撰之缘由，曰：“先生既谪去滇南，岁久留滞，端居覃省，发愤著书，神莹理解，垂文表义，而撰述弘。此编才一而已。吾友少嵋谭子，先生之邦彦也，取而刻之。”“少嵋谭子”，即谭棨，涪州人。

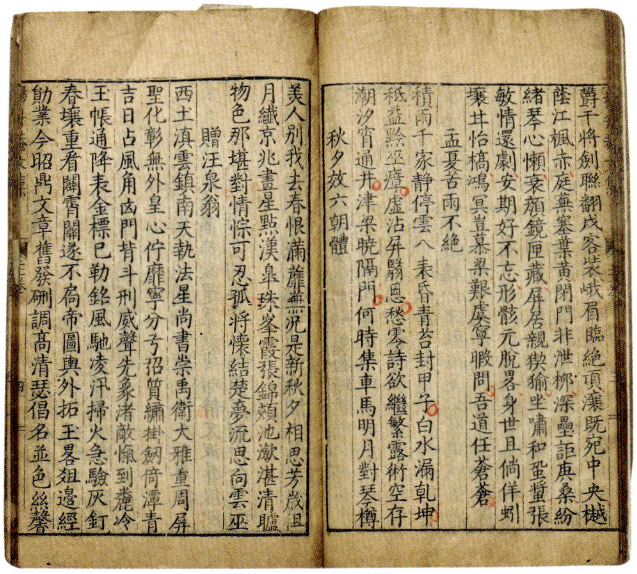

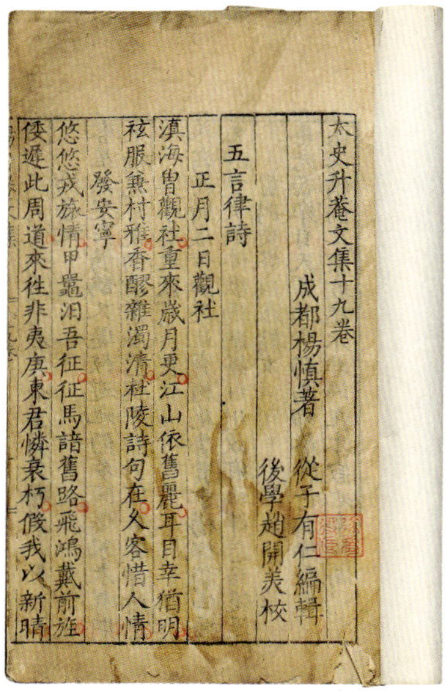

明蔡汝贤刻本《太史升庵文集》八十一卷

版　　本　明万历十年（1582）蔡汝贤刻本
　　　　　五册（存二十二卷：卷十九至二十七、卷四十三至四十五、卷五十一至六十）
著　　者　［明］杨慎撰
装帧形式　线装
版　　式　框高20.7厘米、框宽13.7厘米。半叶十行，行二十字，小字双行同，白口，四周单边，单黑鱼尾
级　　别　二级

明蔡汝贤刻本《太史升庵文集》八十一卷

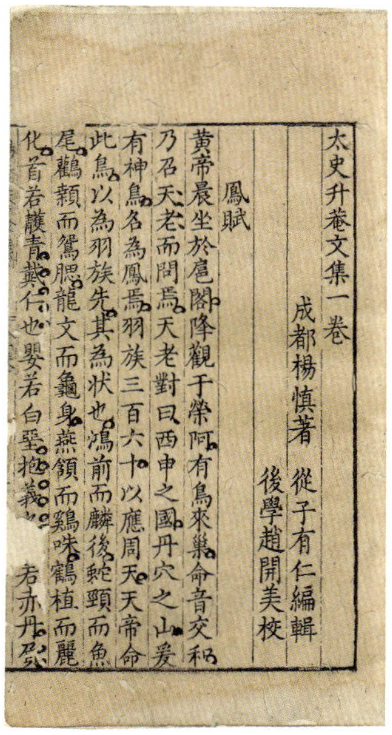

版　　本　明万历十年（1582）蔡汝贤刻本
　　　　　六册（存二十五卷：卷一至三、卷十八至二十一、
　　　　　卷二十三至三十六，目录四卷）
著　　者　［明］杨慎撰
装帧形式　线装
版　　式　框高21.5厘米、框宽13.7厘米
　　　　　半叶十行，行二十字，小字双行同，白口，四周单边，单黑鱼尾
级　　别　三级

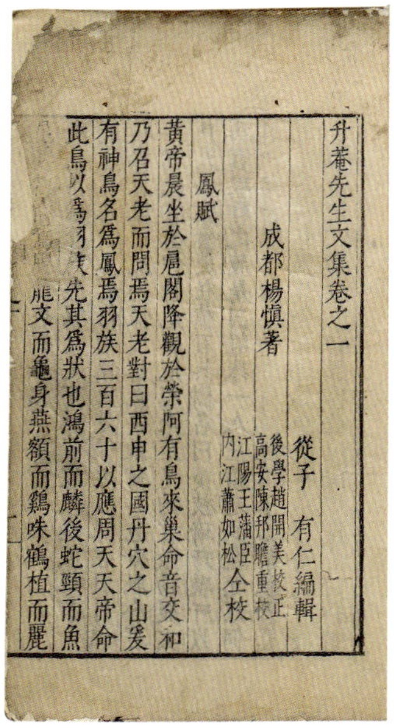

明金陵重刻本《升庵先生文集》八十一卷

版　　本　明万历二十九年（1601）王藩臣、萧如松金陵重刻本
　　　　　三册（存十二卷：卷一至四、卷五十六至五十八、卷六十九至七十三）
著　　者　［明］杨慎撰
装帧形式　线装
版　　式　框高21.3厘米、框宽14.2厘米
　　　　　半叶十行，行二十字，小字双行同，白口，左右双边，单黑鱼尾
级　　别　二级

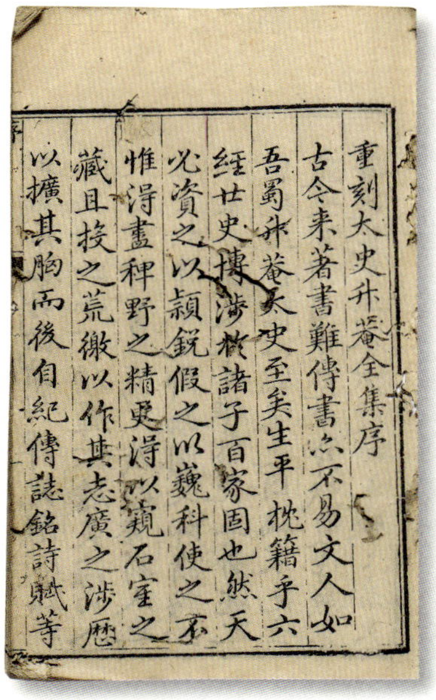

重刻太史升菴全集序
古今来著書難傳書亦不易文人如
吾蜀升菴太史至矣生平枕籍乎六
經廿史博涉於諸子百家固也然天
必資之以穎銳假之以巍科使之不
惟得畫秤野之精更得以窺石室之
藏且投之荒徼以作其志廣之涉歷
以擴其胸而後自紀傳誌銘詩賦等

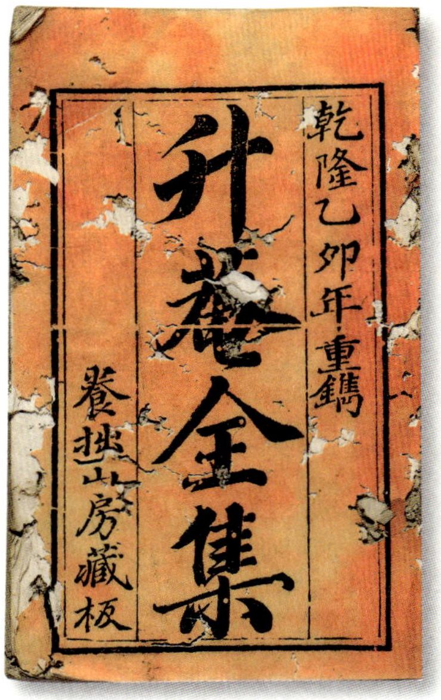

乾隆乙卯年重鐫
升菴全集
養拙山房藏板

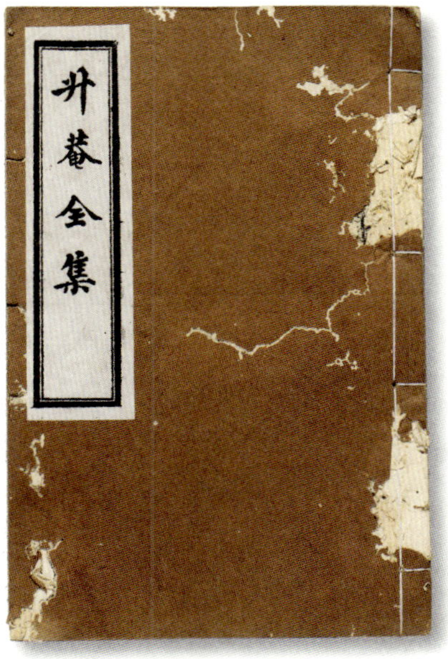

升菴全集

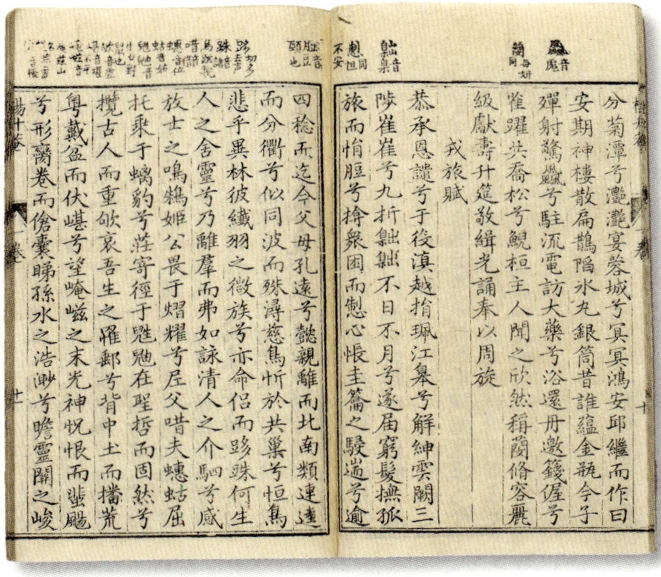

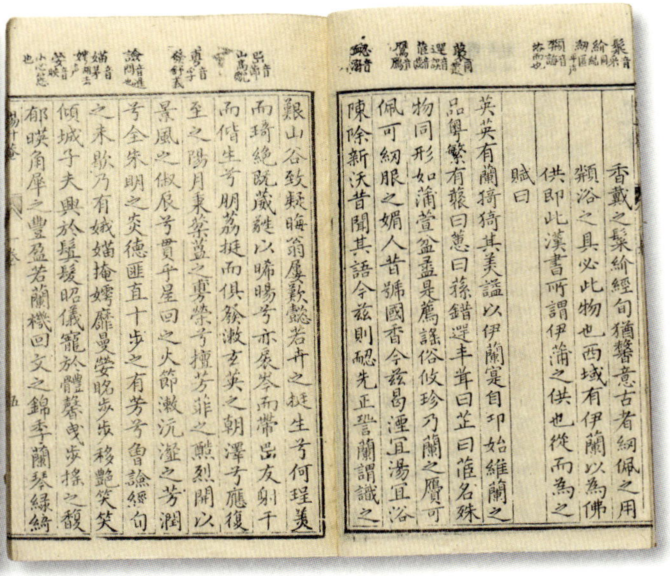

清养拙山房重刻本《太史升庵全集》八十一卷

版　　本　清乾隆六十年（1795）新都养拙山房重刻陈大科本
　　　　　二十四册（含目录二卷、年谱一卷）
著　　者　［明］杨慎撰
装帧形式　线装
版　　式　框高20.5厘米、框宽14.5厘米
　　　　　半叶九行，行十九字，白口，四周双边，单黑鱼尾
级　　别　三级

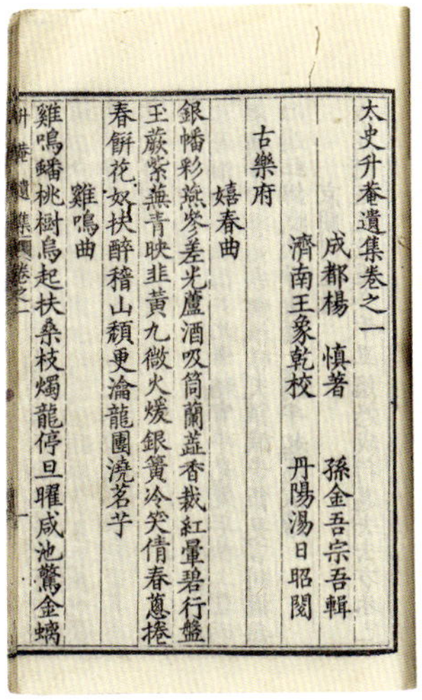

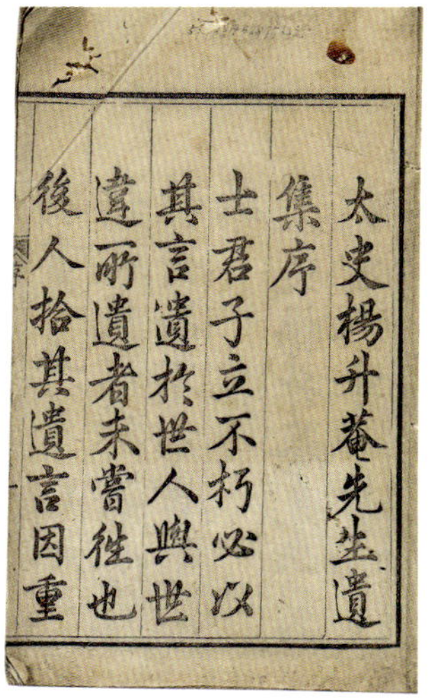

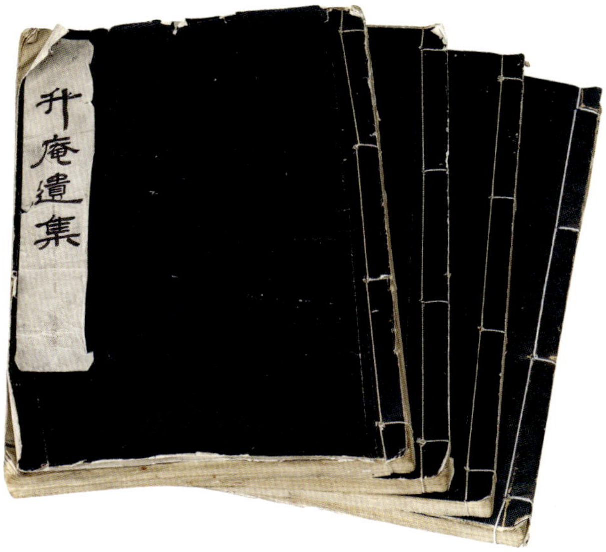

清古桂山房影明刻本《太史升庵遗集》二十六卷

版　　本　清道光二十四年（1844）新都古桂山房影明王象乾刻本，四册
著　　者　［明］杨慎撰
装帧形式　线装
版　　式　框高21.4厘米、框宽14.5厘米
　　　　　半叶十行，行二十字
　　　　　白口，四周双边，单黑鱼尾
级　　别　三级

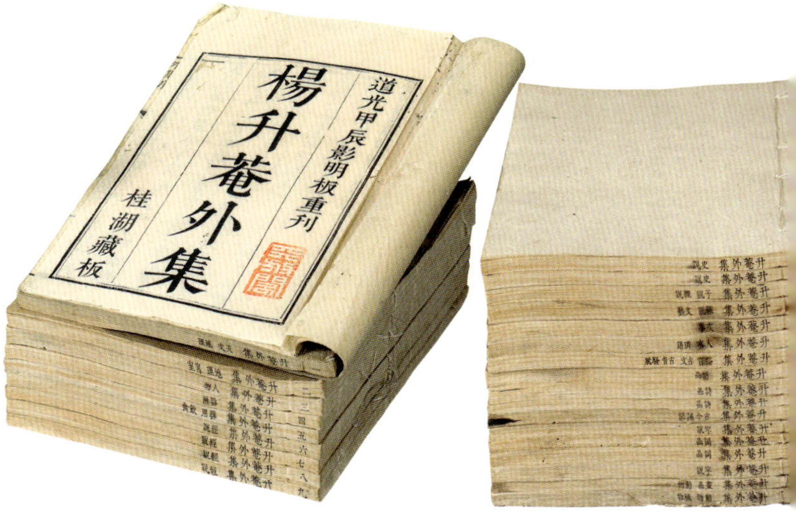

清桂湖影明刻本《升庵外集》一百卷

版　　本　清道光二十四年（1844）桂湖影明焦竑刻本
　　　　　二十六册（存九十一卷：卷十至一百）
著　　者　［明］杨慎撰
装帧形式　线装
版　　式　框高20.6厘米、框宽14.4厘米。半叶十行，行二十字，白口，左右双边，单黑鱼尾

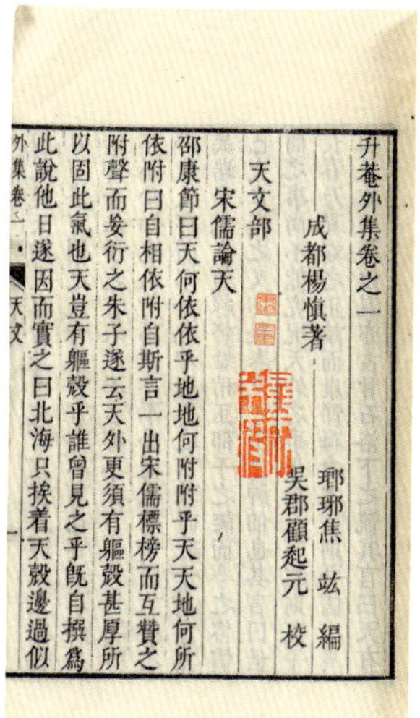

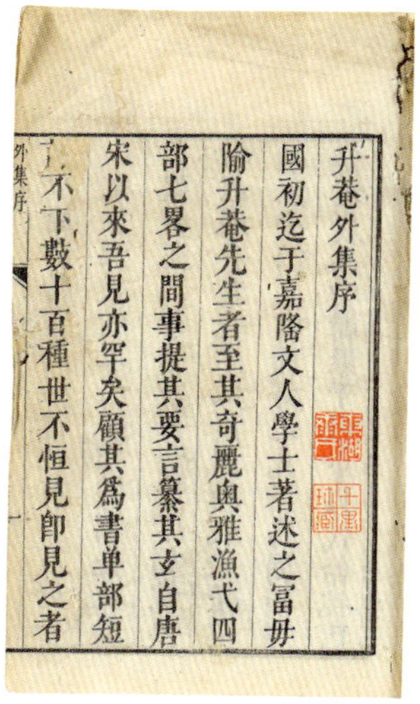

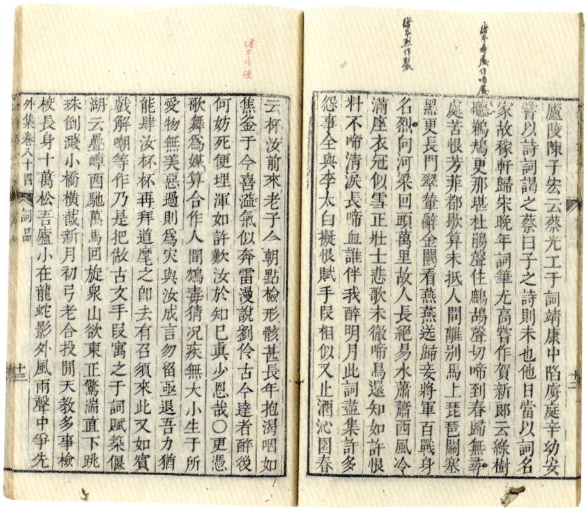

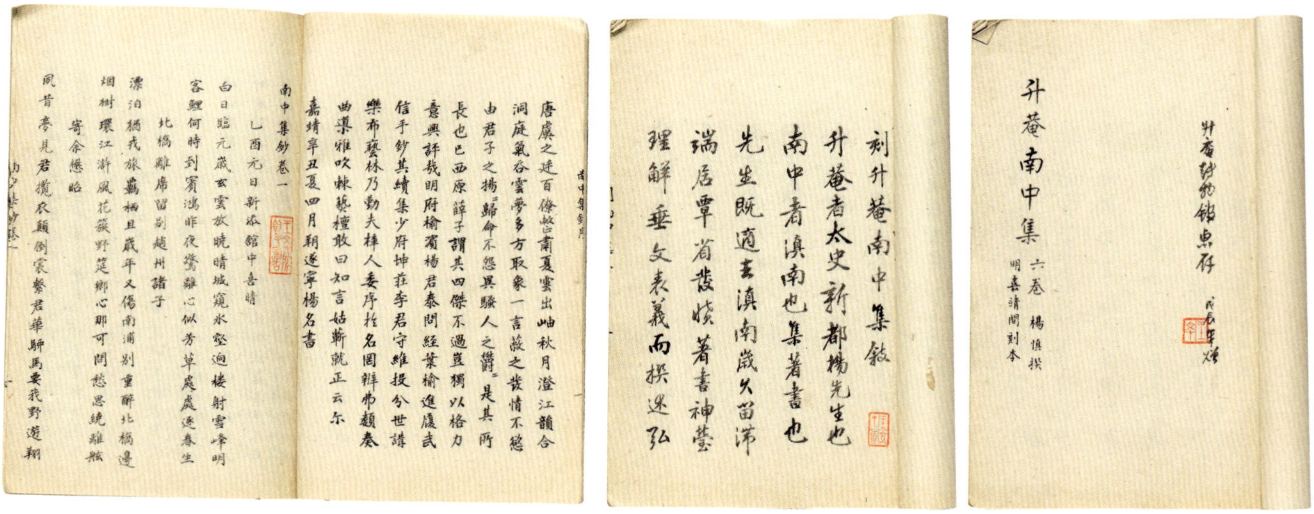

民国抄本《南中集》六卷、《南中集钞》三卷、《南中集续钞》五卷

版　　本　民国抄本，四册（含目录一卷）
著　　者　［明］杨慎撰
装帧形式　线装
版　　式　半叶九行，行二十字

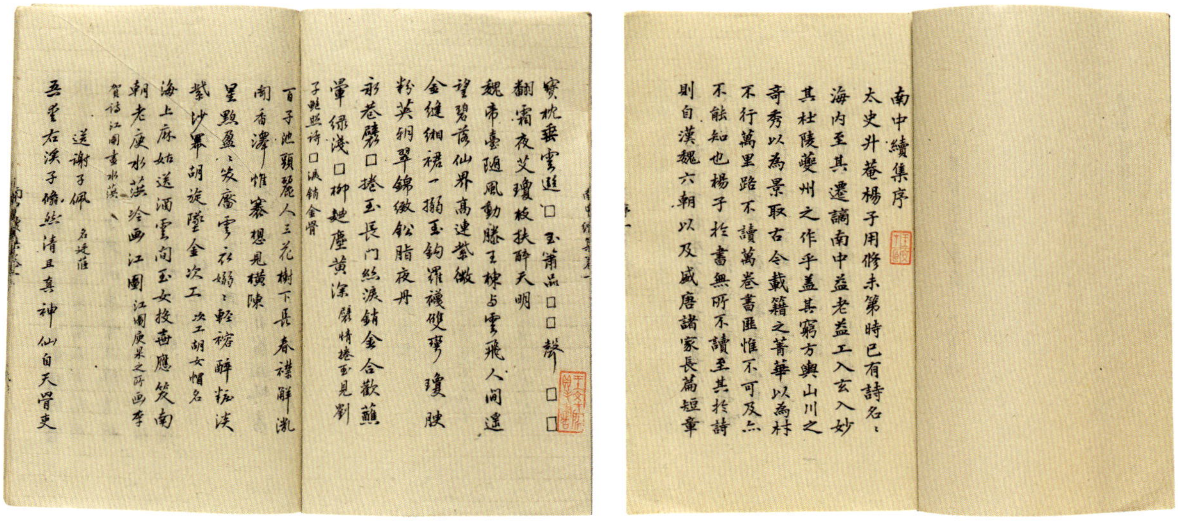

民国抄本《南中续集》四卷

版　　本　民国抄本，一册
著　　者　［明］杨慎撰
装帧形式　线装
版　　式　半叶九行，行十五至十六字不等

升庵杂著

《丹铅总录》二十七卷，是继洪迈《容斋随笔》、王应麟《困学纪闻》之后的又一考据学要籍。书中涉猎极广，大凡经史、地理、博物、诗文等均有考据，并对妄改古书的时弊多加针砭。但由于升庵著书多为单部短帙，饾饤成编，极其琐碎。馆藏明刻本《丹铅总录》均为残本，其中明嘉靖三十三年（1554）梁佐校刻本，存十余卷。万历年间陆弼、汪宗校订本，仅存两卷。此外，尚有一部卷帙完整的清刻本，系梁佐刻本的重刻本。但因缺少牌记，具体版本不详。该本前有明万历年间汪道昆《丹铅总录序》，后有乾隆巾箱本杨昶《丹铅总录跋》，均系后人抄配。

《历代史略词话》，又名《二十一史弹词》。其内容从开天辟地、三皇五帝、秦汉三国、两晋南北朝、隋唐五代，直说到辽宋金元。每段前均有诗、词和叙说，正文为十字（呈三三四句式）韵文。王文才先生《杨慎学谱》论此书：“其言不满三万，铺扬历代兴亡之迹，自洪荒迄于元世，概为十章，独具史法。”《三国演义》著名的开篇词《临江仙·滚滚长江东逝水》，即出自《词话》第三段“说秦汉”。

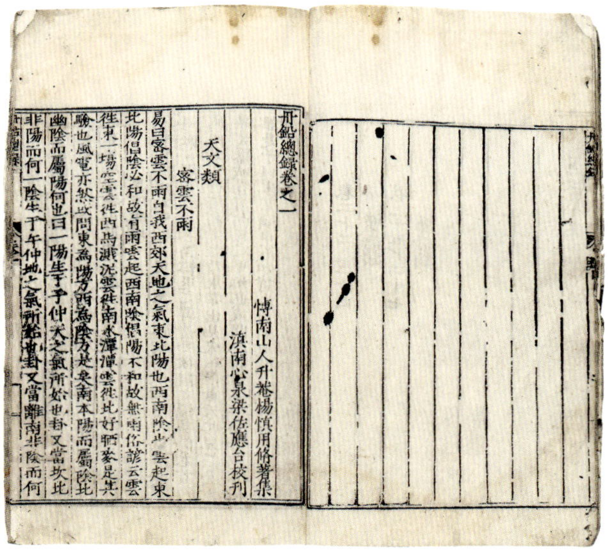

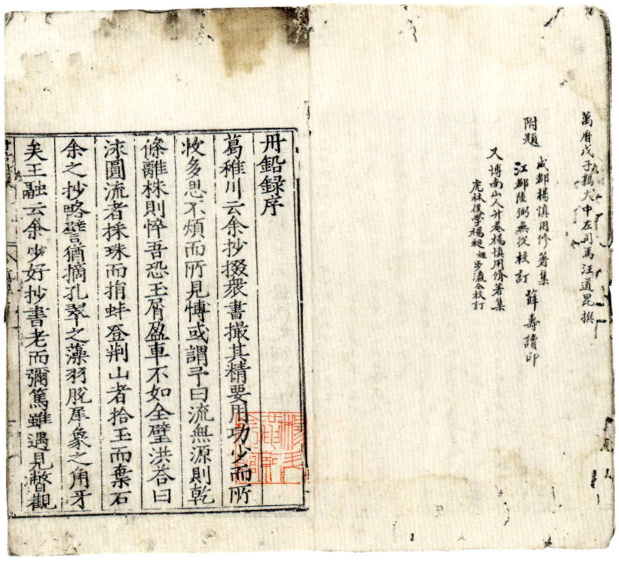

明梁佐刻本《丹铅总录》二十七卷

版　　本　清重刻明梁佐本，十册
著　　者　［明］杨慎撰
装帧形式　线装
版　　式　框高21.9厘米，框宽16.3厘米。半叶十一行，行二十五字，白口，四周双边，单黑鱼尾
级　　别　二级

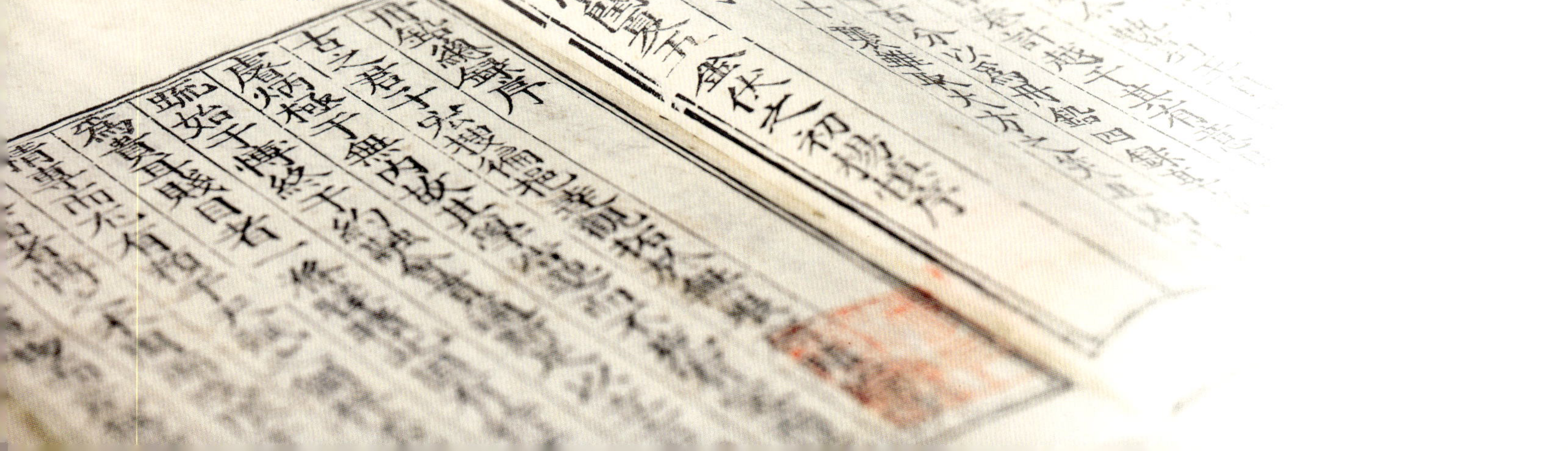

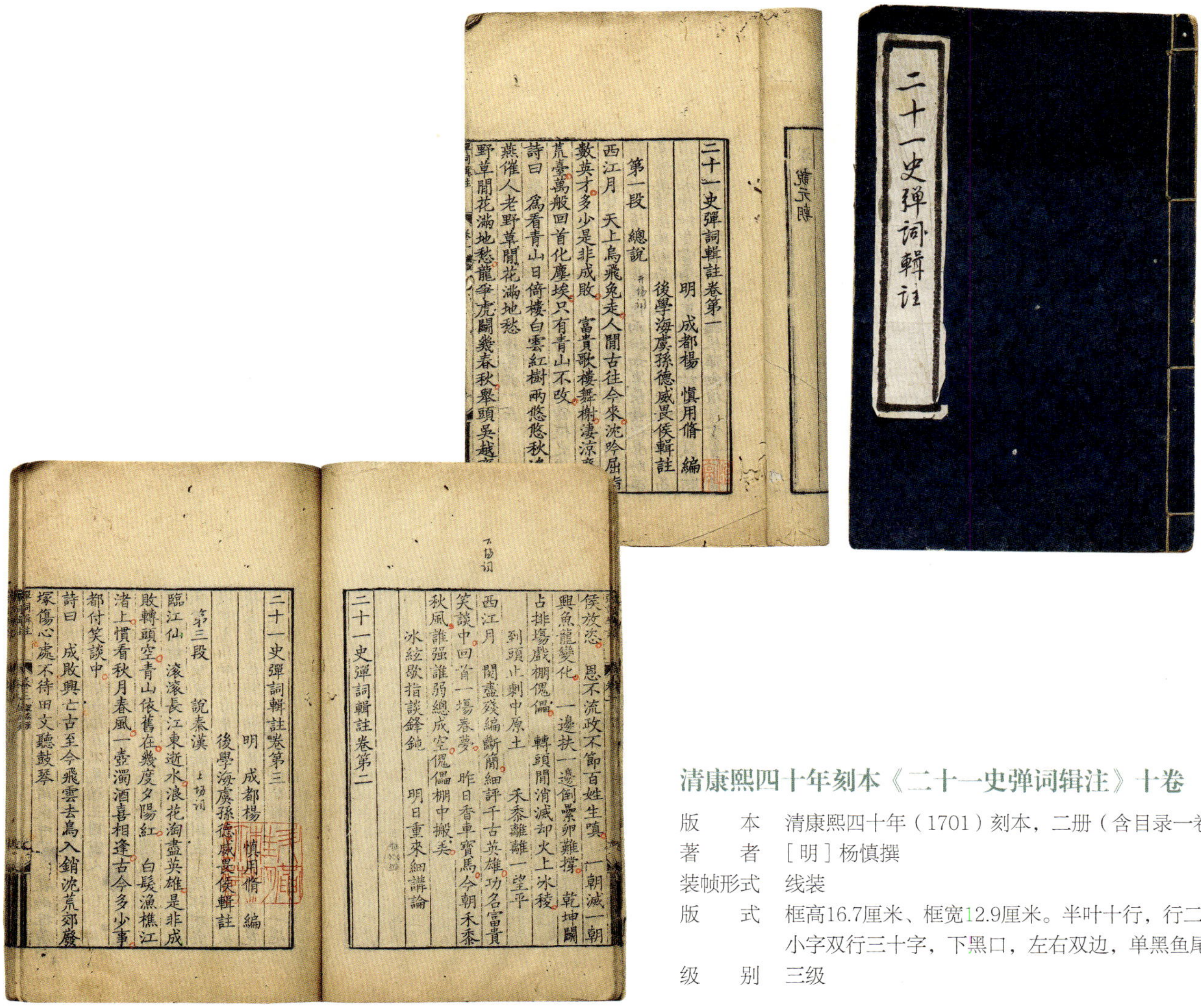

清康熙四十年刻本《二十一史弹词辑注》十卷

版　　本　清康熙四十年（1701）刻本，二册（含目录一卷）

著　　者　［明］杨慎撰

装帧形式　线装

版　　式　框高16.7厘米、框宽12.9厘米。半叶十行，行二十字小字双行三十字，下黑口，左右双边，单黑鱼尾

级　　别　三级

升庵批选

馆藏升庵批选的古籍，有两种比较重要。一种为明刻本《杨升庵先生批点文心雕龙》十卷，为著名学者王利器先生捐赠，书上有王先生的朱批，朱墨灿然，有较高学术价值。另一种为《梁昭明太子文集》五卷，卷端题有“大明辽国宝训堂重梓，梁昭明太子撰，明成都杨慎、周满、东吴周复俊、皇甫汸校刊”。《增订四库简明目录标注》据卷端题名及嘉靖三十四年（1555）周满序，著录为“明杨慎等校定辽府宝训堂刊本，五卷，在嘉靖乙卯”，“嘉靖乙卯”即嘉靖三十四年。此条著录很不准确，因为明嘉靖三十四年的刻书者是周满，而非辽藩。辽藩是据周满刻本重刻的。杨慎等校刊的是周满刻本，而非辽藩刻本。周满刻本与辽藩刻本是两种不同的本子。周本九行二十字，辽藩本八行十六字。总而言之，此书卷端书名、卷端编纂校刊衔名及其他有关文字均可资鉴定版本参考。

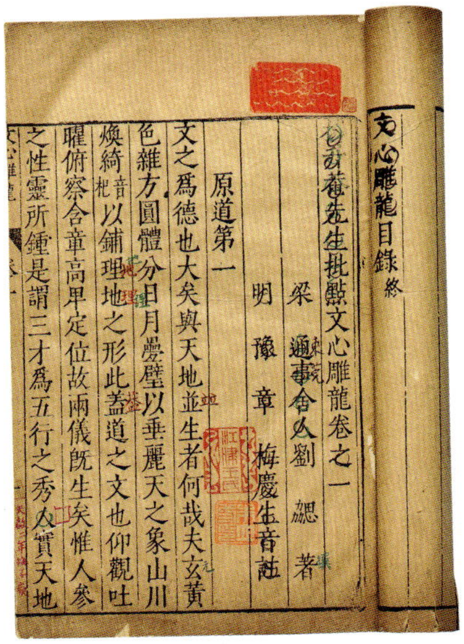

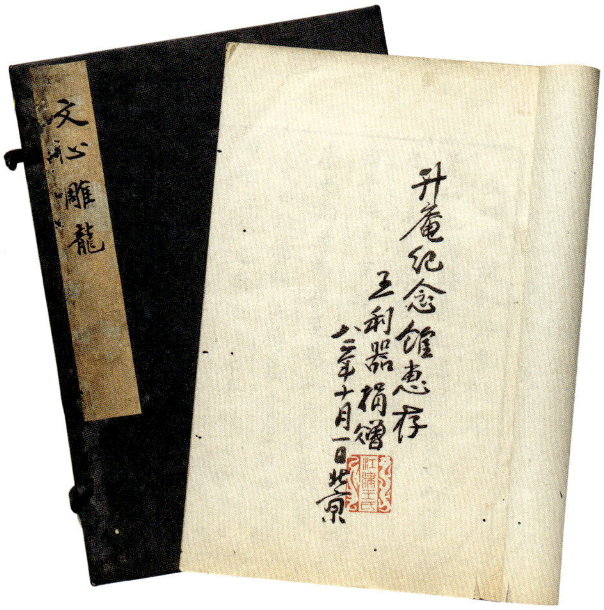

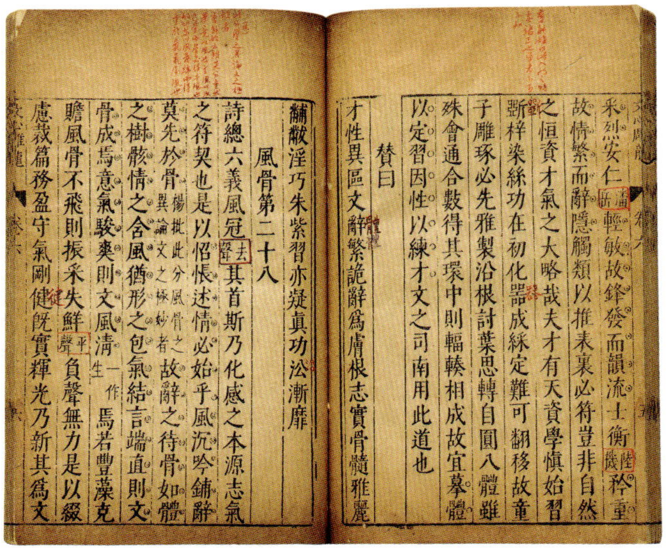

明梅庆生刻本《杨升庵先生批点文心雕龙》十卷

版　　本　明万历三十七年（1609）梅庆生刻本
　　　　　四册
著　　者　［南朝梁］刘勰撰
　　　　　［明］杨慎批点、［明］梅庆生音注
装帧形式　线装
版　　式　框高20.9厘米、框宽15.6厘米
　　　　　半叶九行，行十八字，小字双行同
　　　　　白口，左右双边，单黑鱼尾
级　　别　二级

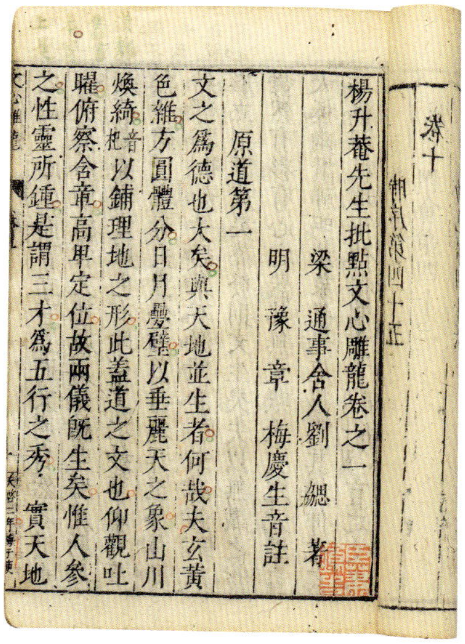
楊升菴先生批點文心雕龍卷之一
梁　通事舍人劉　勰　著
明　豫　章　梅慶生音註
原道第一
文之爲德也大矣與天地並生者何哉夫玄黃色雜方圓體分日月疊璧以垂麗天之象山川煥綺以鋪理地之形此蓋道之文也仰觀吐曜俯察含章高卑定位故兩儀既生矣惟人參之性靈所鍾是謂三才爲五行之秀實天地

明金陵聚锦堂刻本《杨升庵先生批点文心雕龙》十卷

版　　本　明天启二年（1622）金陵聚锦堂刻本
　　　　　四册
著　　者　［南朝梁］刘勰撰
　　　　　［明］杨慎批点、［明］梅庆生音注
装帧形式　线装
版　　式　框高20.9厘米、框宽14.3厘米
　　　　　半叶九行，行十八字，小字双行同
　　　　　白口，左右双边，单黑鱼尾
　　　　　卷首第一叶下口刊“天启二年梅子庚第六次校定藏板”
　　　　　小字一行
级　　别　三级

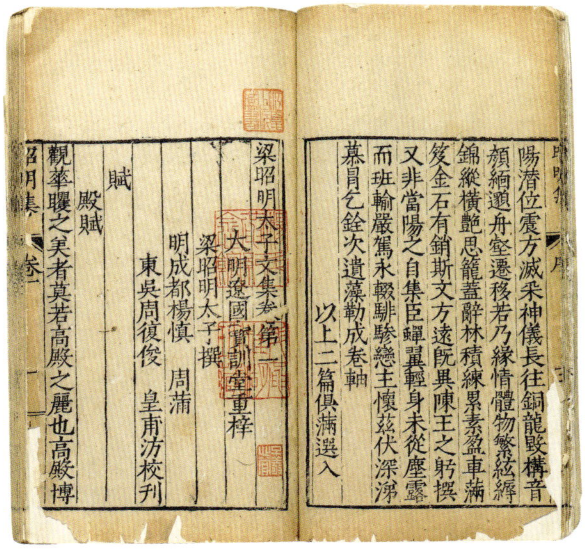

明辽府宝训堂刻本《梁昭明太子文集》五卷

版　　本　明辽府宝训堂刻本，二册
著　　者　［南朝梁］萧统撰、［明］杨慎等校
装帧形式　线装
版　　式　框高18.5厘米、框宽13厘米
　　　　　半叶八行，行十六字，白口，左右双边，单黑鱼尾

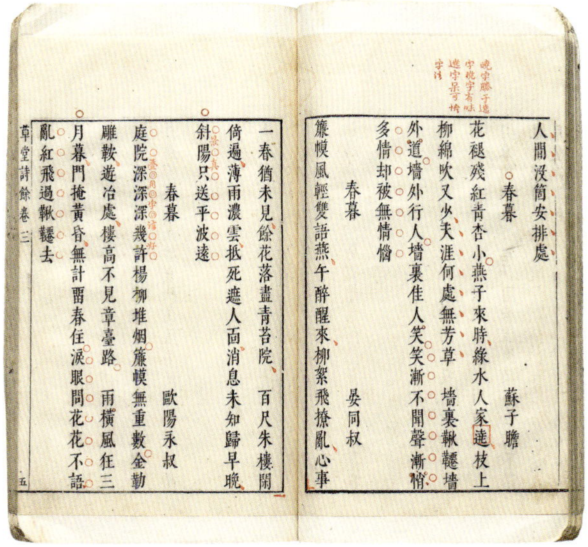

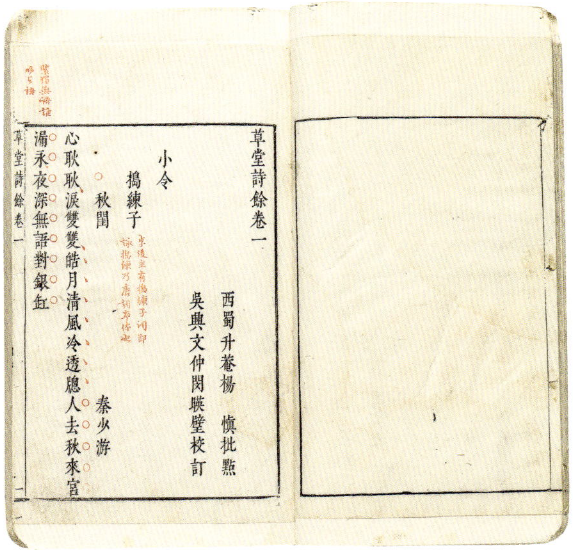
草堂詩餘卷一
西蜀升菴楊　慎批點
吳興文仲閔暎璧校訂
小令
擣練子
秋閨　秦少游
心耿耿淚雙雙皓月清風冷透窻人去秋來宮漏永夜深無語對銀釭

明朱墨套印本《草堂诗馀》五卷

版　　本　明闵英璧刻朱墨套印本，五册
著　　者　［明］杨慎评点
装帧形式　线装
版　　式　框高20.4厘米、框宽14.7厘米。半叶八行，行十八字，白口，四周单边
级　　别　二级

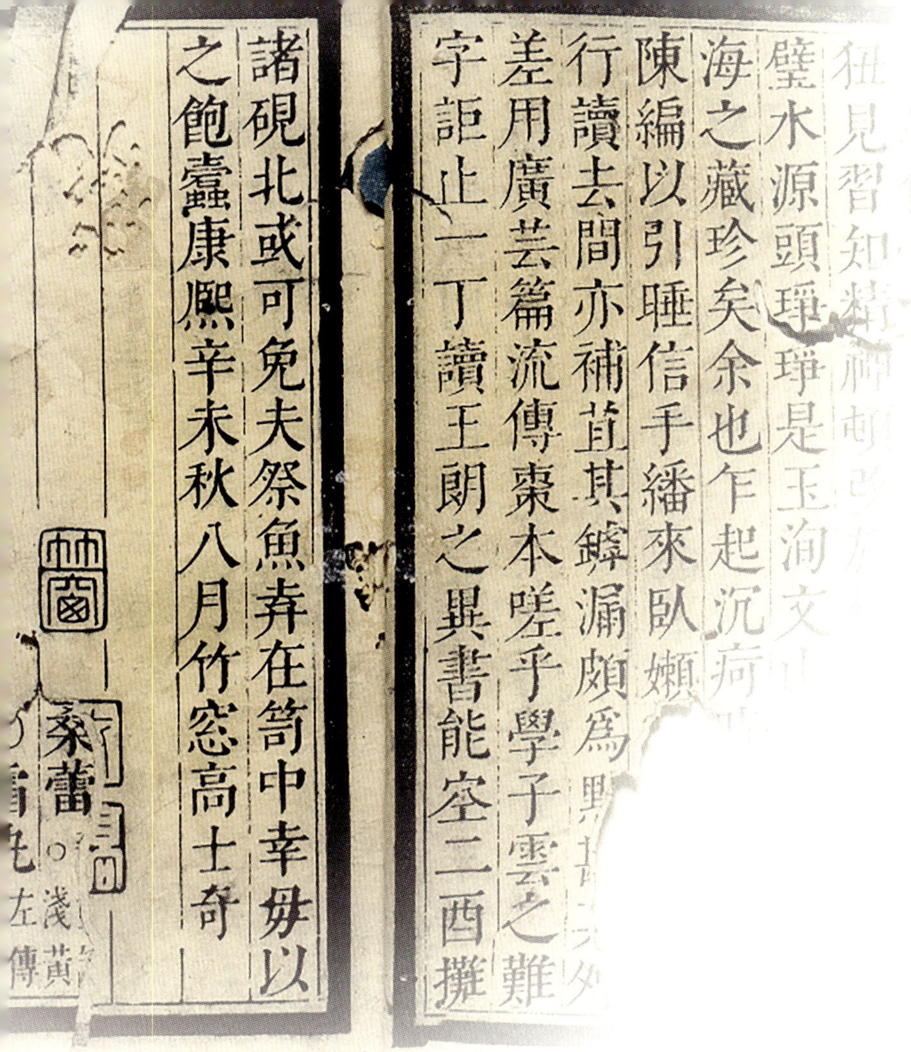

清高士奇刻本《谢华启秀》八卷

版　　本　清康熙三十年（1691）高士奇刻本
　　　　　一册
著　　者　［明］杨慎编、［清］高士奇重校
装帧形式　线装
版　　式　框高14.1厘米、框宽9.9厘米
　　　　　半叶九行，行十六字，小字双行同
　　　　　黑口，四周双边，单黑鱼尾
级　　别　三级

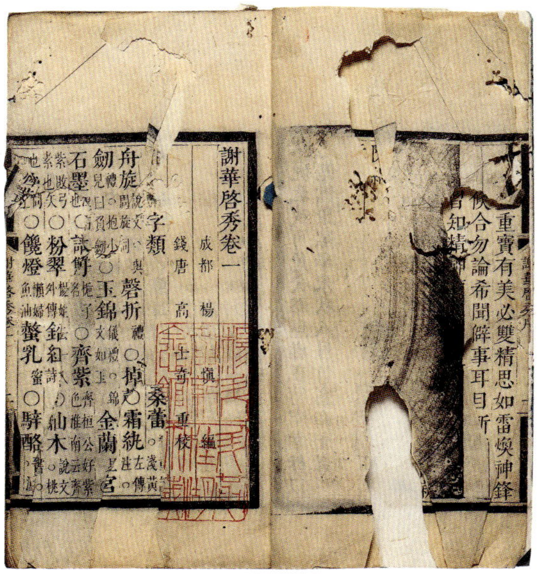

民国抄本《张禺山戊己吟》三卷

版　　本　民国抄本，一册
著　　者　［明］张含撰、［明］杨慎批点
装帧形式　线装
版　　式　高17.5厘米、宽12.5厘米
　　　　　半叶十行，行十六字

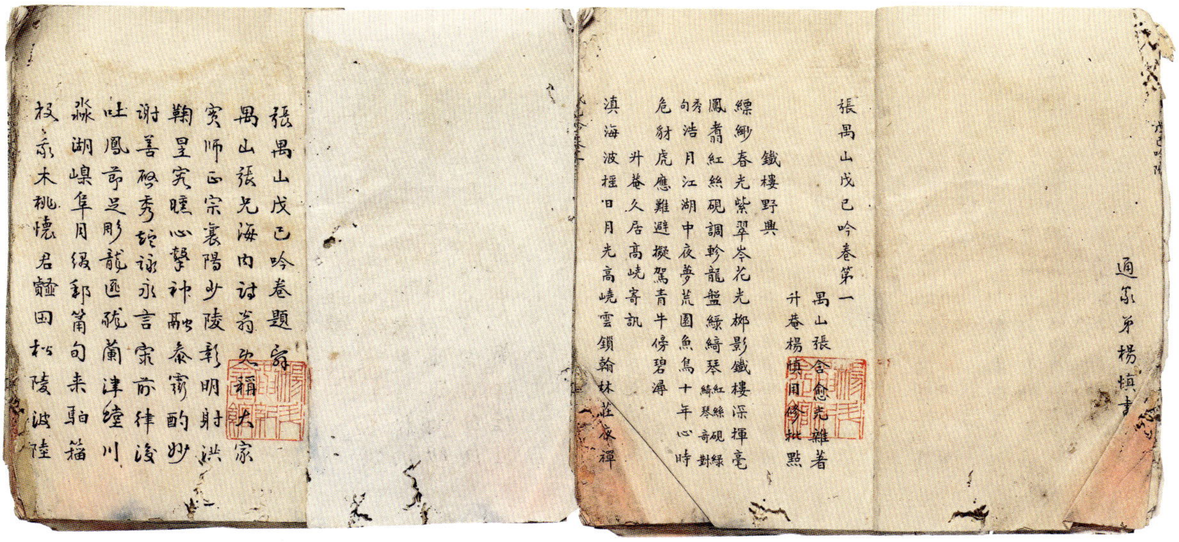

后人评价

隆庆、万历时期，升庵的著述逐渐扩散到全国，率先接受他的学问，沾染他的治学风气的有卜大有、李贽、焦竑、张燧等人。其中明代思想家、文学家李贽对杨慎的道德文章十分景仰，特别选评《杨升庵集》二十卷。李贽还在《续藏书》中将杨慎同时列入“忠节名臣”与“文学名臣”，并在传后列出杨慎著作一百一十七种的目录。这种情况在《续藏书》中是比较少见的。在《焚书》中，李贽写了一篇《杨升庵集》的读后感，抒发自己对杨慎的崇敬之情：“吁！先生人品如此，道德如此，才望如此……余是以窃附景仰之私。”馆藏明刻本《李卓吾先生读升庵集》二十卷，可以看出升庵对李贽的影响之深。另外，馆藏抄本《升庵年谱》一种，疑录自明简绍芳编、清程封改编的《升庵年谱》，具体源流有待进一步研究。

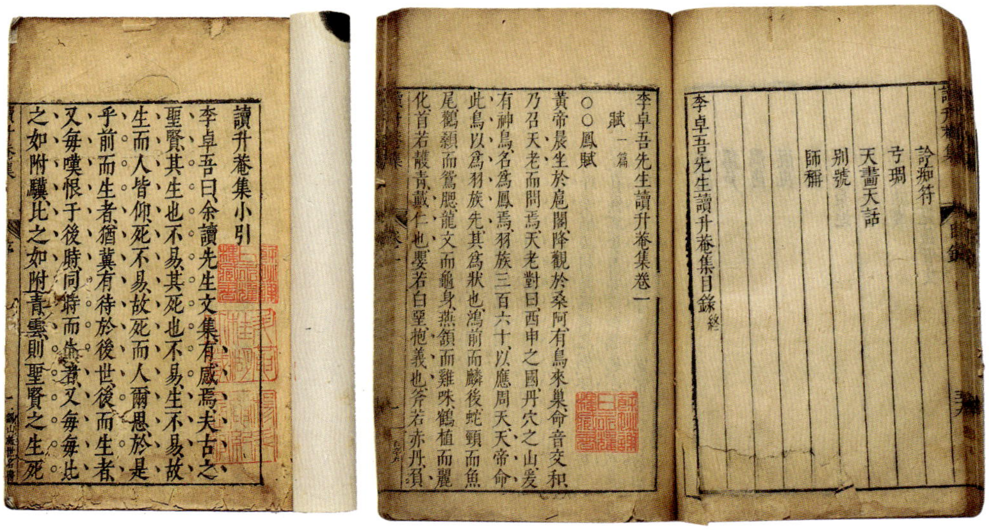

明刻本《李卓吾先生读升庵集》二十卷

版　　本　明万历刻本，四册
著　　者　［明］杨慎撰
　　　　　［明］李贽评选
装帧形式　线装
版　　式　框高21厘米、框宽13.8厘米
　　　　　半叶九行，行二十字
　　　　　白口，四周单边，单黑鱼尾
　　　　　卷首第一叶下口刊“锡山施世名书”小字一行
级　　别　三级

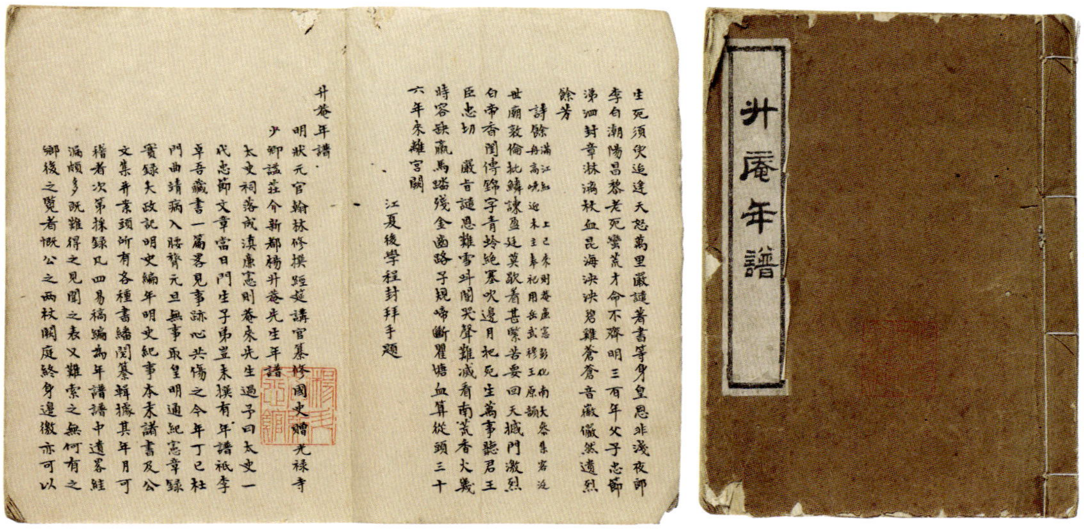

民国抄本《升庵年谱》

版　　本　民国抄本，一册
著　　者　［明］简绍芳编
　　　　　［清］程封改编
装帧形式　线装
版　　式　高26厘米、宽19.5厘米
　　　　　半叶十二行
　　　　　行二十二字
级　　别　三级

升庵相关碑刻

升庵相关碑刻的收藏是新都杨升庵博物馆的一大特色。这些碑刻不仅为我们呈现出升庵生平的吉光片羽，而且可以透射出升庵家族的谱系构成、发展脉络，乃至反映明代中期广阔的社会生活图景，具有极高的史料价值。

众所周知，留传至今的几种新都杨氏族谱，均为晚清民国时期续修，关于明代杨氏家族的原始材料保存极少，尤其是家族中的女性资料。杨慎家族墓出土的一批墓志比较详尽地记录了升庵家族几位主要女性成员的生平事迹，分别是《杨母熊氏墓志铭》《杨母叶氏墓志铭》《杨母王氏墓志铭》，这些墓志不仅可以补充不少新都杨氏族谱失载或误载的内容，还能帮助重新认识杨氏家族兴起过程中，女性在其中扮演的重要角色。《杨公神道碑铭》记录杨升庵的祖父杨春的生平，他是杨家承上启下的关键人物，碑铭由大学士李东阳亲自撰写。

“大礼议”之后，杨家的权势一落千丈。杨廷和被迫告老还乡，郁郁而终。升庵被罚到云南永昌戍边，至死未得到嘉靖皇帝宽恕和赦免。杨家虽然失势，但未进一步受到朝廷的迫害和奸人的陷害。升庵虽谪戍，仍能优游山水，诗书自娱。这些都得力于西南官场人士的庇护和保全。《明故明威将军九华沐

公墓志铭》《明故待封君南滦张公墓志铭》《忠勤两辅记》《方田子郑国秀墓志铭》等碑刻材料，反映了升庵与西南地方权贵、士绅的私交，有利于我们了解升庵戍边生活的真实情况，以及明代西南官场的复杂生态。

升庵不仅博览群书，学冠有明一代，而且书法精妙，深得二王、赵孟頫笔法，所以题咏江山，更显文采风流，备受后世所重。王世贞《名贤遗迹跋》称：“慎以博学名世，书亦自负吴兴（赵孟頫）堂庑。世传其谪戍云南时，尝醉傅胡粉，作双髻插花，诸伎拥之，游行城市，或以精白绫作裓，遣诸妓服之，酒间乞书，醉墨淋漓，人每购归，装潢成卷。”其书法为当时人所欣赏和爱戴，于此可见一斑。然而纸卷不易保存，不方便观摩和传播，于是有人将升庵墨迹刻碑传世。馆藏《石屏歌碑》《杨升庵墨迹碑》即是此类情况。

升庵家族墓志

新都为杨氏祖茔所在地，其中出土的升庵曾祖母熊氏的《封太孺人杨母熊氏墓志铭》、升庵祖母叶氏的《杨母叶氏墓志铭》，以及升庵三弟杨恒夫妇的《杨用贞墓志铭》《封孺人杨母王氏墓志铭》，对研究升庵家族史极有价值。尤其是升庵的曾祖母熊氏在杨氏家族历史上地位举足轻重，李东阳曾为她的《贞寿堂诗》作过序，表彰她教化族人的恩泽。由李东阳撰文的《封太孺人杨母熊氏墓志铭》，为后人了解熊氏的生平提供了宝贵的材料。值得一提的是，现存杨氏家族墓地左侧，尚竖有升庵同辈杨怀及夫人方氏的两通巨型墓碑，分别立于嘉靖二十四年、嘉靖三十一年，也是研究杨氏家族的重要史料。

此外，馆藏《杨公神道碑铭》为海内孤拓。正德十年（1515）正月，杨廷和之父、杨慎祖父杨春病逝，大学士李东阳应杨廷和之请撰此神道碑铭，叙述杨春生平事迹甚详。此铭未署书丹者姓名，据字体推测，应出自杨升庵之手。此外，尚有刘春撰《杨留耕行状》残碑拓片。这些文字虽有《（道光）新都县志》卷十一《艺文》全文著录，但县志所载文字与原碑拓片比较，颇有异处，碑拓仍有很高的校勘价值。

1. 墓盖

2. 墓志铭（拓片）

明故敕封太孺人杨母熊氏墓志

时代　明弘治五年（1492）
质地　石
尺寸　长60.5厘米、宽61厘米、厚9.5厘米
来源　1996年新都杨慎家族墓园出土，现藏新都杨升庵博物馆

1. 墓盖

2. 墓志铭（拓片）

封孺人杨母叶氏墓志

时代　明弘治十二年（1499）

质地　石

尺寸　长57厘米、宽57厘米、厚6.5厘米

来源　1996年新都杨慎家族墓园出土，现藏新都杨升庵博物馆

级别　二级

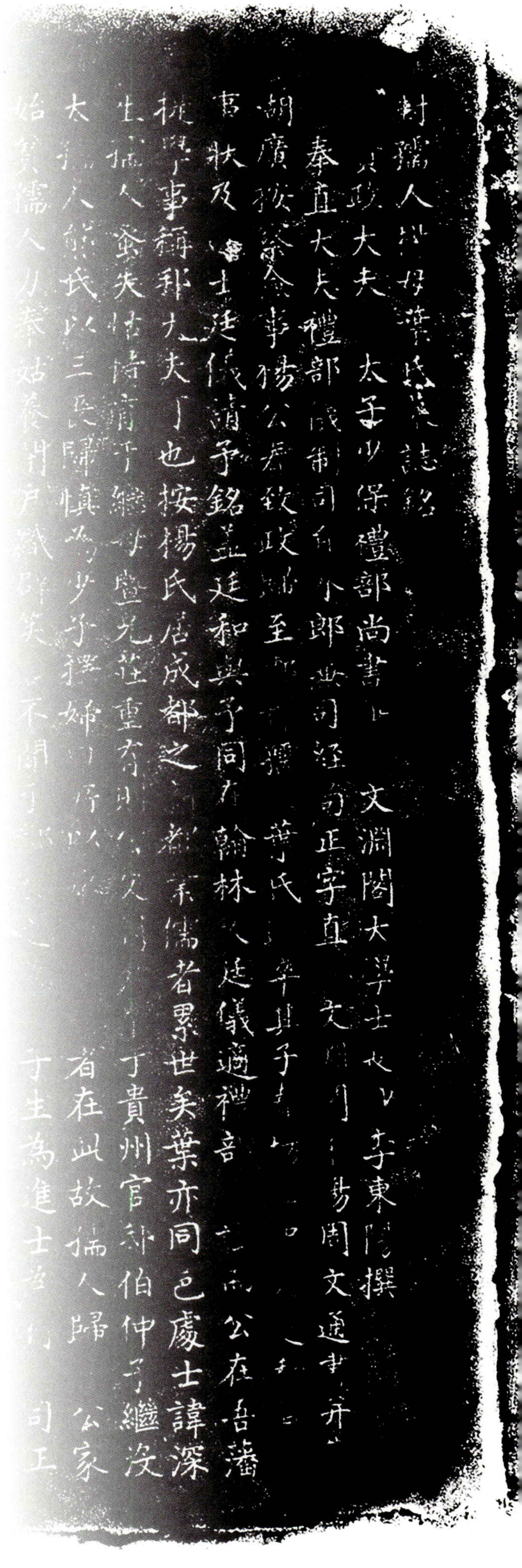

1. 墓盖

2. 墓志铭（拓片）

明故大理寺右寺副杨君用贞墓志

时代　明嘉靖十年（1531）
质地　石
尺寸　长61.5厘米、宽60.5厘米、厚8.3厘米
来源　1996年新都杨慎家族墓园出土
　　　现藏新都杨升庵博物馆

1. 墓盖

明故敕封孺人杨母王氏墓志

时代　明嘉靖四十四年（1565）
质地　石
尺寸　长56.5厘米、宽53厘米、厚6.5厘米
来源　1996年新都杨慎家族墓园出土
现藏新都杨升庵博物馆

2. 墓志铭（拓片）

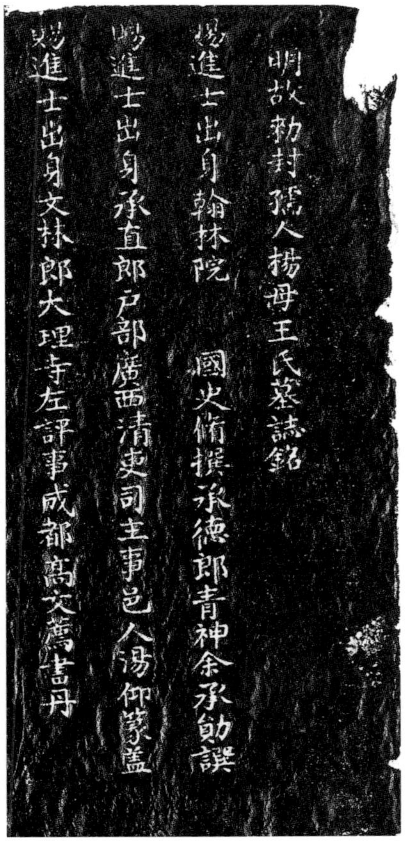

3. 墓志铭局部

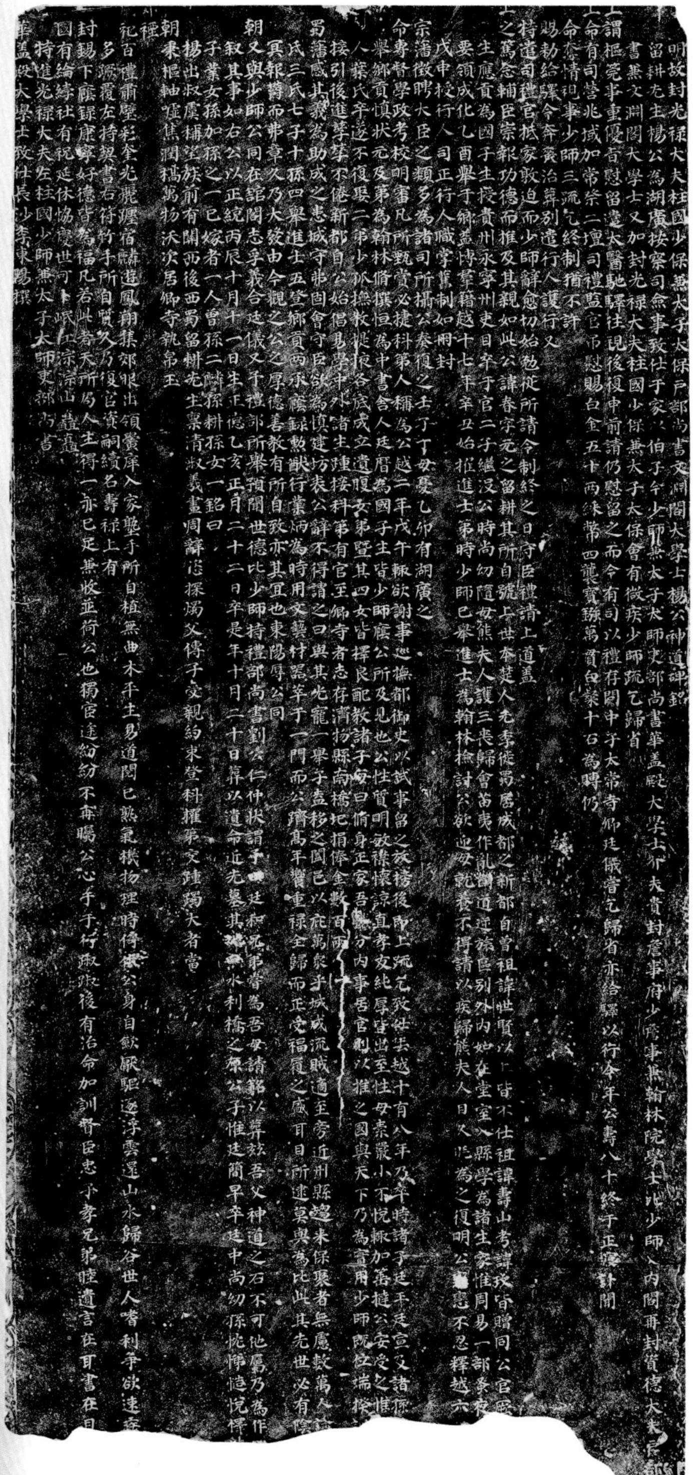

拓片 | 明故封光禄大夫柱国少保兼太子太保户部尚书文渊阁大学士杨公神道碑

时代　正德十年（1515）

质地　石

尺寸　长219厘米、宽103厘米

来源　新都杨升庵博物馆藏拓片

片

留耕行状残碑

代　正德十年（1515）

地　石

寸　长187厘米、宽99厘米

原　新都杨升庵博物馆藏拓片

升庵交游遗迹

升庵生平交游极广，碑刻是了解升庵社会关系网络极好的线索。馆藏《新都县八阵图记》，为正德十一年（1516）升庵应新都知县韩奕之请所撰，碑原立于新都城北弥牟镇之武侯祠，今已移至桂湖碑林内保存。《忠勤两辅记》，是嘉靖三十二年（1553）升庵为褒奖蜀藩承奉司承奉正宁仪、蜀藩承奉司承奉副周琦而撰。《明故待封君南滦张公墓志铭》，是嘉靖三十六年（1557），升庵为兵部右侍郎张佳胤之父张文锦所撰。《方田子郑国秀墓志铭》，是嘉靖三十八年（1559）升庵在戍所云南永昌所书。此墓志铭由张含撰文，李元阳篆额，1986年出土于云南腾冲县绮罗乡。通过这些碑刻，可以了解到升庵平日的应酬交往。特别是和地方政要的结交，为他长期谪戍生活提供了必要的庇护。

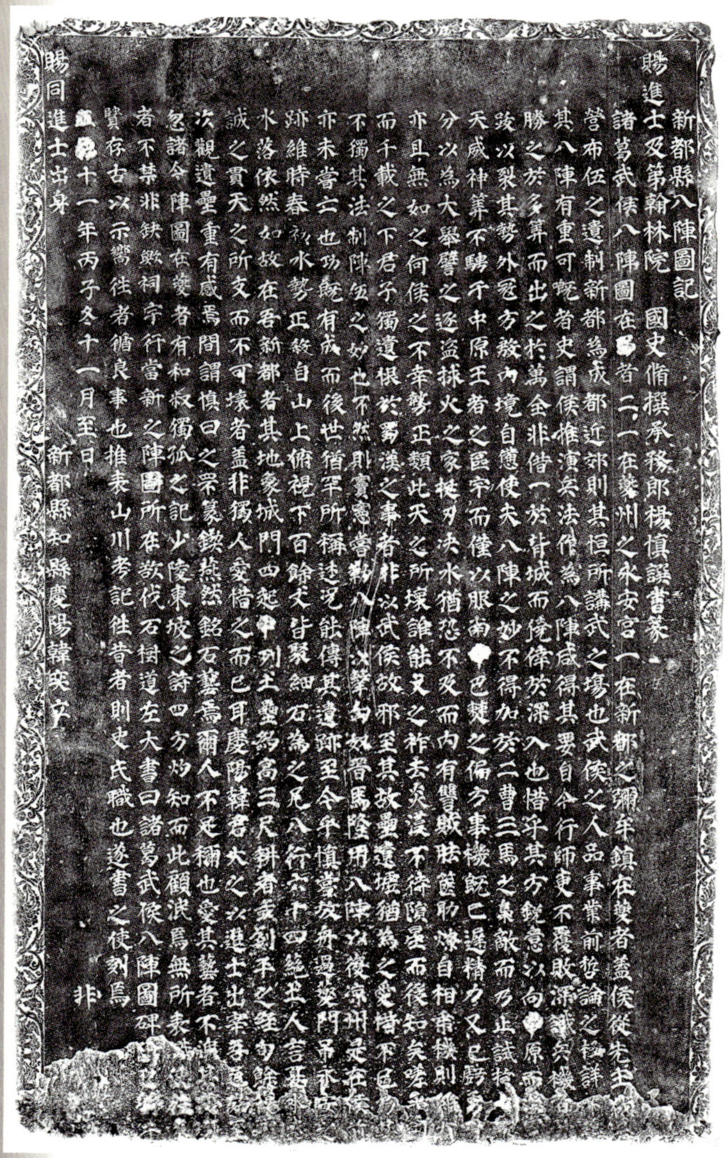

新都县八阵图记碑

时代　明正德十一年（1516）
质地　石
尺寸　长170厘米、宽101厘米
来源　石碑原立于新都弥牟镇武侯祠
1959年迁入新都桂湖碑林
新都杨升庵博物馆藏拓片

拓片

新都縣八陣圖記
杨升庵《新都县八阵图记》
杨慎（1488－1559）字用修，号升庵，明代新都人，状元，翰林院修撰。此书撰于1516年，新都知县韩奕立石于弥牟镇。

拓片 **楚雄府定远县新建儒学记碑**

时代　嘉靖二十九年（1550）
质地　石
尺寸　长186厘米、宽93厘米
来源　碑存云南省楚雄彝族自治州牟定县文庙
　　　新都杨升庵博物馆藏拓片

局部

拓片

忠勤两辅记碑

时代　嘉靖三十二年（1553）立
　　　万历八年（1580）补刻

质地　石

尺寸　长208厘米、宽77厘米

来源　新都杨升庵博物馆藏拓片

拓片

周琦墓祭文碑

时代　嘉靖三十四年（1555）
质地　石
尺寸　长163厘米、宽94厘米
来源　新都杨升庵博物馆藏拓片

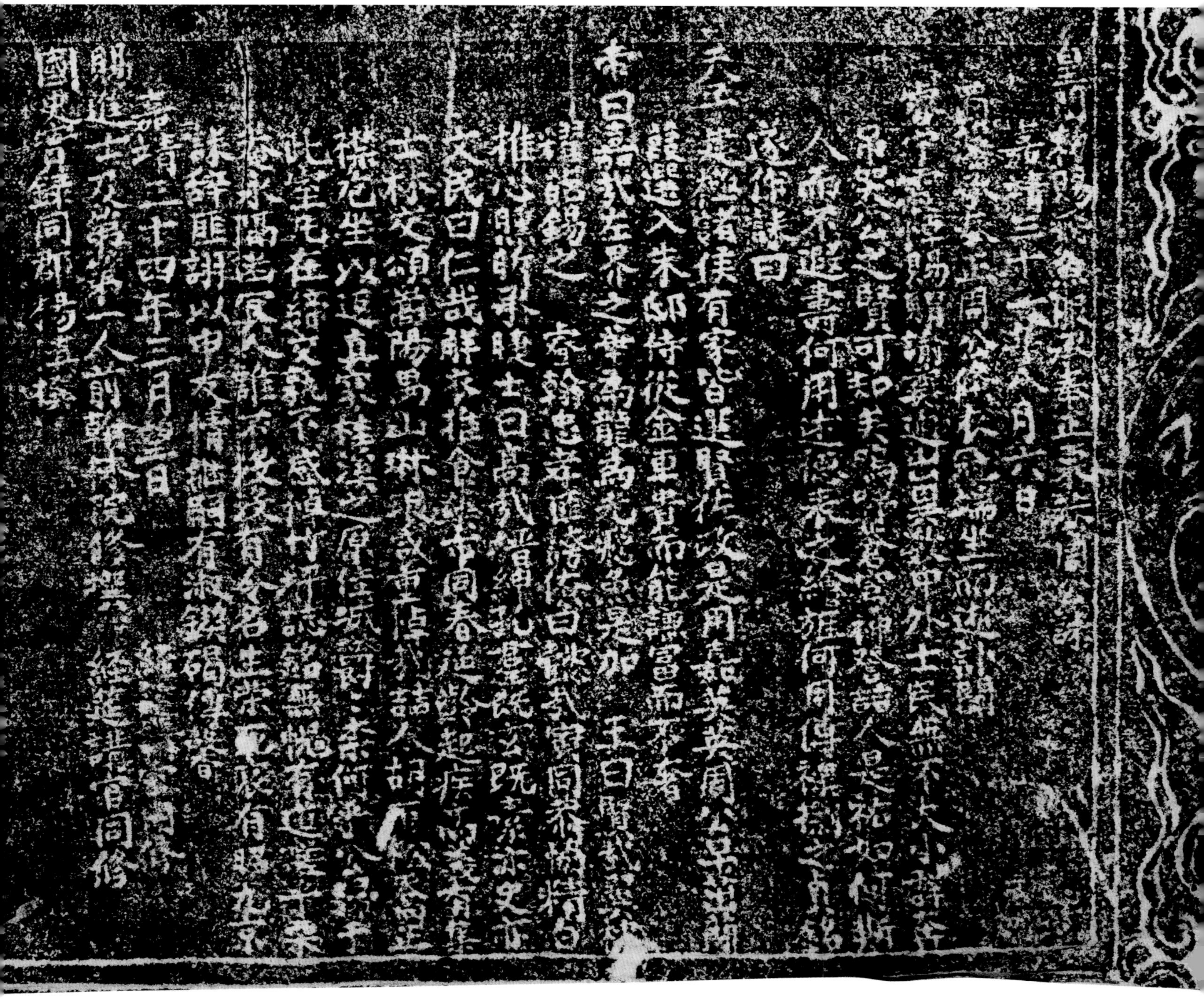

局部

1. 墓盖

2. 墓志铭（拓片）

明故待封君南溓张公墓志

时代　嘉靖三十六年（1557）

质地　石

尺寸　长72厘米、宽53厘米

来源　1982年四川铜梁县（今重庆市铜梁区）巴川镇中学出土
新都杨升庵博物馆藏拓片

1. 墓盖

方田子郑国秀墓志

2. 墓志铭（拓片）

3. 墓志铭局部

时代　嘉靖三十八年（1559）

质地　石

尺寸　长82厘米、宽82厘米

来源　1986年云南省腾冲县来凤山出土，新都杨升庵博物馆藏拓片

1. 墓盖

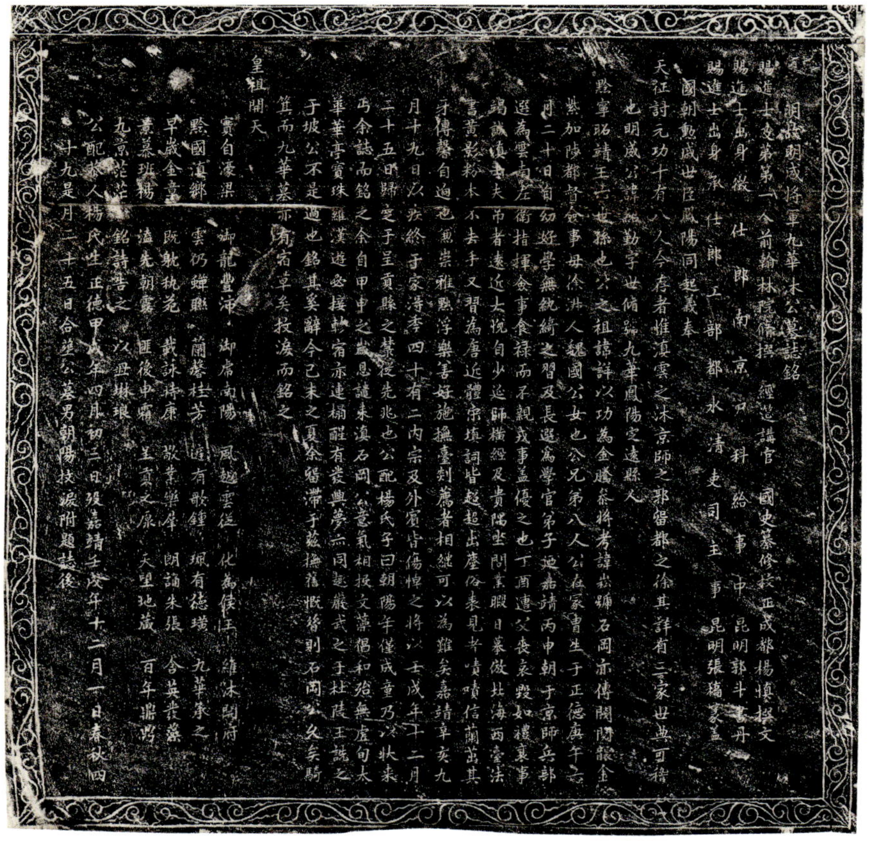

2. 墓志铭（拓片）

明故明威将军九华沐公墓志

时代　嘉靖三十八年（1559）

质地　石

尺寸　长62厘米、宽64厘米

来源　1956年云南昆明呈贡县王家原出土
　　　新都杨升庵博物馆藏拓片

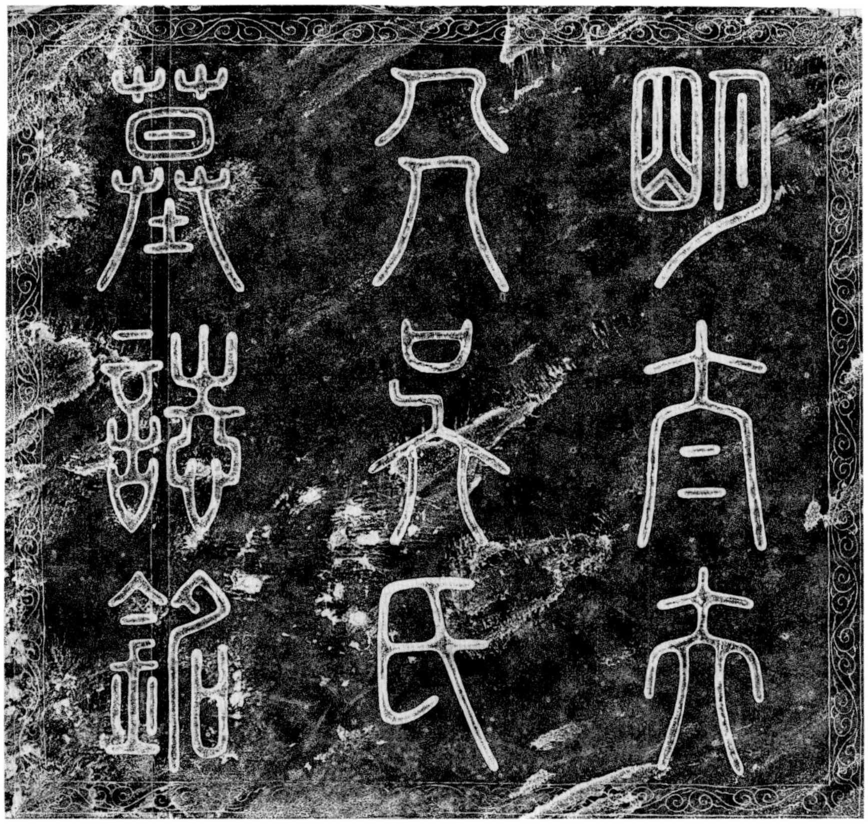

1. 墓盖

2. 墓志铭（拓片）

诰封太夫人沐母吴氏墓志

时代　嘉靖二十七年（1548）
质地　石
尺寸　长75厘米、宽82厘米
来源　碑存云南省博物馆
　　　新都杨升庵博物馆藏拓片

升庵墨迹

馆藏升庵墨迹，最著名者为《访太狂草堂诗并跋碑》。据记载，清光绪二十八年（1902），蜀中翰林吴鸿恩在京师购藏升庵墨迹一幅，光绪三十二年（1906），吴鸿恩应友人曹洪斋之邀，将此墨迹及清人跋文刻石嵌于新都桂湖内仓颉殿外壁，其碑横书“杨升庵先生墨迹”七个篆字。此碑今在桂湖碑林内保存。碑上刻有嘉靖七年（1528）升庵访曹太狂五言律诗一首，后附升庵跋语两段。又附刻清人陈希祖、吴鸿恩、吴郁生、俞陛云、吴鲁、赵鹤龄、陈璚、李锦江等八人跋语。石刻升庵诗及跋语均为行草，笔力遒劲飘洒，气象纵横，绝似赵孟𫖯，应是升庵真迹。此外，馆藏《石屏歌碑》拓片，同为草书，全称《题梁生霄正苍山奇石屏歌》。梁霄正曾作为云南丽江土知府木公的使者多次拜谒杨慎，其间杨慎为他写下《石屏歌》。

杨升庵先生墨迹碑

时代　清光绪二十七年（1901）
质地　石
尺寸　长132厘米、宽69厘米
来源　碑存新都桂湖碑林
新都杨升庵博物馆藏拓片

升庵题材书画

馆藏杨升庵题材书画作品大略可以分为三类：一是为杨慎夫妇造像，二是以杨慎诗歌来绘画作书，三是为博物馆题写馆名或题词。第一类作品有专文详述，暂且从略不论。第二类作品数量最多，这是因为杨升庵被誉为“明代三大才子”之首，著述异常丰富，其诗沉酣六朝，揽采晚唐，独立于当时风气之外，加之他将跌宕起伏的人生融入自己诗歌，后世书画家能从不同角度加以理解进行创作。

这类作品中，绘画以近代蜀中书画大家陈子庄《红荷图》为代表，采用大写意手法描绘夏日荷塘盛景，莲叶水墨，荷花设色，笔墨奔放，纵横自如，从题款可知取自升庵“翠盖波心出，红云水面铺”诗意。陈子庄早年受教于齐白石和黄宾虹，后另辟新径，自成一家，此幅以荷花为题，联系到他和杨升庵相似的坎坷遭遇，却又卓然独立，或许别有寄托。就艺术而言，这幅作品重要性主要体现在两个方面，一作于1962年秋月，陈子庄时年49岁，正是其艺术创作的高峰时期，当时为博物馆作了《红荷图》《墨荷图》和《花卉图屏》三件作品；二是他生前穷困潦倒，无大纸作画，故多小品；此幅作品长380厘米，宽175厘米，是其生平罕见巨作。

书法则以近代著名学者书法家沈尹默《行书锦津舟中对酒别刘善允诗》为代表，全文如下：“锦江烟水星桥渡，惜别愁攀江上树。青青杨柳故乡遥，渺渺征人大荒去。苏武匈奴十九年，谁传书札上林边。北风胡马南枝鸟，肠断当筵蜀国弦。升庵先生锦津舟中对酒别刘善允之作。”刘善充的生平事迹不详，多数学者认为是杨慎蜀中好友，此诗为杨慎从四川回戍所永昌道中所作，“柳”与“留”谐音，指向“离情别绪”，寄托了他“思乡怀友”的情绪。沈尹默的书法取法“二王”，在碑学盛行的近代独树一帜。这幅行书用笔挥洒自如，如行云流水，自然流畅，笔墨跌宕起伏，浓淡相间，是其书法中的精品。

新都杨升庵博物馆坐落于环境优美的桂湖，又是杨升庵生前居所，数十年来不少社会贤达，乃至党和国家领导人来馆参观，馆中的大多相关书画都以杨升庵跌宕人生为创作题材，观后总让人有所触动，游历之余往往要留下墨宝，如题写馆名者以郭沫若《行书升庵桂湖横幅》为代表，结体端庄，笔力洒脱，运转变通，韵味无穷。题词以李一氓《行书论升庵先生轴》为代表：“升庵功业，当以在云南推行中原文化，使汉族文化与边疆少数民族文化相结合与融化，对中华民族的成长有贡献。至其学术著作，则纯杂不一，尚待抽绎，然均可纪念。若谓其为相国公子，翰苑才士，斯次之又次者矣。”杨升庵早年殿试第一，高中状元，后因“大礼议”谪戌云南，老死异乡，世人或褒其出身，或赞其才华，但李一氓则认为这些都无足轻重，杨升庵毕生最大的贡献在于把中原文化惠及云南，岁月的逝去黯淡了曾经的荣耀与屈辱，一个流放文人用自己的悲壮人生为边陲民族文化发展所做出的开创性贡献却永为历史铭记。

马璟　杨升庵骑马图轴

时代　现代（1977）

质地　纸

尺寸　横59.5厘米、纵95厘米

马琭　杨升庵像轴

时代　现代（1977）
质地　纸
尺寸　横68厘米、纵139厘米
级别　三级

曾晓浒　杨升庵图轴

时代　现代（1980）

质地　纸

尺寸　横97厘米、纵181.5厘米

级别　三级

徐恒瑜　杨升庵诗意图轴

时代　现代（1978）

质地　纸

尺寸　横65.5厘米、纵135厘米

沈道鸿　杨升庵像轴

时代　现代（1985）

质地　纸

尺寸　横66.5厘米、纵135厘米

赵绪策　杨升庵像轴

时代　现代（2004）
质地　纸
尺寸　横94厘米、纵138厘米

邱笑秋　黄峨诗意图轴

时代　现代（1988）
质地　纸
尺寸　横67厘米、纵68厘米

周思聪　黄峨图轴

时代　现代（1982）
质地　纸
尺寸　横81.5厘米、纵88.7厘米
级别　三级

李星武　黄峨寄外诗意图轴

时代　现代（1994）
质地　纸
尺寸　横67厘米、纵133.5厘米

李星武　寄远曲诗意图轴

时代　现代（1994）
质地　纸
尺寸　横68.5厘米、纵135.5厘米

陈子庄　红荷图横幅

时代　现代（1962）

质地　纸

尺寸　横380厘米、纵175厘米

级别　二级

陈子庄　墨荷图轴

时代　现代（1962）
质地　纸
尺寸　横94厘米、纵178.5厘米
级别　二级

陈子庄　花卉图屏（共4幅）

时代　现代（1962）

质地　纸

尺寸　每幅横46.5厘米、纵139厘米

级别　二级

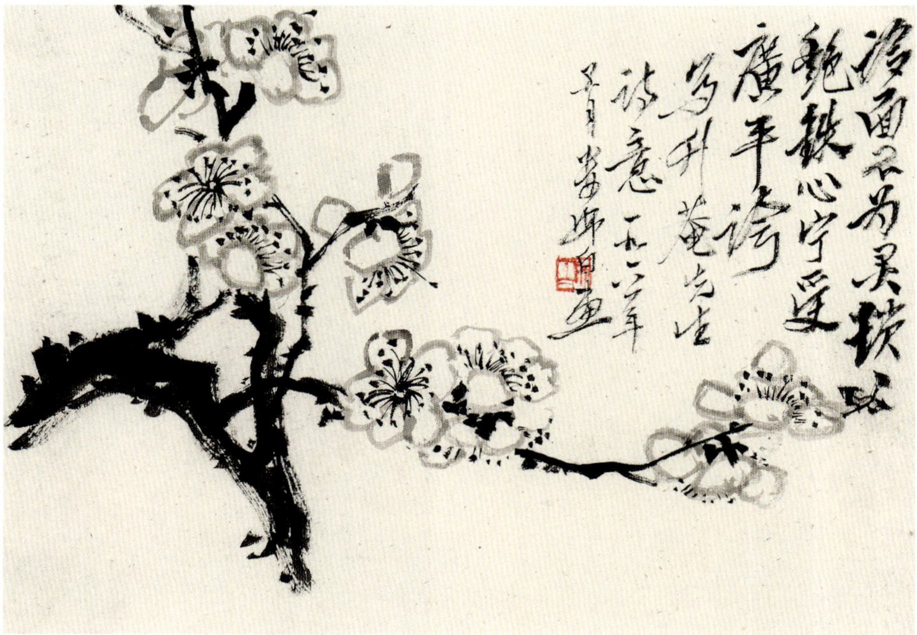

娄师白　梅花图轴

时代　现代（1961）
质地　纸
尺寸　横32.5厘米、纵22.5厘米
级别　三级

关松房　苍松图轴

时代　现代（1961）
质地　纸
尺寸　横32.5厘米、纵22.5厘米
级别　三级

秦仲文　墨竹图轴

时代　现代（1961）
质地　纸
尺寸　横32.5厘米、纵22.5厘米
级别　三级

王雪涛　桂花图轴

时代　现代（1961）
质地　纸
尺寸　横32.5厘米、纵22.5厘米
级别　三级

逕岑出寸碧遠目增雙明
甲子十月
陸儼少於杭州寓次

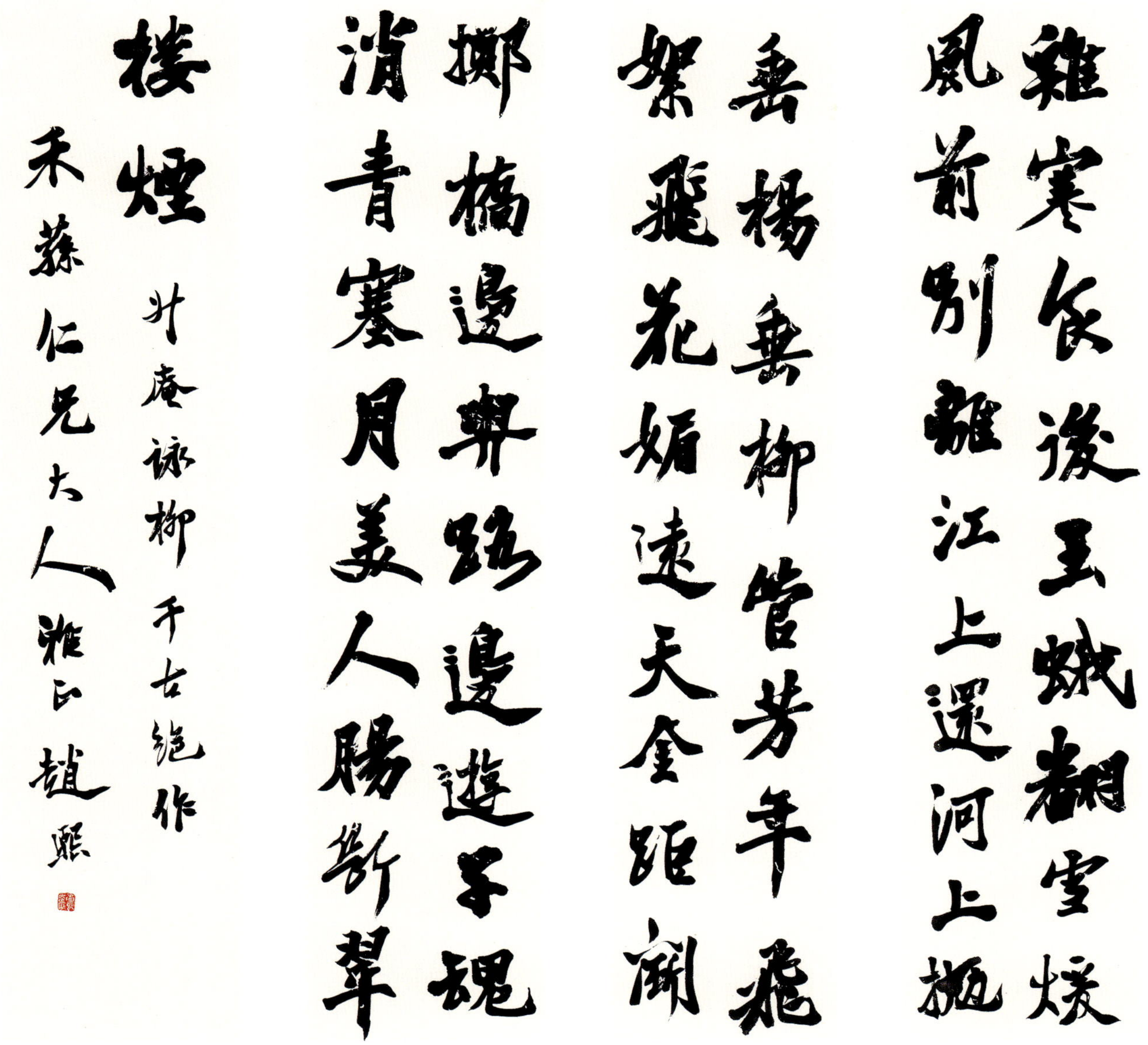

赵熙　行书升庵咏柳诗屏（共4幅）

时代　民国
质地　纸
尺寸　每幅横33厘米、纵139厘米

陆俨少　诗意山水图轴

时代　现代（1984）
质地　纸
尺寸　横59厘米、纵93.5厘米

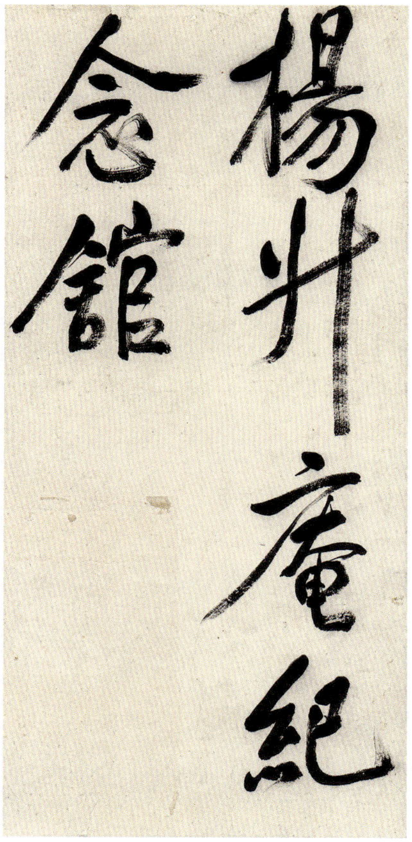

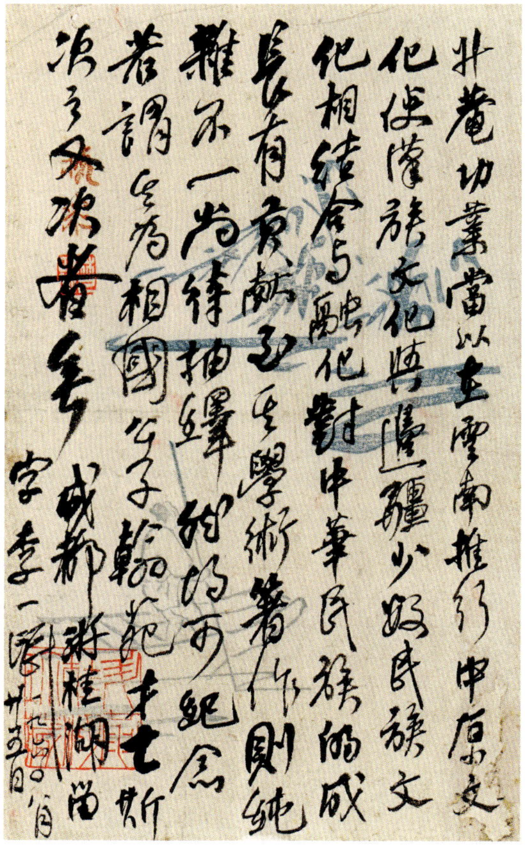

朱德　行书杨升庵纪念馆轴

时代　现代（1962）
质地　纸
尺寸　横33厘米、纵78.5厘米
级别　三级

李一氓　行书论升庵先生轴

时代　现代（1960）
质地　纸
尺寸　横17厘米、纵27厘米
级别　三级

郭沫若　行书升庵桂湖横幅

时代　现代（1962）
质地　纸
尺寸　横179厘米、纵78.6厘米
级别　三级

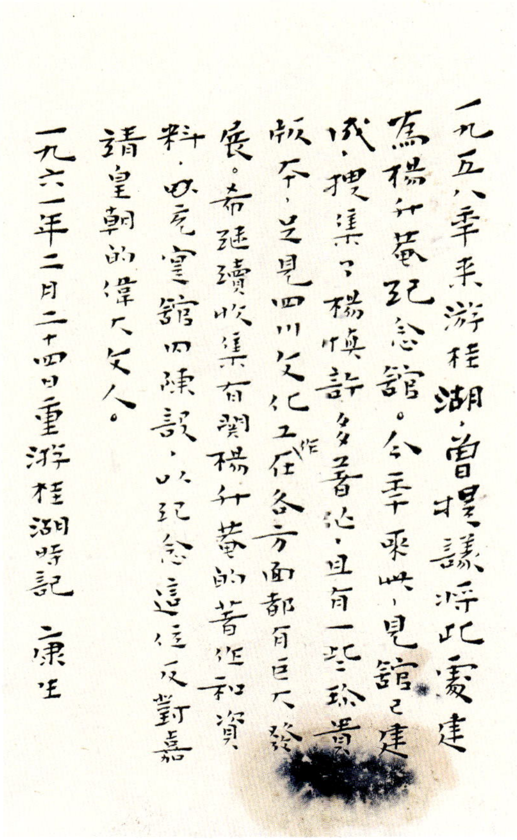

康生　楷书重游桂湖轴

时代　现代（1961）
质地　纸
尺寸　横17厘米、纵27厘米
级别　三级

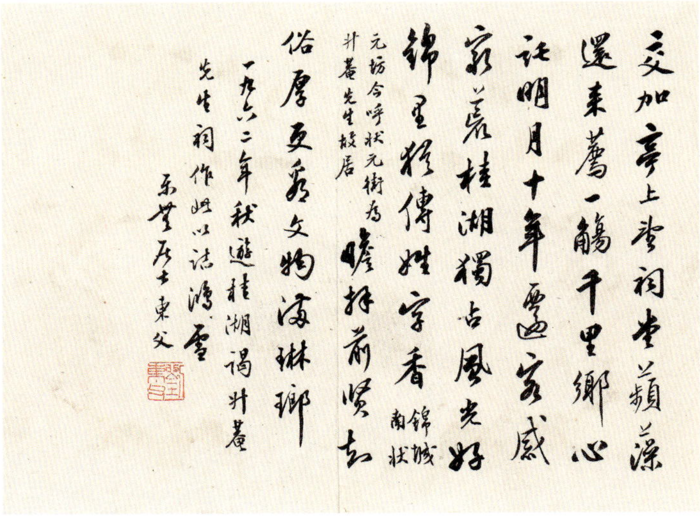

刘东父　行书游桂湖留言页

时代　现代（1962）
质地　纸
尺寸　横32.5厘米、纵22.5厘米
级别　三级

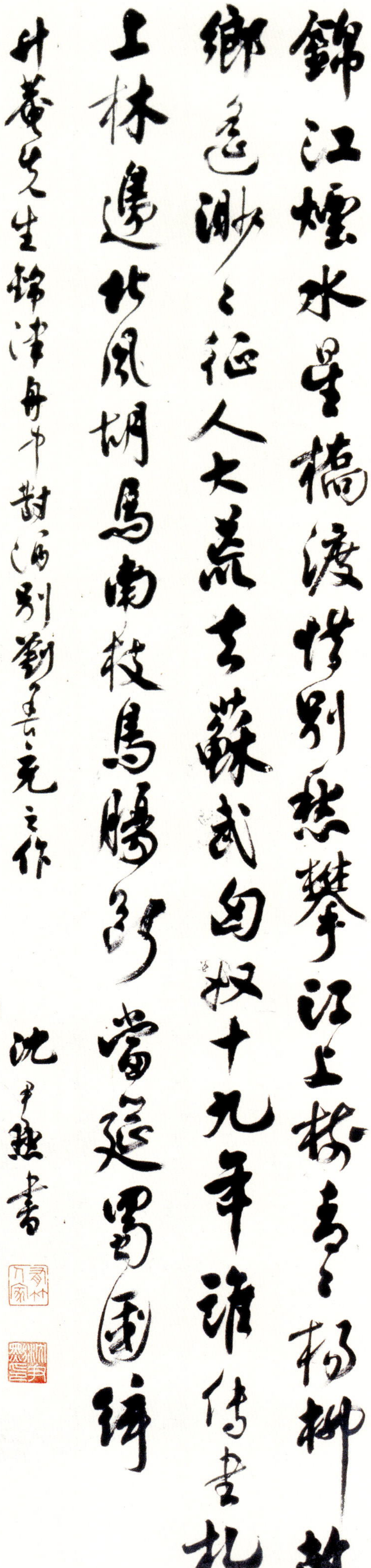

沈尹默　行书锦津舟中对酒别刘善允诗轴

时代　现代（1958）

质地　纸

尺寸　横39厘米、纵147厘米

级别　二级

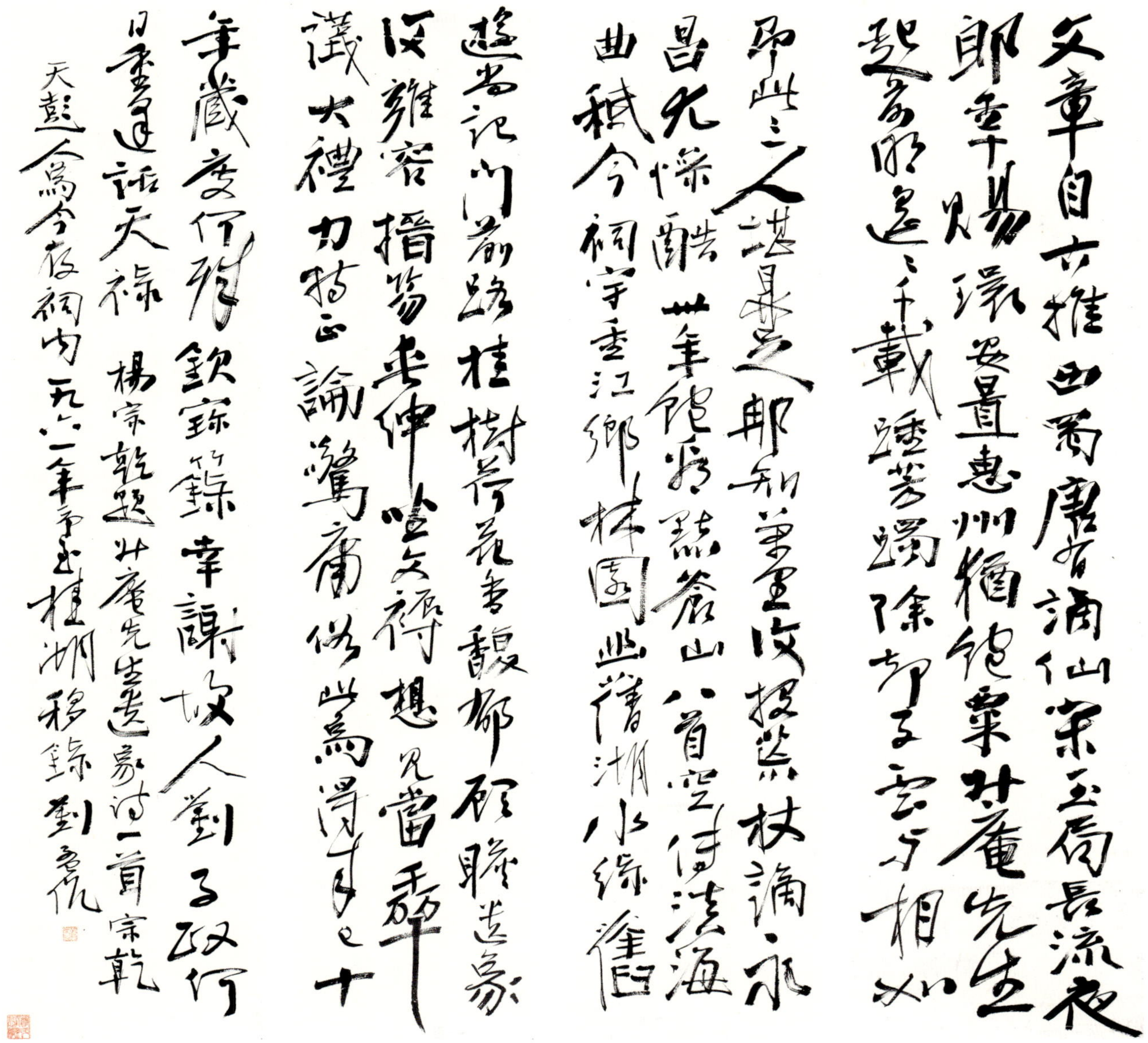

刘孟伉　行书题升庵遗像诗屏（共4幅）

时代　现代（1961）
质地　纸
尺寸　每幅横45.2厘米、纵175厘米
级别　三级

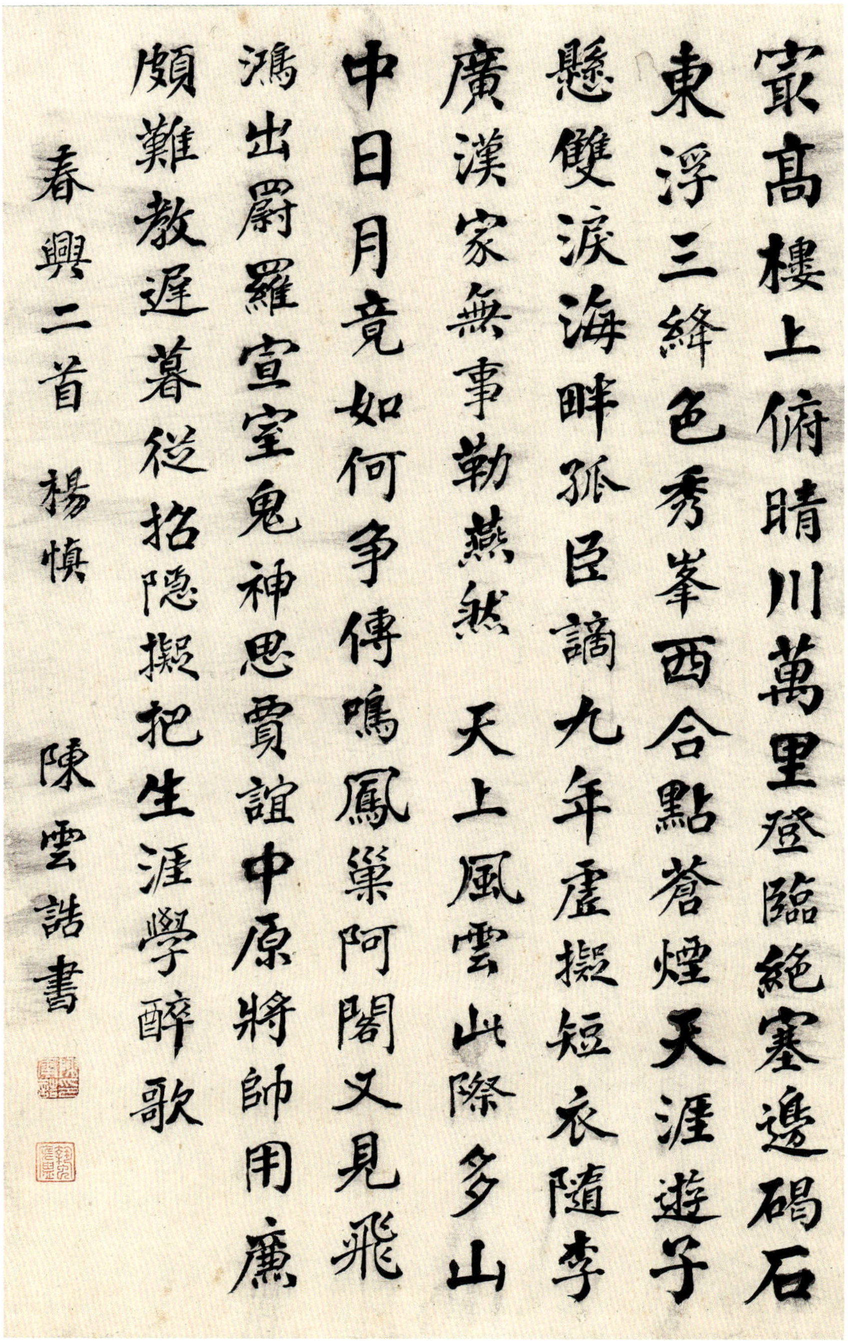

陈云诰　楷书春兴二首诗文轴

时代　现代（1960）
质地　纸
尺寸　横57厘米、纵89.3厘米
级别　三级

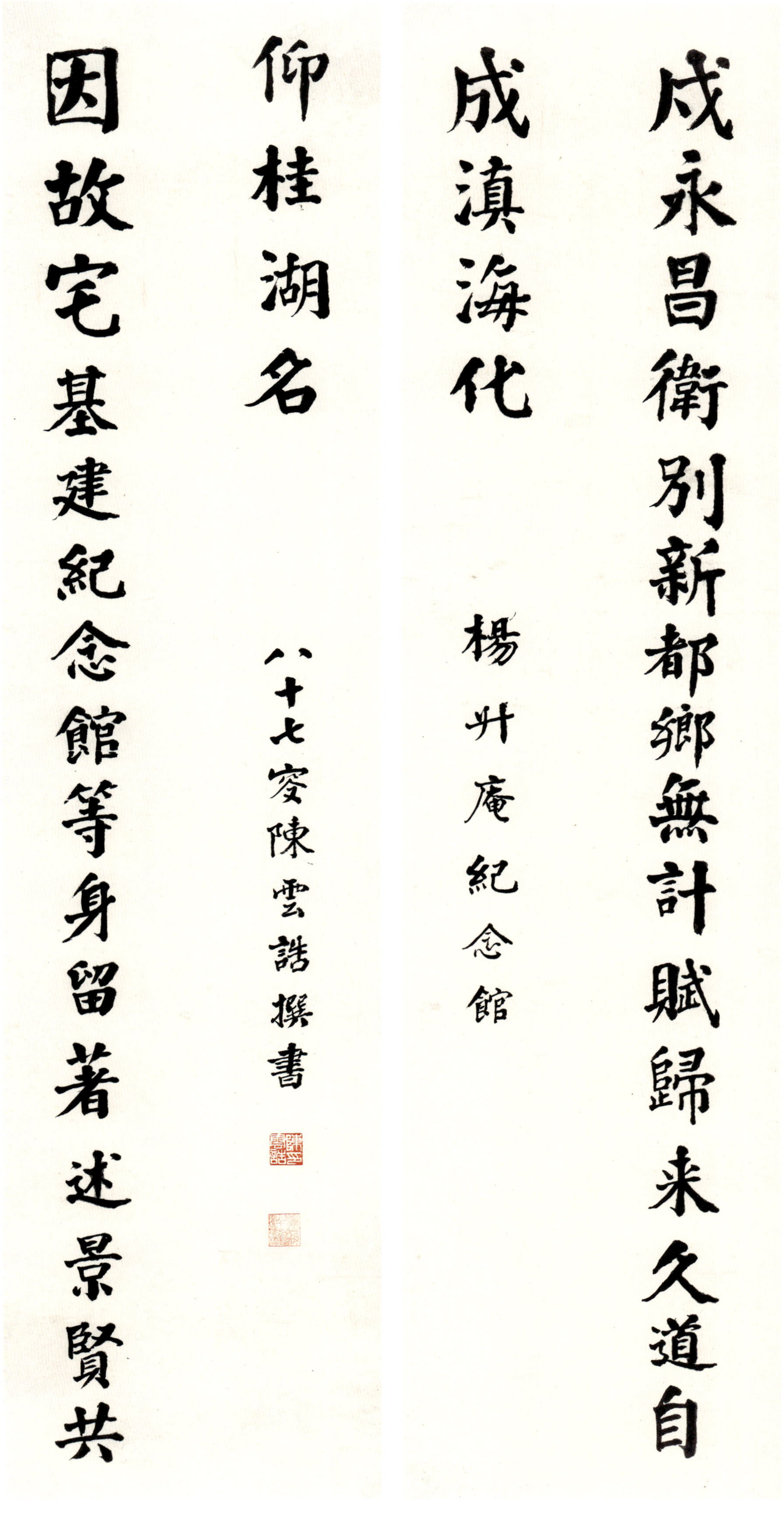

陈云诰　楷书二十言联（共2联）

时代　现代（1964）

质地　纸

尺寸　单联横41.5厘米、纵153.5厘米

级别　三级

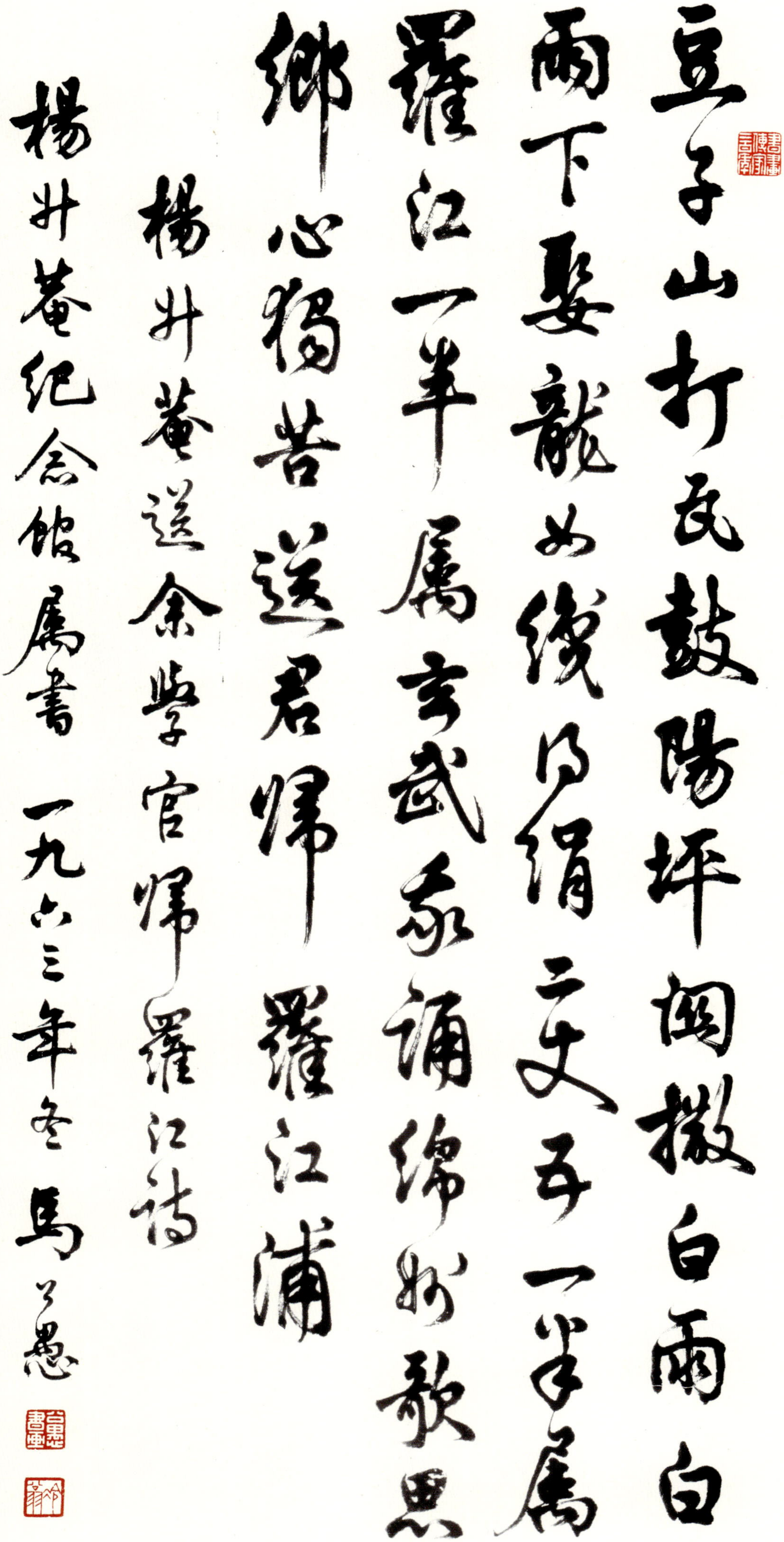

马公愚　行书送余学官归罗江诗轴

时代　现代（1963）
质地　纸
尺寸　横56厘米、纵135厘米
级别　三级

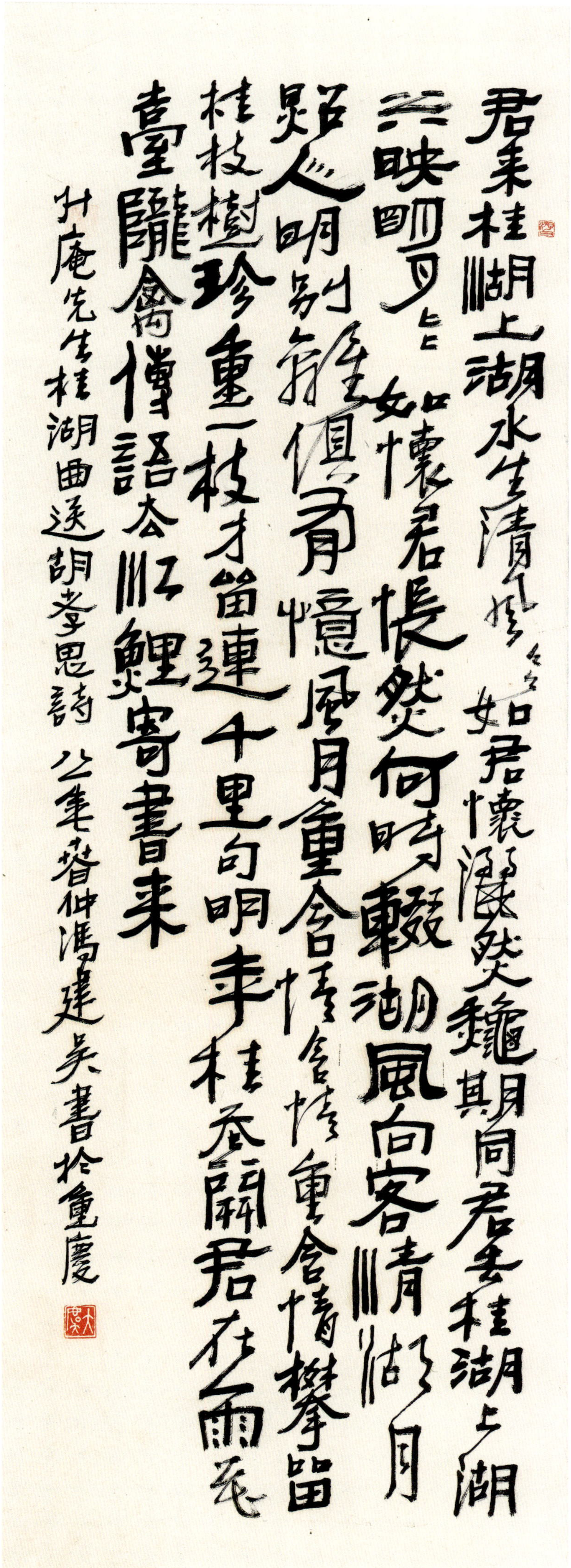

冯建吴　隶书桂湖曲送胡孝思诗轴

时代　现代（1981）
质地　纸
尺寸　横53.5厘米、纵149厘米
级别　三级

三 馆藏书画精品

馆藏书画非常丰富，汇萃了众多明清至当代书画名家作品，其中不乏精品。按作者籍贯可大略分为川外名家和蜀中巨匠两类，试就较有代表性的藏品分别叙述。

《黄慎花卉人物》册页是馆藏川外名家作品中较早的一件。活跃于清代中期的黄慎出生于福建宁化，初师同乡上官周，画法工细，后为了开拓眼界和卖画之便客居扬州，书法渐变为行草，乃至狂草，又以狂草书法入画，形成气象雄伟、苍老生动的风格，被誉为“扬州八怪”之一。这本册页共十开，线条硬折，大胆泼辣，属于成熟后的画风。

关良《击鼓骂曹图》取材于《三国演义》第二十三回“祢正平裸衣骂贼”，讲述名士祢衡被孔融推荐给曹操，曹对其轻慢，祢衡当着满朝文武大骂曹操，并击鼓发泄的故事。关良生于广东番禺，早年赴日本学习油画，回国后任教于国立艺专等学校，喜爱京剧并常以戏剧人物入画。《击鼓骂曹》就是京剧老生传统剧目。画中描绘祢衡身着快衣快裤，浑身紧趁利落，一手拿着一根鼓槌，正待击鼓，发髻高耸，威风凛凛，将西方现代派风格融入中国传统水墨之中，天真浪漫，别具一格。两段题跋透露了作品的更多信息，一段“三十年于松林岗，关良”，一段“笔简而意劲，如闻怒骂声。威武不能屈，贤哉祢正平。纵然遭荼毒，百代仰英名。民国三十年首届诗人节，郭沫若题”。松林岗位于重庆，抗战时期国立艺专西迁于此。民国三十年即 1941 年，第一届诗人节于 5 月 30 日端午日举行，参与者包括郭沫若等文化名流，声称“诗人节是要效法屈原精神……诅咒侵略，讴歌创造，赞扬真理”。关良时任教于国立艺专，这个题材有不屈服于强权的含义，彰显了那个国难当头年代的时代精神。

此外，董寿平《山水图》《沙棘图》、梁中铭《牧牛图》、王雪涛《桂花图》等都是馆藏川外名家的精心之作。

馆藏蜀中巨匠的作品更为丰富，陈子庄的三件作品有另文叙述，这里介绍谢无量《行书诗文》和冯建吴《青绿山水》。谢无量是四川乐至人，近代著名学者、诗人、书法家，书法取法魏晋，碑帖兼融，一扫明清文人书风末流的孱弱。诗轴以行书录自撰五绝一首："垂老能相见，忘言乐事重。剔岩寻古刻，开径倚长松。雾色朝昏变，山光远近同。非樵亦非隐，出入画图中。同幼樵一峰游窦圌作，秉虔先生两教，无量。"1941年谢无量应蹇幼樵之邀请来江油养病，著名画家吴一峰亦同行，游历了窦圌山。窦圌山三峰拔地而起，唯西峰有险路可通，其余两峰由上下两根铁索组成悬桥相连，李白留下了"樵夫与耕者，出入画屏中"的名句，无量此诗不让诗仙，书法则尽显清健率朴之美。

冯建吴出生于四川仁寿，赴上海昌明艺专学习后返川与段虚谷创办东方美专，是四川现代美术教育的开拓者之一。早年画风工细，中年之后沉雄霸悍，富于金石气，《青绿山水》作于1936年，绘海上仙山，正是早年典型面貌。

此外，莫友芝《隶书受禅碑》、刘孟伉《行书题升庵遗像诗屏》、刘锡玲《指画松鸟图》《灵芝山图》、张大千、余中英合绘《墨竹图》、冯灌父《花卉图屏》、李琼久《苍松图》等都是馆藏蜀中巨匠的佼佼之作。

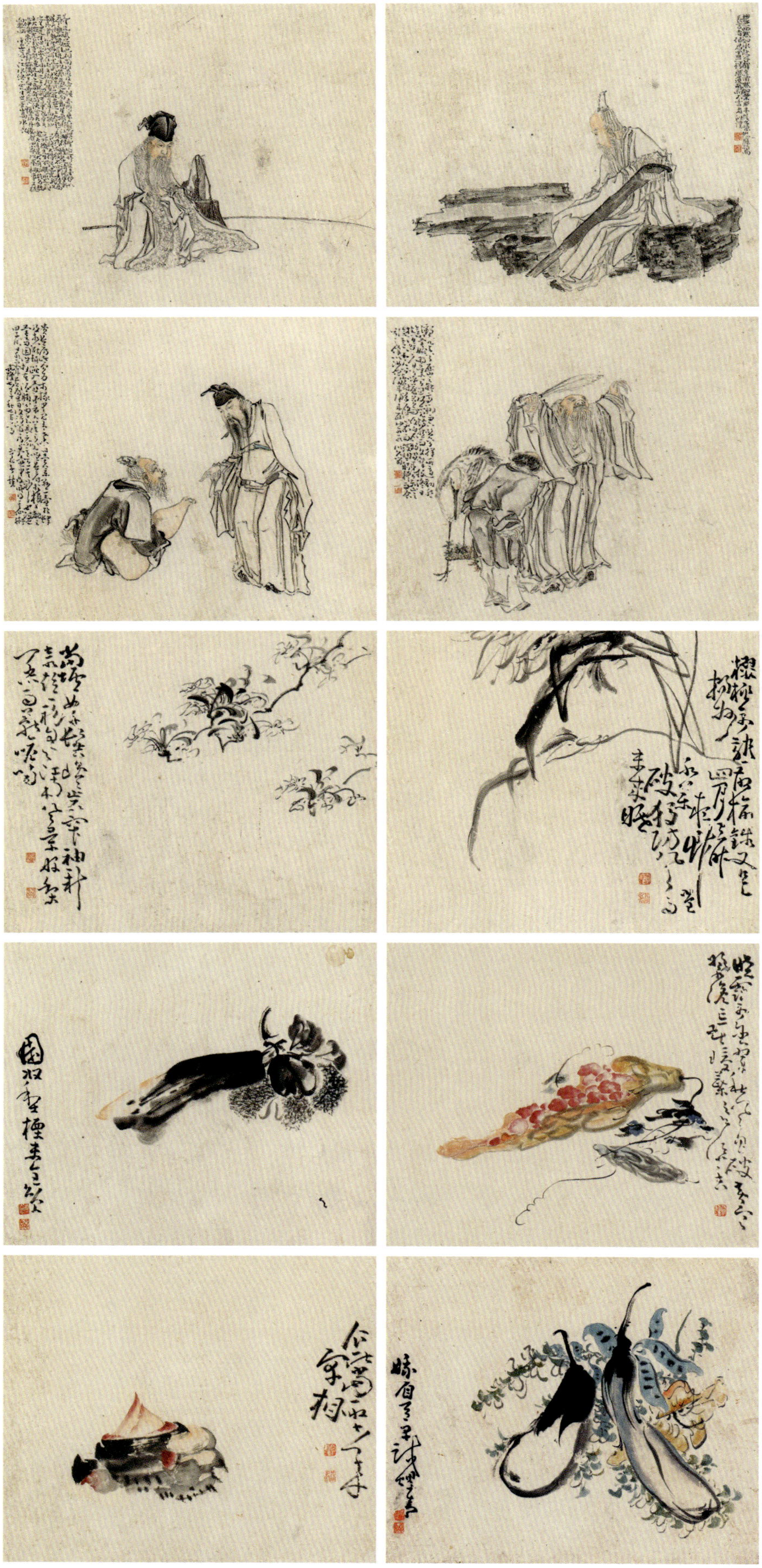

黄慎　花卉人物册页（共10页）

时代　清

质地　纸

尺寸　每页画心横35.5厘米
　　　纵29厘米

级别　三级

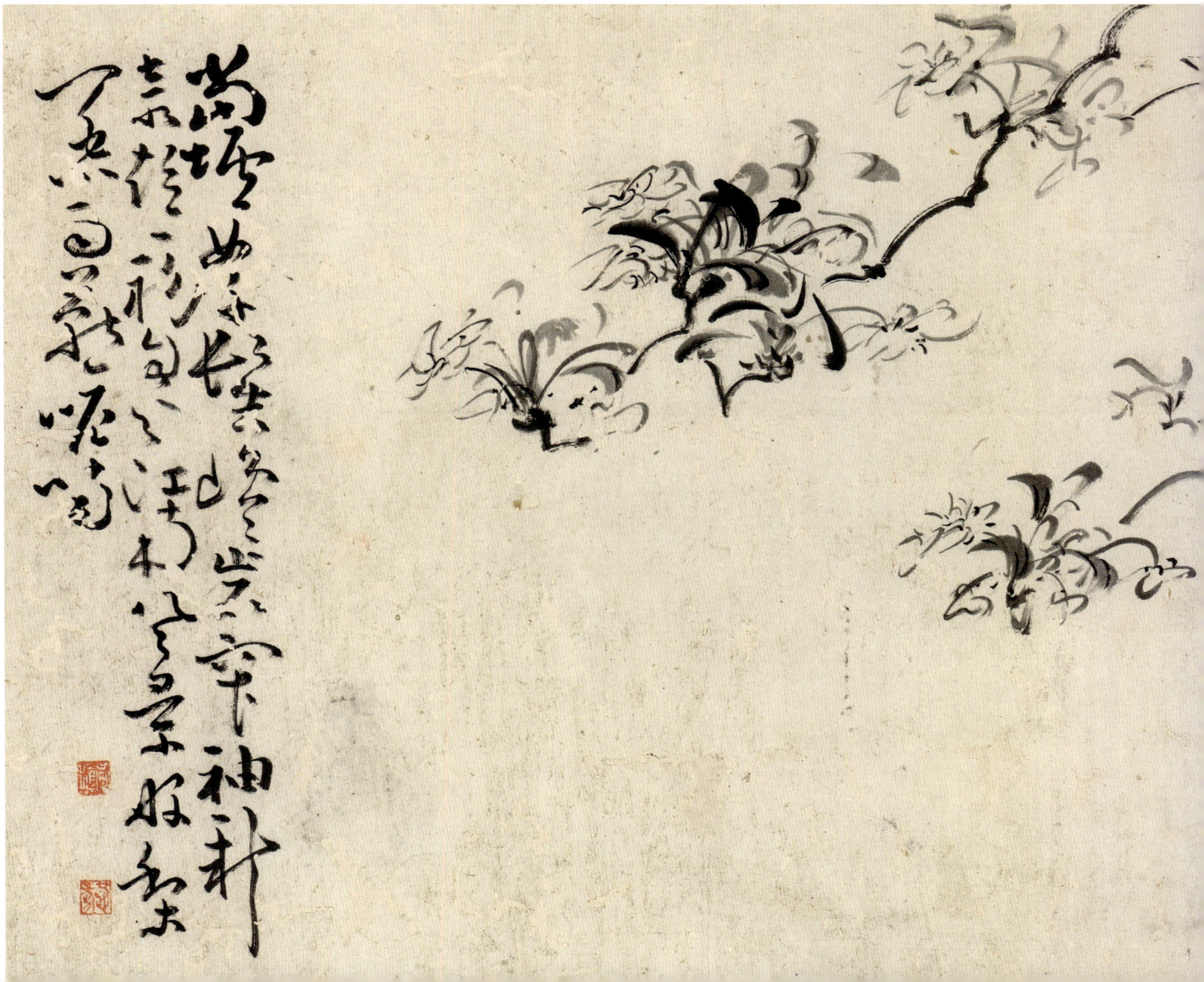

刘锡玲　灵芝山石图轴

时代　清
质地　纸
尺寸　横41.5厘米、纵108厘米
级别　三级

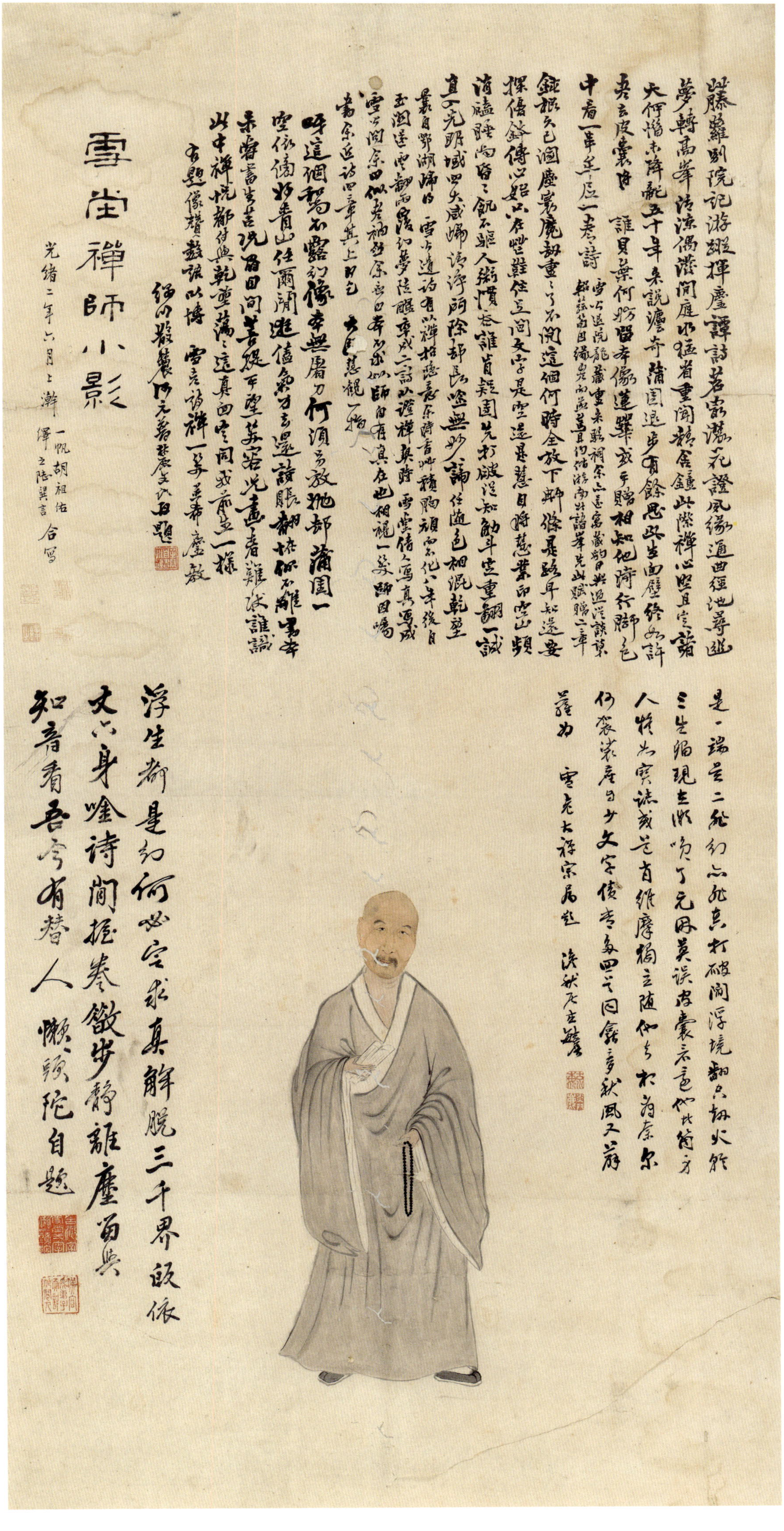

…佑、陆巽言合绘　雪堂禅师小影图轴

清光绪二年（1876）

纸

横67.5厘米、纵137厘米

十月重游桂湖
大方家雅教
董寿平

女士雅玩
董寿平写于桂湖

董寿平　山水图轴

时代　民国
质地　纸
尺寸　横37厘米、纵90厘米
级别　三级

董寿平　沙棘图轴

时代　民国
质地　纸
尺寸　横33厘米、纵108厘米
级别　三级

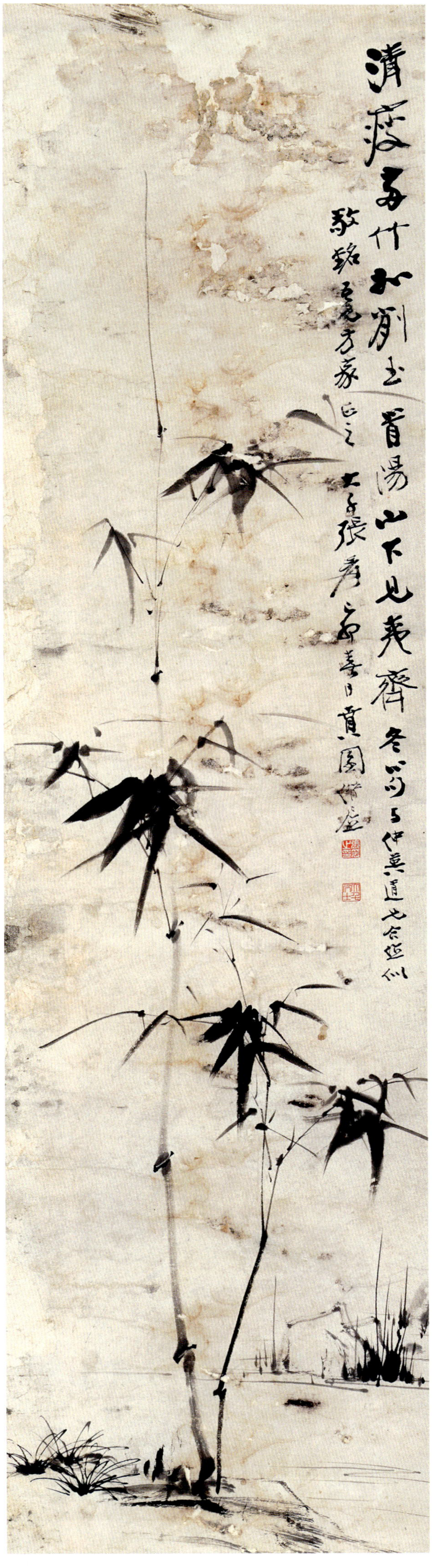

张大千、余中英合绘　墨竹图轴

时代　民国（1939）
质地　纸
尺寸　横38厘米、纵137厘米
级别　三级

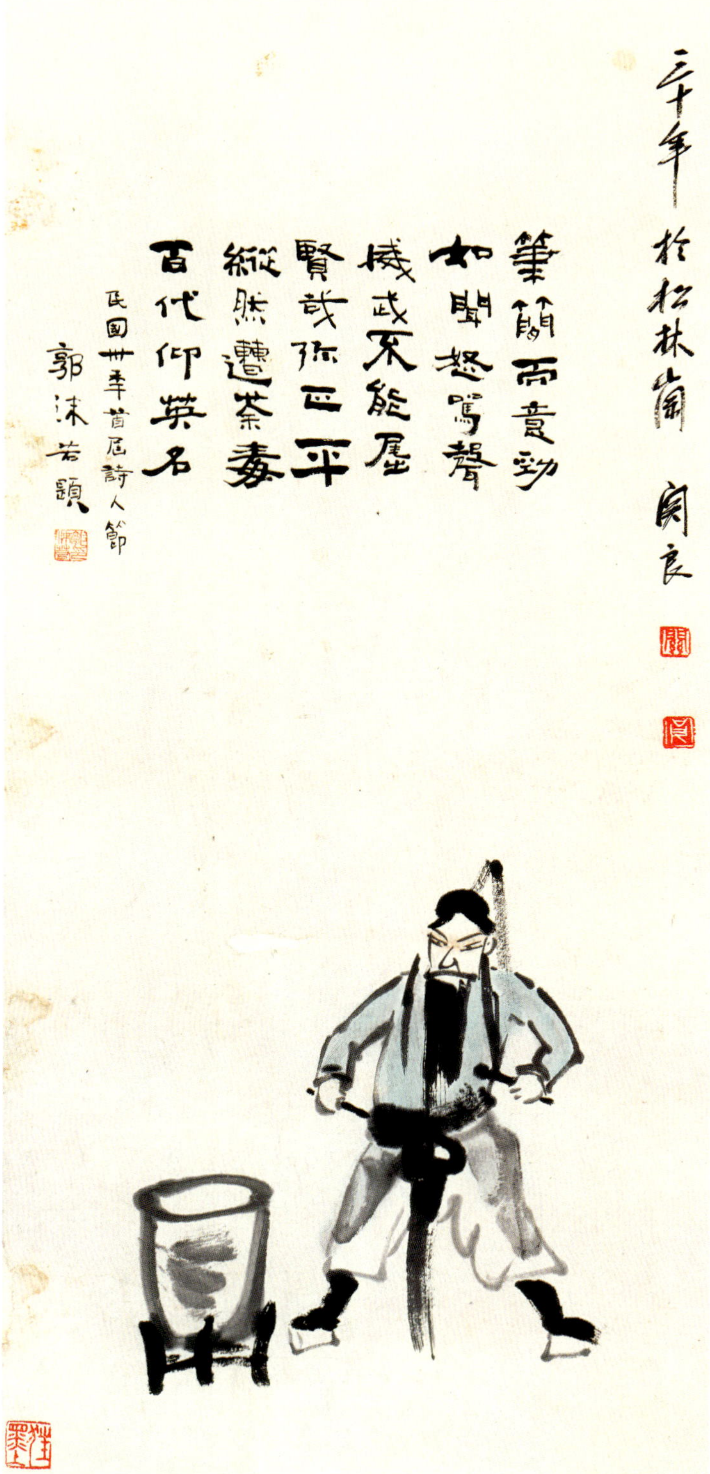

关良　击鼓骂曹图轴

时代　民国三十年（1941）
质地　纸
尺寸　横33厘米、纵70厘米
级别　三级

梁中铭　牧牛图轴

时代　民国三十五年（1946）
质地　纸
尺寸　横27.8厘米、纵79厘米
级别　三级

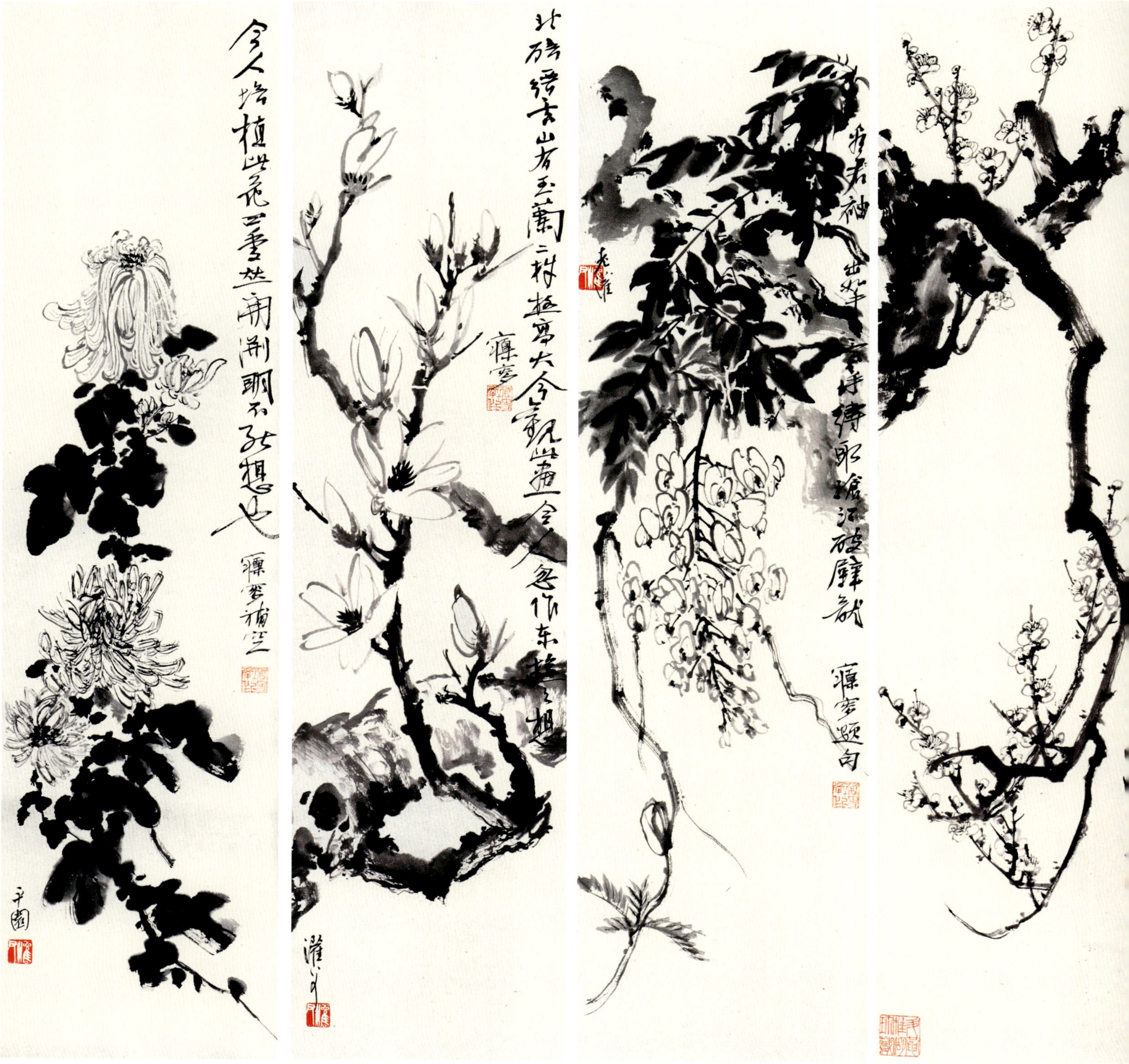

冯灌父　花卉图屏（共4幅）

时代　现代
质地　纸
尺寸　每幅横26.5厘米、纵103.5厘米
级别　三级

李琼久　苍松图横幅

时代　现代（1977）
质地　纸
尺寸　通长278.5厘米、宽187.3厘米
级别　三级

新都楊升庵祠博物館補壁 昊之又題
寒心未肯隨春態酒暈無端上玉肌
坡句 甲子秋 昊心

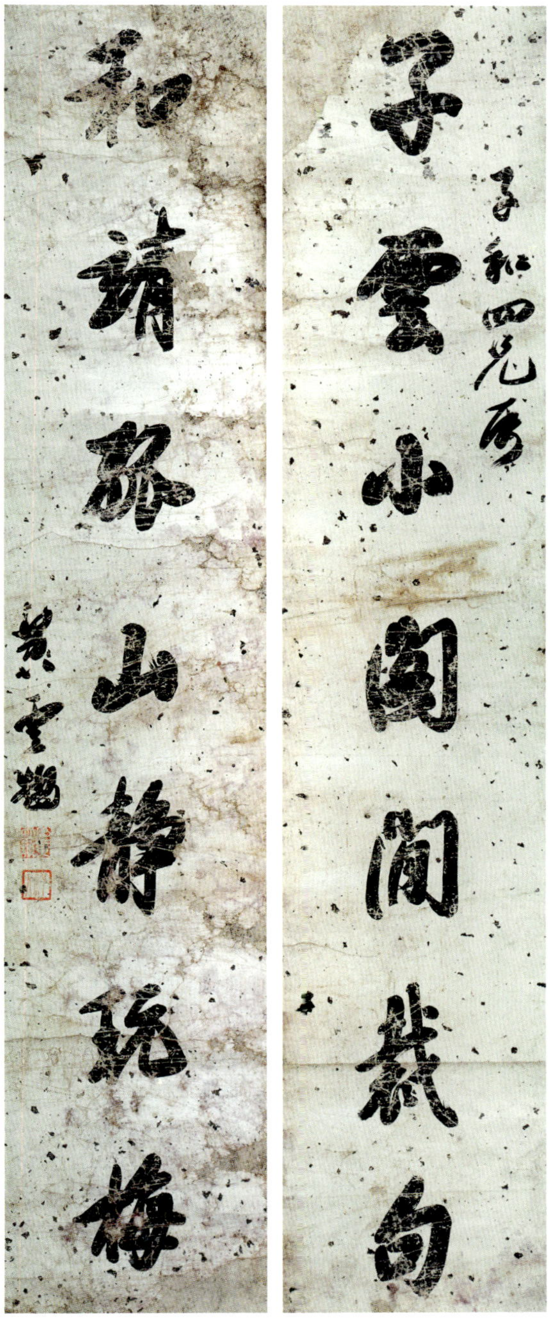

黄云鹄　行书七言联（共2联）

时代　清

质地　纸

尺寸　单联横34厘米、纵161.5厘米

级别　三级

龚晴皋　行书五言联（共2联）

时代　清

质地　纸

尺寸　单联横37厘米、纵147厘米

刘旦宅　红梅诗意图轴

时代　现代（1984）

质地　纸

尺寸　横59厘米、纵93.5厘米

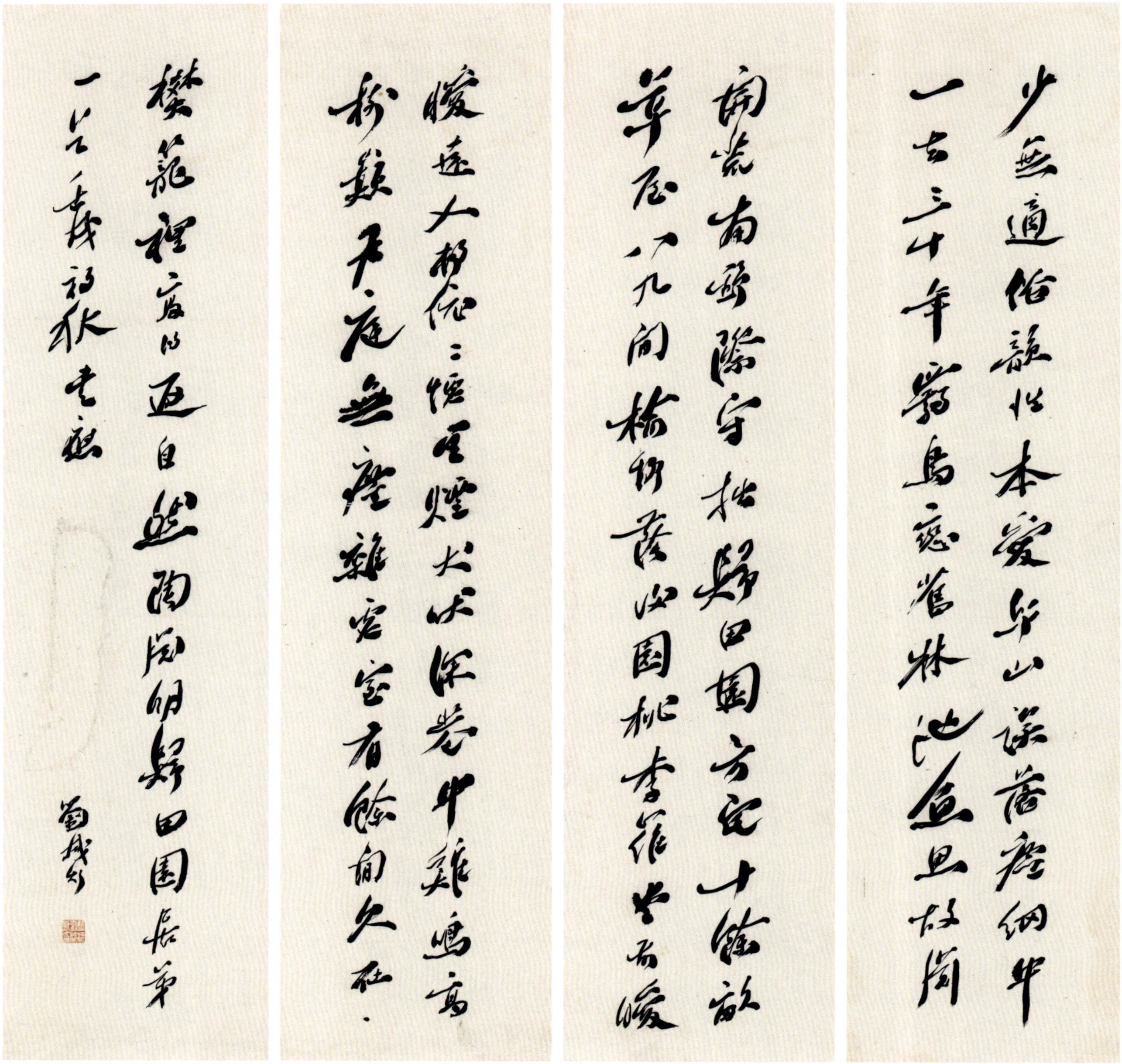

刘咸炘　行书归田园居诗屏（共4幅）

时代　民国十一年（1922）
质地　纸
尺寸　每幅横36.5厘米、纵143厘米
级别　三级

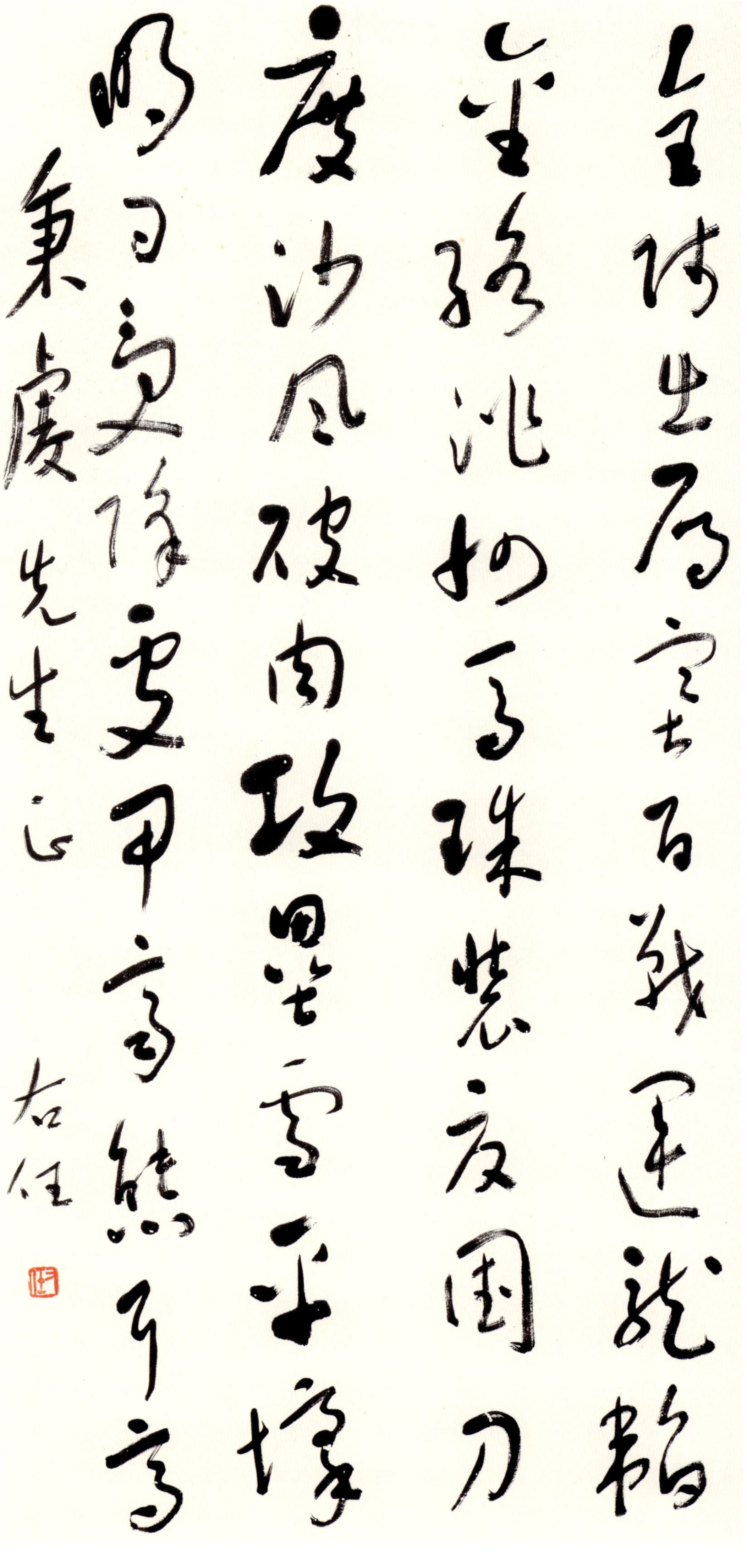

于右任　草书小出塞曲诗文轴

时代　民国
质地　纸
尺寸　横47厘米、纵94厘米

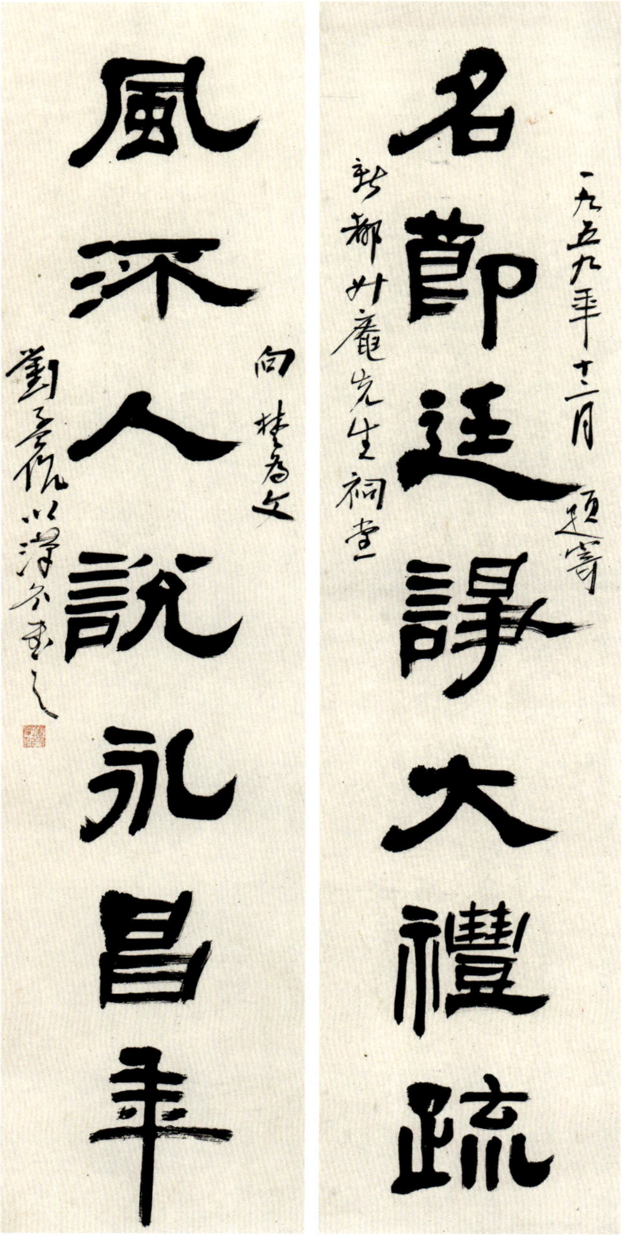

刘孟伉　隶书七言联（共2联）

时代　现代（1959）
质地　纸
尺寸　单联横33.5厘米、纵137厘米
级别　三级

刘孟伉　行草七言联（共2联）

时代　现代
质地　纸
尺寸　单联横30厘米、纵144厘米
级别　三级

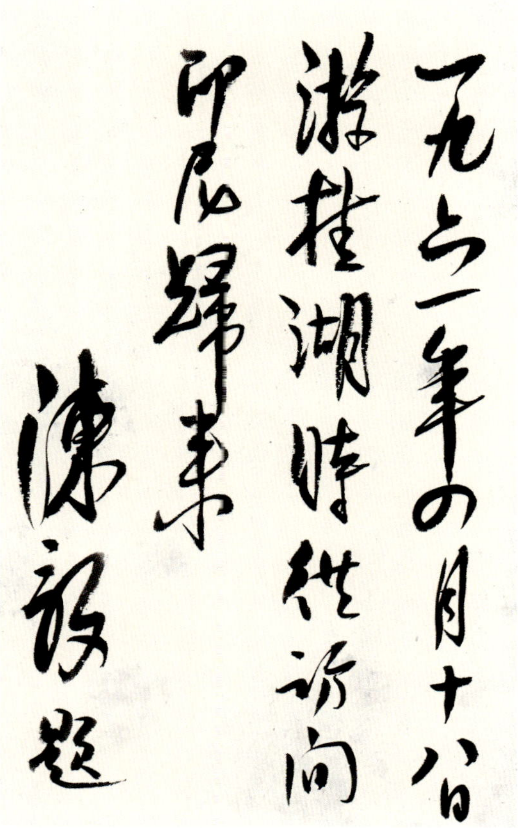

陈毅　行书桂湖留言轴

时代　现代（1961）
质地　纸
尺寸　横17厘米、纵27厘米
级别　三级

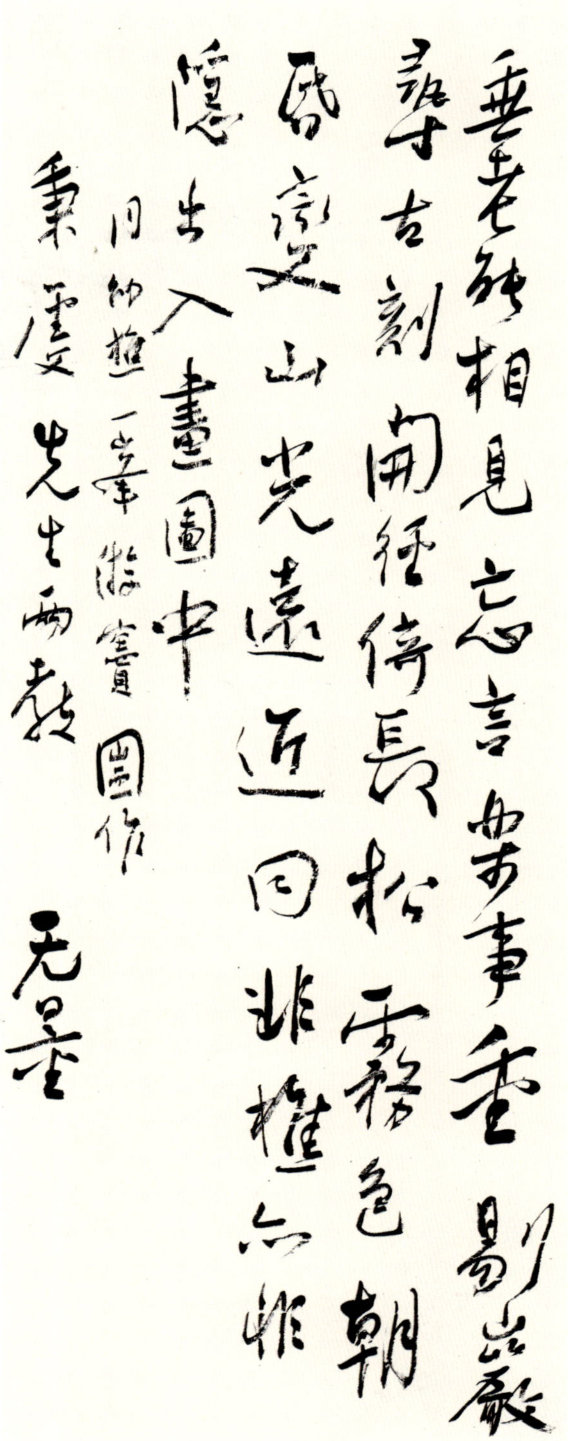

谢无量　行书诗文轴

时代　现代
质地　纸
尺寸　横42厘米、纵104厘米
级别　三级

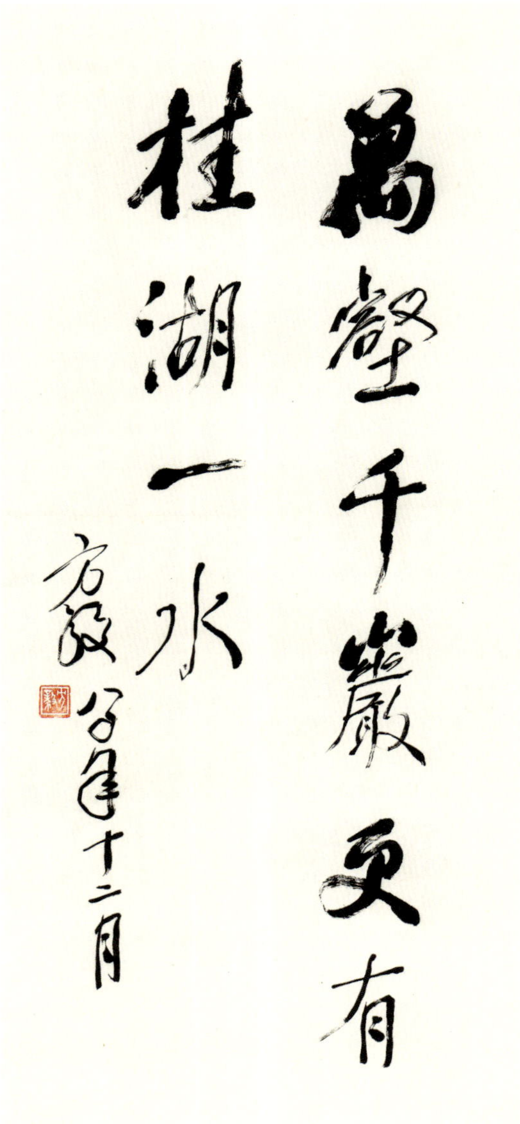

方毅　行书诗文轴

时代　现代（1980）
质地　纸
尺寸　横66.5厘米、纵138厘米
级别　三级

郭沫若　行书八言联（共2联）

时代　现代（1963）
质地　纸
尺寸　单联横31.7厘米、纵180.5厘米
级别　三级

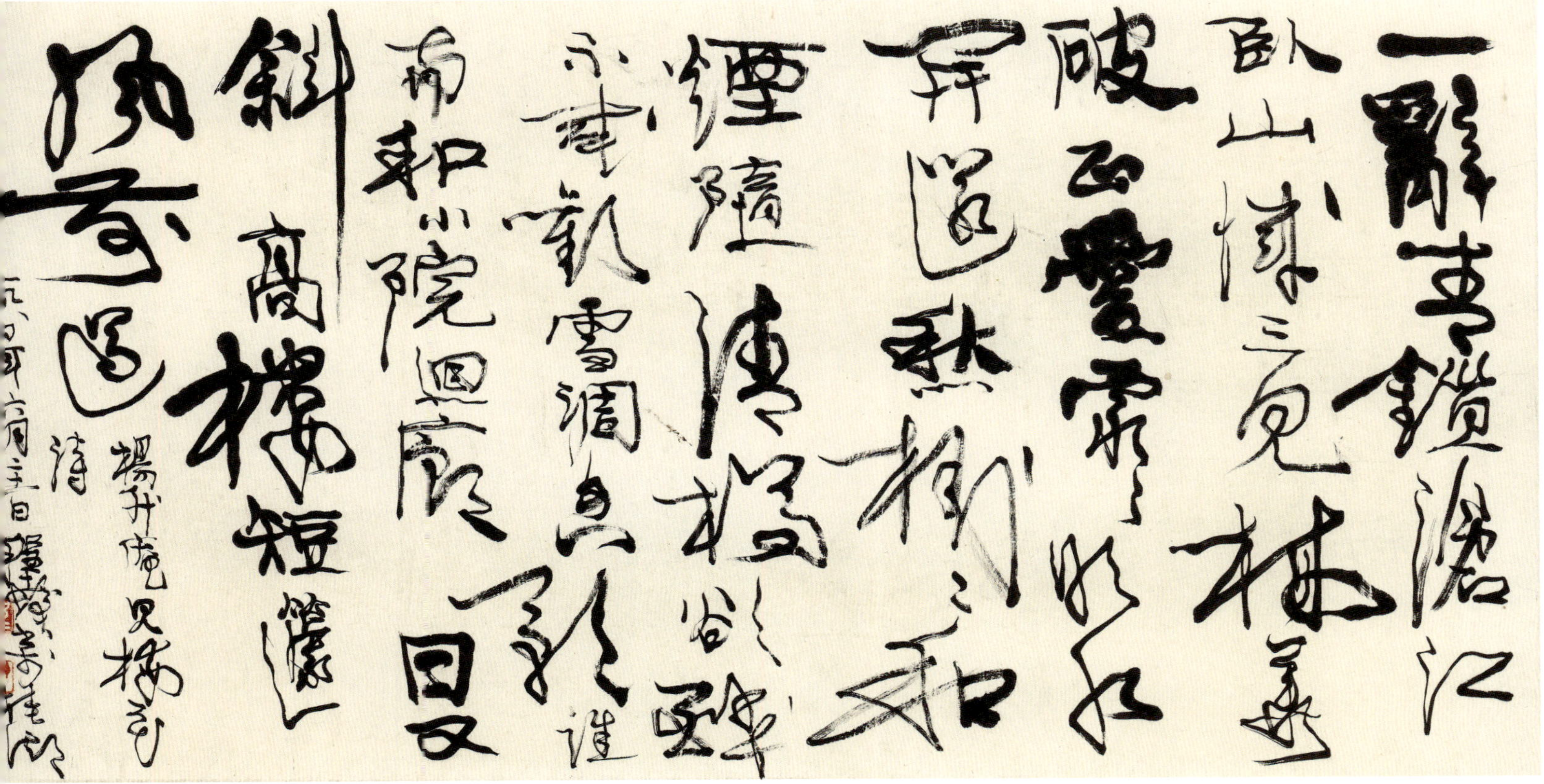

程十发　行书见梅花横幅

时代　现代（1980）
质地　纸
尺寸　横135.5厘米、纵66.5厘米
级别　三级

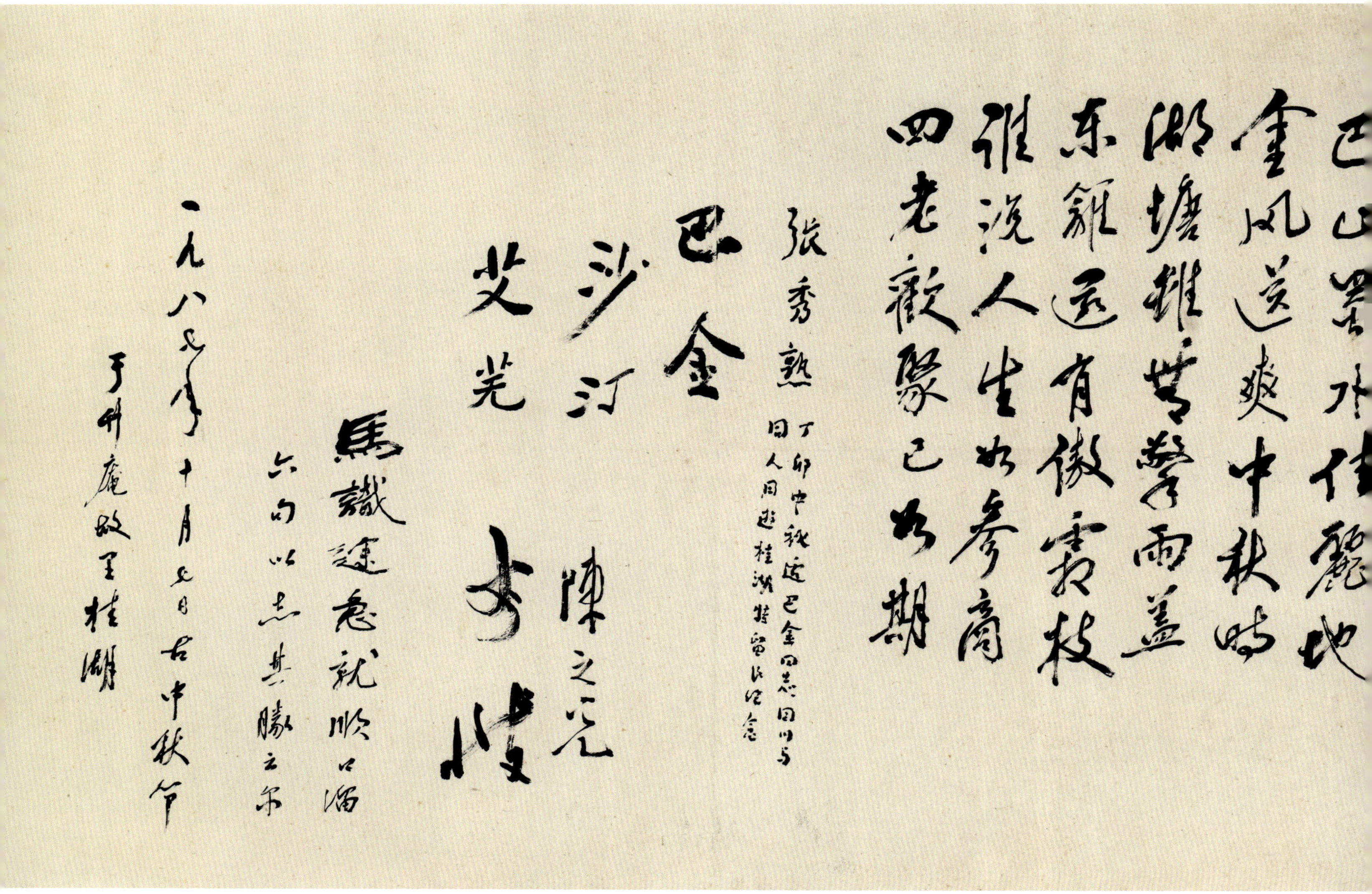

巴金、马识途等合作　行书诗文卷

时代　现代（1987）
质地　纸
尺寸　横80.5厘米、纵50.5厘米
级别　三级

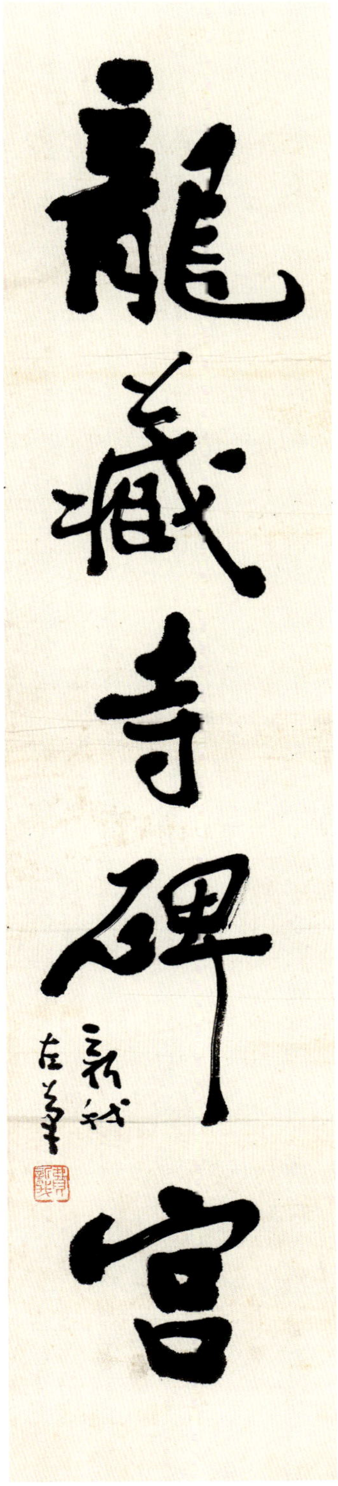

费新我　行书龙藏寺碑宫轴

时代　现代
质地　纸
尺寸　横18厘米、纵74.5厘米
级别　三级

冯灌父　行书七言联（共2联）

时代　现代
质地　纸
尺寸　单联横29.5厘米、纵128厘米
级别　三级

四　馆藏其他文物精品

新都，作为古蜀名城，至迟在秦汉时期已置县，距今已有两千多年的历史。其地处成都平原腹地，属沱江水系，早在新石器时代这里就有人类居住。新都区境内发现了较多先秦时期遗址，主要集中分布在与青白江区、广汉市相邻的东北部区域，是研究成都平原先秦考古学文化序列的重要区域。在新都区斑竹园镇忠义社区、大东村、北欧知识城二期、赵家河坝、上陈家碾、永兴村、大江村、褚家村等地点均发现有新石器时代遗存，有房屋、人工修整的灰坑等遗迹，出土器物以陶器和石器为主。陶器器形有绳纹花边口沿罐、高领罐、尊、敛口罐、器盖、豆、盘、平底罐、盆、纺轮等，石器有锛、矛、凿、斧、刀等，其中个别遗址出土的植物籽实的碳－14测年数据有望为这一时期遗存提供绝对年代参考。

新都区北邻广汉三星堆遗址，南接成都十二桥、金沙遗址，在新都区新繁镇的水观音、太平村，桂林乡的五四村、正因村、褚家村、大东村、朱王村、大江村、成怡嘉苑、北欧知识城二期等地点发现了大量商周遗存。出土器物有陶器、石器、骨器等，陶器以夹砂陶为主，素面居多，有的施有绳纹等纹饰，常见器形有小平底罐、鸟头把勺、盉、豆、尖底盏、尖底杯、尖底罐、纺轮等。石器以斧、锛、凿等生产工具为主，也有璋等礼器，反映了古蜀先民耕作、渔猎等劳动和生活场景。

春秋战国时期，来自荆楚之地的开明氏“自梦廓移，乃徙治成都”，统治蜀地。考古研究表明，这一时期蜀文化与周边的巴文化、楚文化、秦文化等碰撞交流，缔造了灿烂多姿的古蜀文明。以新都马家乡战国木椁墓为代表的战国墓葬中，出土有鼎、敦、壶、盘、匜、缶等楚式器物，也有典型的中原式铜剑，还常见带有各种“巴蜀图语”的兵器、工具、印章等典型蜀文化器物，印证了文献中将新都列为古蜀名城的记述。这一时期蜀与周边地区战事频繁，在巴蜀文化遗存中常见铜矛、柳叶形剑、钺、戈等兵器。同时，成都及周边地区墓葬等出土的各类青铜工具种类丰富、数量较大，有斧、斤、凿、锯、环首刀、削、锥刀等，有学者将其分为木工工

具和制篾工具两类，认为与当时蜀地居址建设、船棺葬俗等生产加工活动密切相关，也是对前一阶段常见的玉石质加工工具的一种传承和发展。

秦并巴蜀，实行郡县制，置新都县。汉袭秦制，新都在行政隶属上几经变化，但一直是这一地区的经济中心，广汉郡最大的粮仓“万安仓”就设在这里，其文化面貌则随巴蜀大地一起逐渐融入中原文化体系。出土陶器中的楼房、仓、灶、井、家禽等，铜器中的钱币、兵器、印章、铜镜等与全国其他地区出土的同类器物相近，同时随着经济社会的发展，铁制器具已经在新都地区普及。在新都汉代墓葬中出土的各类画像砖、陶俑、钱树座等，呈现了这一时期生产生活、商贸市井、神仙思想等丰富的画面，成为本馆馆藏文物的一大特色。

隋开皇十八年（598）改新都县为兴乐县，始将县城由军屯乡迁至今新都镇，唐武德二年（619）复置新都县，县名沿用至今。隋唐是古代成都发展的鼎盛时期，到唐代末年和扬州共享‘扬一益二’的美誉。五代及两宋时期，成都作为前、后蜀国的都城及西南地区的贸易中心，一度非常繁荣，成为西南地区最大的物资集散地。馆藏一件明显受到罗马－拜占庭金银器形制影响的唐代高足金杯、大量唐代钱币、宋代湖州产铜镜、龙泉窑瓷器等，充分说明了新都作为成都门户在对外文化交流中所起的作用。新都宋墓出土陶俑和这一时期四川其他地区出土陶俑相似，以各类文官俑、武士俑、生肖俑最为常见，人首蛇身俑、魌头俑等又反映出道家风水堪舆对丧葬习俗的影响。

南宋末年至元代初年，四川地区长期处于战争状态，社会经济收到较大破坏。但明清两朝初建时，都曾组织外省移民填川……这一时期新都地区出土和传世瓷器多为外省名窑制品，其中以景德镇民窑烧造的青花瓷器为主，另有黄釉、青釉、蓝釉等瓷器。

古蜀名都

新都古为蜀国都邑，古蜀国经历了蚕丛、柏灌、鱼凫之后，望帝杜宇始“教民务农”，率蜀族人民由山区向平原转移。当时因岷江之水尚未治理，土质肥沃的广大平原常遭洪灾之害。杜宇遂委派由荆楚迁来的部族首领鳖灵为相，命其治水。鳖灵决玉垒，开金堂峡，以除水害，民得安处。后鳖灵取代杜宇，建立开明王朝，号丛帝。开明氏即位之后，江水得到进一步治理，成都平原的大部地区能够陆处。蜀族人民生产活动的中心，遂由平原边区的丘陵地带转向平原纵深。由于生产发展、人口增加、地域扩大，长期处于山区边缘的杜宇氏城邑，已不适应发展变化的要求，须另建政权活动中心。公元前7世纪左右，蜀王开明氏称帝后，营建了开明政权的都邑。为有别于杜宇氏的旧都郫邑，新建都邑遂名“新都”，为古蜀开明王朝的第一个城名。据《华阳国志》记载：“开明王自梦廓移，乃徙治成都。”“蜀以成都、广都、新都为三都，号名城。”由此可见，开明的都城在徙治成都之前，已在新都建都。新都作为古蜀三大名都之一，距今已有二千多年的历史。

公元前480年至前220年，是中国历史上的战国时代，在这两百多年的历史时段中，以成都平原为中心的四川盆地先后经历了开明王朝和秦国蜀郡阶段。在战国阶段，就考古学文化来说，成都平原是属于古蜀文化的晚段，被称为晚期蜀文化，同时古蜀国与巴、秦、楚等文化交互碰撞融合，战国时期的蜀文化对整个古蜀考古学文化来说占有重要的历史地位。

1980年3月，新都马家乡普东村出土一座战国早中期的木椁墓，出土各种铜器、陶器、漆器290多件。其中，中原式剑为中原文化所影响的器物，木椁、铜鼎、铜敦、铜壶、铜钟为楚文化器物，其余皆为蜀文化器物。在随葬品中出现铜钟，表明墓主人生前有可能是一代蜀王或王族成员，墓中楚文化器物较多，可见该墓可能是开明氏的一代王墓。与该墓相距不远的马家乡丽阳村丽元山有“双石镜”。史籍记述，蜀王开明氏往往以石镜为王妃墓表。与马家乡相邻的金牛村，多年来陆续出土不少战国时期的铜制兵器和生活用具。这些器物形制精美，与马家乡战国墓器物文化类型相同，且散布面宽，应是蜀族人民的聚居点和墓葬群，说明新都及附近这一带是开明王朝的政治、经济、文化活动的中心。

战国后期，秦灭蜀后实行郡县制，置蜀郡于成都，新都作为一个县归蜀郡管辖。蜀地从此逐渐融入中原文化体系，蜀文化则逐渐走向了消亡，到了西汉中期蜀文化已是消失不见，完全融入到了中原文化的体系当中。

石矛是新石器时代人类用于狩猎和战争之器，它扎在一根长木棍或竹竿上，是一种远距离的武器，古人在围捕猎物时，用石矛掷向目标，从而杀伤猎物。该矛色泽偏红，质地坚硬，通体磨光，锋部锐利，较细长如镞铤，利于捆缚。根据已有的考古资料，可知当时蜀地已掌握刮磨和钻孔等加工技术，故能磨制出尖锐矛头。

石矛

时代　新石器时代
质地　石
尺寸　通长10厘米、宽3厘米、厚0.8厘米
级别　三级

战国时期

馆藏战国青铜器中，青铜兵器占有重要的份量，其中以戈、剑、矛、钺最具特色，并且形成了独具一格的蜀式风格。馆藏战国青铜器的来源主要是新都马家大墓和新都区清镇村战国墓，其中大部分器物是蜀式，另有部分是楚文化器物。总的来说，蜀文化在战国中期的蜀地占有重要地位。

铜钺又称烟盒包式钺。战国时期，在古蜀的青铜武器之中，青铜钺的地位显得非常重要，这种武器多用于作战，有时作为礼器，为仪仗之用。不同时期的铜钺腰部有不同的特点，馆藏铜钺有直腰式、束腰式和折腰式三种。

铜钺

时代　战国
质地　铜
尺寸　通长13.7厘米、宽6.5厘米、厚4.5厘米
级别　三级

直腰铜钺

时代　战国
质地　铜
尺寸　通长12厘米、宽6厘米、厚4.5厘米
级别　三级

铜钺

时代　战国
质地　铜
尺寸　通长6.5厘米、宽4.5厘米、厚1.4厘米
级别　三级

戈分为有胡戈和无胡戈两种。有胡戈即中原式的长胡戈，上刃平直，弧形三角前锋，长方形内，内上有穿；其中一件长胡戈上有巴蜀图语。无胡戈有两类，一类为弧形三角前锋，三角形援，长方形内，内有一穿。另一类为双翼式三角援戈，与前一类的区别在于援末近阑处向上、下扩展呈双翼状。其翼部的形成，主要是由于无胡三角援戈援部的变化所致，属蜀地无胡戈之特例，是自成系统的。

巴蜀图语铜戈

时代　战国
质地　铜
尺寸　长22.5厘米、宽14厘米、厚0.6厘米
级别　一级

长胡铜戈

时代　战国
质地　铜
尺寸　通长19.4厘米、宽10厘米、厚0.4厘米
级别　三级

无胡铜戈

时代　战国
质地　铜
尺寸　通长15.5厘米、宽6厘米、厚0.6厘米
级别　三级

无胡铜戈

时代　战国
质地　铜
尺寸　通长22.5厘米、宽12.2厘米、厚2厘米
级别　三级

蛇纹铜剑

时代　战国
质地　铜
尺寸　通长30厘米
　　　剑叶最宽处2.5厘米
　　　厚0.6厘米
级别　一级

柳叶形巴蜀铜剑

时代　战国
质地　铜
尺寸　通长40厘米
　　　宽3.2厘米
　　　厚0.8厘米
级别　二级

柳叶形巴蜀铜剑

时代　战国
质地　铜
尺寸　通长30厘米
　　　宽2.3厘米
　　　厚0.4厘米
级别　二级

馆藏剑均为蜀式铜剑。蜀式铜剑的形状似柳叶，故又称为柳叶剑，其茎部与身部是同铸的，无格，剑茎为扁茎。不同时期蜀式铜剑的剑身是不一样的。大致可分为两类：一类是蜀式扁茎无格剑，剑体厚重，剑茎上有两孔，剑上中脊向上隆起；大部分铜剑有纹饰，有虎纹、蛇纹、云纹、蝉纹、手心纹，其中比较精美的一把是蛇纹铜剑，蛇纹蜿蜒于剑中脊上。另一类是受外来文化因素影响的改装式铜剑，又分两种，一种是有格，剑茎为圆形，剑首为实心圆形，另一种是山字形格，剑茎为圆形，剑首为椭圆形环。

环首铜剑

时代　战国
质地　铜
尺寸　通长13.3厘米
　　　宽2.5厘米、厚0.5厘米

铜剑

时代　战国
质地　铜
尺寸　通长44厘米
　　　宽3.5厘米、厚0.6厘米
级别　三级

馆藏矛是典型的蜀式矛，按照骹部的长短分为长骹矛和短骹矛。矛整体呈柳叶形，长骹矛在骹中部偏下两侧附对称弓形耳，短骹矛在矛身与骹的结合处有对称弓形耳，均为圆形銎口，贯抵前锋，另有一种耳部为对称四镂空形的短骹矛，比较少见。矛上纹饰有虎纹、蝉纹、牛头纹、鸟纹、螳螂纹。

虎纹蝉纹铜矛

时代　战国
质地　铜
尺寸　通长24厘米
　　　宽3.5厘米、厚2.2厘米
级别　三级

铜矛

时代　战国
质地　铜
尺寸　通长14厘米
　　　宽2.5厘米、厚2厘米
级别　三级

牛头纹铜矛

时代　战国
质地　铜
尺寸　通长8.5厘米
　　　銎径2.1厘米
级别　三级

青铜工具口有铜斤。馆藏铜斤有两类，一类是器身较直的铜斤，长方形銎；另一类是曲尺斤。长方形銎部较短，刃呈弧形，尾部近銎处有两道凸弦纹，其中一道弦纹与一羊角形纹饰相连接，与彭州战国墓出土铜厂相似。

铜斤

时代　战国
质地　铜
尺寸　通长11.5厘米
　　　宽4.3厘米、厚1.8厘米
级别　三级

曲尺纹铜斤

时代　战国
质地　铜
尺寸　通长13.2厘米
　　　銎长2.9厘米、銎宽2.5厘米
级别　三级

曲尺纹铜斤

时代　战国
质地　铜
尺寸　通长15.6厘米
　　　宽6厘米、厚2.2厘米
级别　三级

馆藏青铜容器也是战国时期常见的蜀文化器物。铜鍪有两类，一类是带盖单耳铜鍪，颈部有一辫索状圆形耳，盖与耳有链条相连，圆肩，鼓腹，圜底。另一类是无盖双耳铜鍪，颈部两侧各有一圆形耳，大小不一，折肩，鼓腹，圜底。

单耳带盖铜鍪

时代　战国
质地　铜
尺寸　通高19厘米、口径11.5厘米
　　　腹径17厘米

双耳铜鍪

时代　战国
质地　铜
尺寸　高11厘米、口径10厘米
　　　腹径14厘米
级别　三级

铜钟

时代　战国
质地　铜
尺寸　高9.5厘米、长7.5厘米、宽5.5厘米

龟形铜带钩

时代　战国
质地　铜
尺寸　通长5厘米、宽3厘米、厚2厘米

巴蜀图语铜印

时代　战国
质地　铜
尺寸　直径3.1厘米、厚0.3厘米
级别　三级

铜钟为我国古代的一种打击乐器。馆藏这件铜钟为素面，钟顶有桥形钮，钮中部有圆形穿，可供悬挂。

铜带钩为一兽形，身体似龟，头部与颈部似鹅，身上有龟背纹。

馆藏有几方巴蜀图语印章，印为圆形，印面共有四种图语，巴蜀图语印章是具有标识、领有、称谓、徽记等一类实用性质的印章，同时也是巴蜀文化中的重要特色。

汉风唐韵

新都置县以来几经变迁。公元前202年，汉高祖刘邦平定巴蜀。一年后新置广汉郡（郡治在今三台县境），新都由蜀郡划入广汉郡。公元前106年，汉武帝分全国为十三州刺史，蜀郡改为益州刺史部，新都属益州广汉郡。

公元9年到23年，王莽时期，改益州为庸部，改广汉郡为就都，新都属就都。公元25年，东汉光武帝时期，公孙述据蜀，改广汉郡为子同郡，新都属子同郡。公孙述败亡，东汉恢复西汉旧制，新都属益州广汉郡，后经刘焉父子据蜀和三国时期的蜀汉，直到曹魏灭蜀。

经过魏晋南北朝长期分裂割据后，公元581年隋文帝统一全国，全国诸郡以州直接统区，新都从广汉郡改属益州。七年后改新都为兴乐县，始将县城由军屯乡迁至今新都镇。公元607年隋炀帝时期，撤销兴乐县，并入成都县。公元619年，唐高祖时期，恢复兴乐县，随即仍改为新都县，隶属益州。公元742年到757年，唐肃宗改蜀郡为成都府，新都归成都府，直到唐末。

神兽纹铜镜

时代　汉
质地　铜
尺寸　直径13.5厘米、厚0.6厘米
级别　三级

铜带钩

时代　汉
质地　铜
尺寸　残长6.8厘米、宽2.2厘米、厚0.5厘米
级别　三级

汉代铜器

馆藏汉代铜器中有铜镜、铜带钩、铜璜形饰、铜箭镞、铜灯、铜印、铜钱币。

铜镜有博局纹铜镜和神兽纹铜镜。神兽纹铜镜为圆形，圆钮，钮座外一圈弦纹，镜背以一圈凸棱纹分为内外两区，内区为一圈神兽纹。

铜带钩为素面，形制简单。铜璜形饰形状与玉璜类似，顶部有一穿孔用于悬挂，其上满布鱼磷纹。铜灯下有三足，柄部为龙形，兼具美观和实用。铜印有两方，一方为狮钮铜印，一方是“军假侯印”铜印。军假侯印是汉代军中官印，印面有界格，印文用阴文篆刻，四字“军假侯印”，字体宽博，笔势雄劲，布局严谨饱满。古代对边境人民实行军事编制，设伍、里、连、邑四级，一邑之长称为假侯。《后汉书·百官志》中也记载东汉时期有“军假侯”这一官职。这枚印在重庆涪陵古坟坝遗址也有类似的出土。

钱币有“半两”、货泉、小泉直一、大泉五十。“半两”钱的时代稍早，为西汉初期，货泉、小泉直一、大泉五十均为王莽时期发行的货币。

三足龙形柄铜灯

时代　汉
质地　铜
尺寸　通长15厘米、宽9厘米、高12厘米
级别　三级

鱼鳞纹璜形铜饰

时代　汉
质地　铜
尺寸　长10厘米、宽2厘米、厚0.2厘米

狮钮铜印

时代　汉
质地　铜
尺寸　高2.5厘米
　　　长2.2厘米
　　　宽1.8厘米

军假侯印

时代　汉
质地　铜
尺寸　长1.8厘米
　　　宽1.8厘米
　　　高2.4厘米
级别　三级

铜箭镞

时代　汉
质地　铜
尺寸　通长7.5厘米
　　　长1.5厘米
　　　宽1.5厘米

半两铜钱

时代　汉
质地　铜
尺寸　直径2.35厘米、厚0.1厘米
级别　三级

大泉五十铜钱

时代　汉
质地　铜
尺寸　直径2.6厘米、厚0.2厘米
级别　三级

货泉铜钱（残）

时代　汉
质地　铜
尺寸　直径2.3厘米、厚0.1厘米
级别　三级

小泉直一铜钱

时代　汉
质地　铜
尺寸　直径1.46厘米、厚0.1厘米
级别　三级

汉代铁器

随着秦人入蜀，铁器传入到四川。馆藏铁器有铁锸和铁权。铁锸的外观呈凹字形，锸体扁平，体部中空，方形銎，弧形刃。这种蜀郡铭铁锸不只见于四川，在西南夷居住的云南也有发现。铁制凹字形锸本是战国时代在长江中游地区，即楚文化圈盛行发展起来的铁农具，西汉武帝以后才普及到黄河流域。在中国各地出土的带郡铭的铁农具都是西汉武帝以后的，说明这种铁器是在武帝开始的专卖制度之下由政府铁官所监造的。锸的主要功能为翻耕、起土开沟，是汉代垦耕土地的重要农具之一。四川在汉代是我国的重要农产区之一，特别是稻作农业十分发达，古文献中多有关于锸的记载，《汉书·沟恤志》载汉代民谣："举臿为云，决渠为雨。"锸的前身就是木耒耜，随着生产力的进步，金属的使用和生产铸造，人们将铁用于原来的木制农具上，锸就是在木耜前端套上了一个铁的刃口，锋利的刃口既提高了工作效率，又增加了农具的使用寿命。

权俗称秤砣、秤权，是悬挂秤杆之上可以移动的。铁权是铁制的秤砣。该铁权通体呈半圆体，上部有拱形钮，钮中部有椭圆形穿，广肩，平底，生铁铸造。

铁权是度量衡的一种，据《华阳国志·蜀志》载:"绵(绵竹)与雒(广汉)各出稻稼，亩收三十斛，有至五一斛。""新都县……有金堂山，水通于巴。汉时五仓，名万安仓。"可见四川汉代农业比较发达，是著名的粮仓。铁锸和铁权的出土从一定程度上可印证此地农业发达，粮食富余。

铁锸

时代　汉
质地　铁
尺寸　通长12.5厘米、宽10.5厘米、厚2厘米
级别　三级

铁权

时代　汉
质地　铁
尺寸　底径6厘米、高6.5厘米，重738.5克
级别　三级

汉代陶器

馆藏陶器多为墓葬中出土的随葬品，有陶房、陶井、陶灶、陶仓、陶锺、陶缸、陶罐、陶碗、陶鸡、陶狗、陶羊、陶猪、陶钱树座等，大致可归纳为四类：设施类、容器类、动物类、树座，器物时代均为东汉。这些陶器是汉代墓葬中最为常见的模型明器，充分体现出了汉代繁荣的农业经济生活。作为汉代中小型墓葬最主要的随葬器物，在墓葬研究中占有重要地位，是汉代“事死如事生”生死观的反映，同样也折射出汉代社会生产力发展、物质财富积累迅速的社会现实。它们既是当时土地私有制度条件下家庭财产私有化社会背景的一种直接反映，同时也表达了时人祈求在死后世界能够丰衣足食，拥有一个与生前相似的“死后生存环境”的愿望。

陶房（残）

时代　东汉
质地　陶
尺寸　长48厘米
　　　宽11.5厘米、高40厘米
级别　三级

设施类有陶房、陶井、陶灶、陶仓。陶房有单层和多层之分，多层陶房可称为陶楼。这件陶房有重檐，上檐已残，底楼中部有一斗拱。单层陶房有人字形房顶，下有两个开间。陶灶一般为长方形灶身，圆拱形灶门，灶面有二个火眼，与灶门相对的一端有圆筒形烟道。陶仓有圆形和方形之分，圆形仓呈筒形，中部开有一小口，类似窗。方形仓呈长方体，无窗。井为汲水之处，是生活饮水与农业生产的重要设施。陶井可分为两类，一类是带有井亭、井栏、井架、地台等附属部件的井，井身多为圆筒状，有底。另一类是只有井身的井，造型较为简单，有方形和圆形之分，有底。

陶房

时代　东汉
质地　陶
尺寸　长48.5厘米、宽26厘米、高24厘米

陶仓

时代　东汉
质地　陶
尺寸　口径16.5厘米、底径16厘米、高16厘米
级别　三级

陶灶

时代　东汉
质地　陶
尺寸　长41厘米、宽28.5厘米、高27厘米
级别　三级

陶井

时代　东汉
质地　陶
尺寸　底径27厘米
　　　高47厘米
级别　一级

陶井

时代　东汉
质地　陶
尺寸　底径22厘米
　　　高42.5厘米
级别　一级

陶井

时代　东汉
质地　陶
尺寸　口径12厘米
　　　底径24.5厘米
　　　高32.5厘米
级别　三级

陶井

时代　东汉
质地　陶
尺寸　口径3.5厘米
　　　底边长20厘米
　　　高28 5厘米
级别　三级

容器类有陶锺、陶缸、陶罐、陶碗。陶锺盘口、方唇、长颈、鼓腹、圈足，口、肩、腹及圈足上各有二周弦纹。陶缸敛口、圆唇、圆弧腹，肩微折，平底略内凹，肩上有一周凹弦纹，腹部饰网格纹。陶罐型式较多，常见的型式为侈口、圆唇、束颈、溜肩、鼓腹、平底略内凹，肩部有二周弦纹；另有长颈陶罐，口部微侈，颈部竖直，鼓肩，斜腹；较少见的是双沿陶罐，类似子母口，内口高于外口。陶碗口部微敛，圆唇，矮圈足。

网格纹陶缸

时代　东汉
质地　陶
尺寸　口径35厘米
　　　底径19厘米
　　　高40厘米
级别　三级

陶碗

时代　东汉
质地　陶
尺寸　口径18厘米
　　　底径9.7厘米
　　　高6.5厘米
级别　三级

双沿陶罐

时代　东汉
质地　陶
尺寸　口径13厘米
　　　肩径18厘米
　　　底径14厘米
　　　高22厘米

戳印纹弦纹陶罐

时代　东汉
质地　陶
尺寸　口径9.5厘米
　　　底径10厘米
　　　高15厘米
级别　三级

弦纹长颈陶罐

时代　东汉
质地　陶
尺寸　口径14.5厘米
　　　底径10厘米
　　　高14.5厘米
级别　三级

带盖陶锺

时代　东汉
质地　陶
尺寸　口径24厘米
　　　足径33厘米
　　　高53厘米
级别　三级

动物类有陶鸡、陶鸭、陶狗、陶猪、陶羊。陶鸡中有较少见的雌雄鸡，属于动物交媾题材；另有陶子母鸡，母鸡蹲于地上，两翅膀下各有二只小鸡，背上蹲着一只小鸡，母鸡胸脯下还有一只小鸡。陶鸭，头向前平伸，呈站立状。陶狗双耳直立，两眼圆睁，怒视前方，前肢直立，后肢屈膝，呈蹲坐状，胸及脖子上套有皮圈。陶猪呈四肢站立状，吻部短粗，双耳下耷，尾部下垂，背部有一圆孔。陶羊呈蹲卧状，四肢卷曲，长吻圆眼，双角弯曲。

雌雄陶鸡

时代　东汉
质地　陶
尺寸　长40厘米、宽18厘米、高23厘米
级别　一级

陶子母鸡

时代　东汉
质地　陶
尺寸　长19厘米、宽12.5厘米、高13厘米

陶鸭

时代　东汉
质地　陶
尺寸　长23厘米、宽12厘米、高19厘米
级别　三级

陶鸡

时代　东汉
质地　陶
尺寸　长26厘米、宽14厘米、高32厘米
级别　三级

陶狗

时代　东汉
质地　陶
尺寸　长45厘米　宽25厘米、高64厘米
级别　一级

陶狗

时代　东汉
质地　陶
尺寸　长69.6厘米、高90厘米

陶猪

时代　东汉
质地　陶
尺寸　长20厘米、宽7厘米、高10厘米
级别　三级

陶羊

时代　东汉
质地　陶
尺寸　长20厘米、宽8.5厘米、高15厘米
级别　三级

陶钱树座内面中空，其上有插孔，用以安插青铜钱树，树座外面均饰有浮雕图案，一般可分为上中下三层。其中一件红褐色陶质的树座上层饰有翼神兽，中间饰人与马的图案，下层无纹饰。

神兽陶钱树座

时代　东汉
质地　陶
尺寸　底径32厘米、高46厘米
级别　三级

神兽陶钱树座

时代　东汉
质地　陶
尺寸　底径23厘米、高38厘米
级别　三级

* 铠马骑士画像砖（对决步骑画像砖）

时代　南北朝
质地　陶
尺寸　横17厘米
　　　纵31厘米、厚6.5厘米
级别　三级

画像砖大都发现于四川的东汉墓中，河南和长江中下游地区的南朝墓中也有发现。南北朝时期画像砖在题材和内容方面继承了汉代，在体量上有较大变化，砖多为小砖，画面有在砖正面的也有在砖侧面拼镶而成。南北朝时期画像砖在我省出土总量较少，新都出土的这块南北朝时期的画像砖题材较为少见，内容是人物像，刻画的是一人身着铠甲骑着战马手执长棒正奔腾向前，另一人身着布衣腰间佩剑，手握剑柄紧随马后，两人朝同一方向奔去。从衣着判断两人的身份地位明显不同。画像内容应是墓主人现实生活场景的反映，成为彰显墓主人身份的一种符号。

唐代高足金杯

高足杯的造型不是中国传统器物，在片治肯特等中亚壁画的宴饮图中常可见到。唐代金银器中的高足杯主要是受到罗马—拜占庭金银器形制的影响而制作的，当然，其中也有不少是直接的输入品。唐代发现的高足杯多为银器，而少见金器。馆藏两件唐代花卉纹高足金杯出土于修建县医院时发现的一处窖藏。窖藏是古代的一种特殊储物形式，大多是在战争导致的突发状况时仓促埋下的。根据唐代“一品以下,食器不得用纯金、纯玉”的规定以及当时金银器的实际使用与占有情况推断，这两件金杯应当属于身份较高的贵族。

据《唐六典》记载，唐代金的加工手法有十几种之多，包括锤揲、錾刻、鎏金、掐丝、焊接等，这两件高足金杯采用了锤揲、錾刻和镂空的工艺，上为杯体，平面呈圆形，深腹、圜底、高足。口径大于杯身，口沿处饰一周卷草纹，杯身的主体纹饰是中国传统文化中的四出方格纹，用方格分区，在方格内又分五区，均饰有花卉纹，杯足纹饰分两层：上有一周花卉纹，下有四个镂空如意云纹。

花鸟纹高足金杯

时代　唐
质地　金
尺寸　口径9.1厘米、足径5.5厘米
　　　高9.7厘米
级别　一级

花鸟纹高足金杯

时代　唐
质地　金
尺寸　口径9.1厘米、足径5.5厘米
　　　高9.7厘米
级别　一级

唐代钱币

馆藏唐代钱币中包含大量不同种类的开元通宝。唐高祖李渊为整治混乱的币制，于武德四年（621）废除“五铢”和其他杂钱，铸行开元通宝。《旧唐书·食货志》记载：“（唐）高祖即位，仍用隋之五铢钱。武德四年七月，废五铢钱，行开元通宝钱，径八分，重二铢四絫，积十文重一两，一千文重六斤四两。”唐代一斤比西汉一斤重一倍多，故开元通宝比西汉五铢钱略重。“开元通宝”并非年号钱，“开元”典出汉代班固《东都赋》：“夫大汉之开元也，夺布衣以登皇位”，是为开辟新纪元之意，“通宝”也就是通行的货币。

开元通宝的铸造，开创了我国货币史上的一个新纪元，“钱”从此成为重量单位，每十枚重一两，开后世两以下十进位衡法之始。至此，我国的金属铸币正式脱离了以重量为钱币名称的体系，而称之为“通宝”“元宝”。开元钱“爰创轨模”，形制严谨，铸造精美，钱文端庄劲秀，首创隶书钱文，系唐初书法家欧阳询所书。

开元通宝是继秦始皇统一中国货币后又一次重大货币改革，它与秦半两、汉五铢钱并称为我国货币史上三大钱系，是我国货币史上具有划时代意义的钱币，对我国币制的革新有深远的影响。

唐代钱币以开元钱为主，终唐之世鼓铸不绝。唐朝的开元通宝有金、银、铜、铅各种币材，版别繁多，大中小各种版式不下百种。有各种星月纹标记铸于钱面或钱背的不同位置，“元”字第二横有左挑、右挑、双挑、不挑四种。开元钱的断代分期尚待依据纪年唐墓出土钱币的排比进一步深入研究。在样式上，初唐武德开元通宝光背无文、外郭较细；中唐起钱背开始有星月纹及其他纹饰、外郭变宽变粗；晚唐则在钱背面加上钱局所在地名，各地铸炉皆以本州郡名为背文，共计22处，被称作“会昌开元”。

馆藏开元通宝背文有纪地文字，记有益（成都）、鄂（武汉）、兴（兴平）、潭（长沙）、宣（宣城）、越（绍兴）、襄（襄阳）、梁（汉中）、洪（南昌）、梓（三台）、昌（纪年号会昌）、荆（江陵）、蓝（蓝田）、润（镇江）、京（长安）、洛（洛阳），这些“开元通宝”钱均铸行于唐武宗会昌年间。

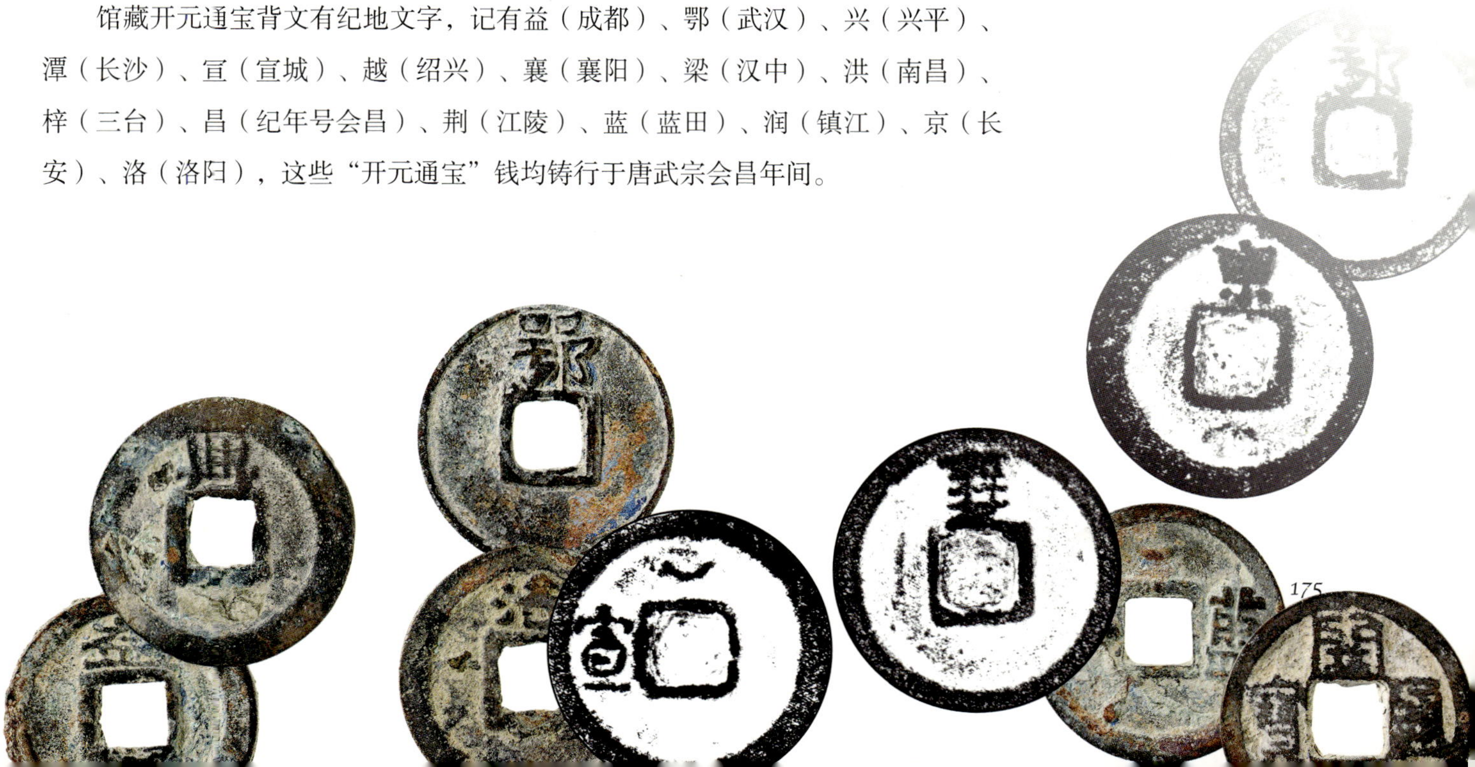

开元通宝背“益”铜钱

时代　唐
质地　铜
尺寸　直径2.35厘米、厚0.12厘米
级别　三级

开元通宝背“鄂”铜钱

时代　唐
质地　铜
尺寸　直径2.4厘米、厚0.13厘米
级别　三级

开元通宝背“潭”铜钱

时代　唐
质地　铜
尺寸　直径2.32厘米、厚0.12厘米
级别　三级

开元通宝背“宣”铜钱

时代　唐
质地　铜
尺寸　直径2.4厘米、厚0.12厘米
级别　三级

开元通宝背“越”铜钱

时代　唐
质地　铜
尺寸　直径0.35厘米、厚0.11厘米
级别　三级

开元通宝背“襄”铜钱

时代　唐
质地　铜
尺寸　直径2.45厘米、厚0.13厘米
级别　三级

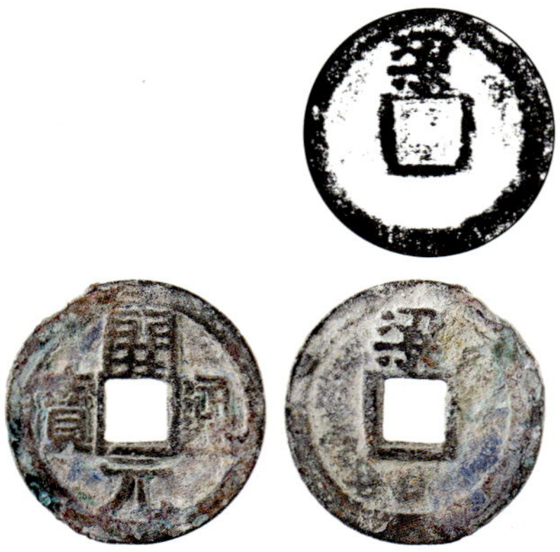

开元通宝背“梁”铜钱

时代　唐
质地　铜
尺寸　直径2.45厘米、厚0.13厘米
级别　三级

开元通宝背“洪”铜钱

时代　唐
质地　铜
尺寸　直径2.4厘米、厚0.11厘米
级别　三级

开元通宝背“梓”铜钱

时代　唐
质地　铜
尺寸　直径2.5厘米、厚0.13厘米
级别　三级

开元通宝背“昌”铜钱

时代　唐
质地　铜
尺寸　直径2.35厘米、厚0.12厘米
级别　三级

开元通宝背“荆”铜钱

时代　唐
质地　铜
尺寸　直径2.4厘米、厚0.12厘米
级别　三级

开元通宝背“蓝”铜钱

时代　唐
质地　铜
尺寸　直径2.35厘米、厚0.12厘米
级别　三级

开元通宝背“润”铜钱

时代　唐
质地　铜
尺寸　直径2.4厘米、厚0.13厘米
级别　三级

开元通宝背“京”铜钱

时代　唐
质地　铜
尺寸　直径2.45厘米、厚0.13厘米
级别　三级

开元通宝背“兴”铜钱

时代　唐
质地　铜
尺寸　直径2.5厘米，厚0.13厘米
级别　三级

开元通宝背“洛”铜钱

时代　唐
质地　铜
尺寸　直径2.4厘米、厚0.12厘米
级别　三级

两宋风采

新都县自唐代武德年间复置，五代时期虽经战乱，但得益于成都作为前后蜀都城，入宋以来一直隶属成都府，随着社会经济和交通运输的发展，商品经济持续繁荣。宋代恢复礼制和金石学研究的发展，收藏之风盛行，掀起了一股复古风潮。新都出土的铜瓶和同时期宋代铜瓶形制完全相同，又有仿古纹饰的铜瓶等，是这一时期复古风潮的印证。铜镜发展至宋代，因受铜合金成分变化的影响，导致铜液浇铸时流动性减弱，镜背纹饰不如以前精美，但在镜形等方面出现了较多新的形制，并且出现了类似商标一类的铭文，如“湖州石家”等当时的著名铜镜作坊名。这一时期冶铁、制瓷业迅猛发展，铜器作为实用器的功用逐渐被代替，瓷器逐渐成为日常生活的主流器具。因宋元战争的关系，四川地区发现的宋代窖藏极多，常常出土外省输入的高端瓷器；但新都地区出土宋代瓷器则有所不同，主要以磁峰窑等本地窑口生产的为主，仅见个别外省民窑烧造的器物。在出土的陶俑方面，新都地区则和四川其他地区出土的陶俑相似，以红陶为主，多施三彩釉，以各类文官俑、武士俑、生肖俑最为常见，人首蛇身俑、魌头俑等又反映出道家风水堪舆等对丧葬习俗的影响。

龙纹蕉叶纹双耳铜瓶

时代　宋
质地　铜
尺寸　口径3.5厘米、足径5.8厘米、高19厘米
级别　三级

宋代铜器

在复古风潮的影响下，宋代仿古青铜器产生。目前四川地区出土宋元青铜器中，仿古礼器占大多数，此外，兼具陈设和实用功能的器物也有不少，馆藏宋代铜三足炉、铜瓶即是后者。器形上它们既保有古韵又有创新，不属于纯粹的仿古青铜器，因此很难确定它们的用途是单纯作为欣赏的陈设，还是具备祭祀礼器的功能。藏品中数量较多的瓶，形制为圆唇、长颈、鼓腹、带有高低不一的圈足，具有宋元时代的特点。其中龙纹蕉叶纹双耳铜瓶，瓶身施多层图案，带朵云形双耳，其器型和纹饰流行于南宋后期至元代。

铜镜在经历了秦汉、隋唐发展的鼎盛时期后，至宋代又迎来了铜镜工艺发展的一个小高潮。宋代铜镜制作工艺整体上较之前衰退，更多注重实用而不求华美，但是在镜形上却有了大胆的创新。馆藏“宋湖州石念二叔铜镜”“宋瑞兽纹八边形铜镜”分别为菱形和八边形，是宋代镜形多样化发展的一个缩影。宋代商品经济不断发展，在铜镜背面铸造官私作坊铭文也是这一时期铜镜的另一个显著特点。从目前出土宋代铜镜来看，根据铭文内容最常见的是成都镜和湖州镜，其中以湖州石家最多。馆藏“宋湖州石念二叔铜镜”镜背面素底上标有铸镜地点“湖州”及生产字号“石念二叔”，印证了宋代商品流通的广泛性。

湖州石念二叔铜镜

时代　宋
质地　铜
尺寸　直径12厘米、厚0.3厘米
级别　三级

瑞兽纹八边形铜镜

时代　宋
质地　铜
尺寸　直径11.5厘米、厚0.6厘米

三足铜炉

时代　宋
质地　铜
尺寸　口径9.3厘米、高5.1厘米
级别　三级

铜瓶

时代　宋
质地　铜
尺寸　口径4.7厘米
　　　足径5.3厘米
　　　高14.8厘米
级别　三级

铜瓶

时代　宋
质地　铜
尺寸　口径5厘米
　　　足径5.5厘米
　　　高14.5厘米
级别　三级

铜瓶

时代　宋
质地　铜
尺寸　口径5厘米
　　　足径5厘米
　　　高13厘米
级别　三级

凸弦纹铜瓶

时代　宋
质地　铜
尺寸　口径5厘米
　　　底径5厘米
　　　高12.8厘米
级别　三级

宋代陶俑

宋代墓葬中随葬俑的习俗在南方地区较为流行，但各地区俑的材质和造型却不同。材质方面，成都地区多为陶俑，江西地区多为瓷俑，福建地区则多为石质，此外在江苏南部地区还发现过木质的俑。造型方面，江西和福建地区出土的俑虽然材质不同，但是常见造型相似的四神俑和生肖俑，而成都地区的宋代墓葬出土此类造型的俑相对较少。

成都地区唐代墓葬几乎不见俑，五代时期开始出现，北宋初期较少，北宋中期至南宋时期大量流行。常见的陶俑有文俑、武俑、侍俑和匍匐俑，此外还有一些与道教影响有关的神怪俑，如仰观俑、伏听俑、鸡俑、狗俑、人面鸟身俑、鸟首人身俑、人首蛇身俑、猪首人身俑、鼓俑等。文俑和侍俑通常对称放置于墓室两侧的壁龛内，面对墓主人的棺椁，表明它们可能是墓主人阴间的仆人，也可能是延续汉代“事死如事生”生死观念的体现。成都地区宋代墓葬随葬的武俑均成对出现，放置于墓门内侧，与《大汉原陵秘葬经》所列“当圹”“当野”位置相近，其含义可能与川东及重庆地区仿木结构石室墓中雕刻在墓门内侧的武士像性质相似，具有门神的含义。藏品中有一件“南宋三彩人首蛇身陶俑”，以往称其为“墓龙”，广东海康元墓出土的刻砖上有双头人面蛇身俑的形象，自名为“地轴”，其形象与成都地区出土的双人首蛇身俑完全一致。道家认为“地轴”与风水利弊有关，是保佑墓主人阴间生活的措施之一，在墓葬中发现这类随葬品，与宋代流行的阴阳堪舆之术有密切关系。

馆藏宋代陶俑多出土于新都及其周边地区的宋代墓葬之中。陶俑沿用汉代传统的模印制坯的制作方法，烧成后再施釉加彩。北宋时期陶俑较少见施彩，至南宋时多施以三彩。人物造型方面，多为文吏俑、武士俑等，也有少量生肖俑、镇墓俑，陶俑面部、衣饰等刻画细致，修饰工整，具有较强的写实风格。

陶文俑

时代 北宋
质地 陶
尺寸 长7.5厘米、宽6厘米
高25.5厘米
级别 三级

陶文俑

时代 北宋
质地 陶
尺寸 长6厘米、宽6厘米
高24.5厘米
级别 三级

陶文吏俑

时代 北宋
质地 陶
尺寸 长7厘米
宽4.5厘米
高28厘米
级别 三级

三彩陶文吏俑

时代　南宋
质地　陶
尺寸　长6.5厘米
　　　宽5厘米
　　　高20.5厘米
级别　三级

三彩陶文吏俑

时代　南宋
质地　陶
尺寸　长5.5厘米
　　　宽4.5厘米
　　　高20.5厘米
级别　三级

三彩陶文吏俑

时代　南宋
质地　陶
尺寸　长9厘米
　　　宽6厘米
　　　高25厘米
级别　三级

三彩陶文吏俑

时代　南宋
质地　陶
尺寸　长10厘米
　　　宽7.5厘米
　　　高26.5厘米
级别　三级

陶妇人俑

时代　南宋
质地　陶
尺寸　长8.5厘米
　　　宽5厘米
　　　高23厘米
级别　三级

三彩陶妇人俑

时代　南宋
质地　陶
尺寸　长10.5厘米
　　　宽6.5厘米
　　　高21厘米
级别　三级

三彩陶武士俑

时代　南宋
质地　陶
尺寸　长8厘米
　　　宽7厘米
　　　高26厘米
级别　三级

三彩陶武士俑

时代　南宋
质地　陶
尺寸　长8厘米
　　　宽7厘米
　　　高25.5厘米
级别　三级

陶武士俑

时代　南宋
质地　陶
尺寸　长10厘米
　　　宽8厘米
　　　高34.5厘米

三彩猪首人身陶俑

时代　南宋
质地　陶
尺寸　长8厘米
　　　宽5.5厘米
　　　高24厘米
级别　三级

三彩陶侍俑

时代　南宋
质地　陶
尺寸　长5.5厘米
　　　宽4.5厘米
　　　高20.5厘米
级别　三级

三彩陶武士俑

时代　南宋
质地　陶
尺寸　长8厘米
　　　宽6厘米
　　　高26厘米
级别　三级

三彩陶匍匐俑

时代　南宋
质地　陶
尺寸　长9厘米、宽5.5厘米、高10厘米
级别　三级

三彩陶青龙

时代　南宋
质地　陶
尺寸　长17.5厘米、宽7.5厘米、高11.5厘米
级别　三级

三彩人首蛇身陶俑

时代　南宋
质地　陶
尺寸　长15厘米、宽5.5厘米、高7厘米
级别　三级

三彩陶魌头

时代　南宋
质地　陶
尺寸　长10厘米、宽5厘米、高16.5厘米
级别　三级

宋代陶瓷

宋代是我国制瓷业发展的繁荣时期,瓷器已成为人们日常生活使用的主要器具，在这一时期的墓葬、窖藏发掘中常能见到各类陶瓷生活器皿。就整个四川地区而言，出土的宋代陶瓷器主体仍然是邛窑、磁峰窑等本地窑口烧造的，釉色以酱釉、褐釉为主，黑釉、白釉少见。此外还有部分省外输入的龙泉窑等烧造的高端瓷器，为研究四川宋代社会经济发展、对外交流提供重要的物证。四川地区的瓷器生产发展到宋代时已经相当兴旺,发现的宋代瓷器和窑址遍布四川各地。

馆藏陶瓷器以罐、执壶、瓶、碗、盘等实用器为主，基本均为本地生产，具体窑口难以判定，其中“花鸟纹白瓷碗”为彭州磁峰窑出产。这件藏品器身施以花鸟纹，薄壁瓷器花纹的印制技术是很难掌握的，必须在瓷胎半干半湿的短时间内完成，过干印制不清，过湿容易变形，还要考虑瓷胎干燥、烧结过程中的收缩率等因素。磁峰窑是宋代四川盆地重要的白瓷窑，创烧于五代至北宋初，北宋中期至南宋中期最为兴盛，停烧于南宋末到元初。

白釉草纹瓷瓶

时代　宋
质地　瓷
尺寸　口径4厘米、足径6厘米、高14.5厘米
级别　三级

带盖青釉瓷碗

时代　宋
质地　瓷
尺寸　口径13.5厘米、足径9厘米、高11.5厘米

磁峰窑花鸟纹白瓷碗

时代　宋
质地　瓷
尺寸　口径17.5厘米、足径7厘米、高5.7厘米
级别　三级

灰黄釉瓷盘

时代　宋
质地　瓷
尺寸　口径16厘米、足径5.5厘米、高4.5厘米
级别　三级

长颈四耳陶罐

时代　宋
质地　陶
尺寸　口径9厘米、底径7厘米、高26.5厘米
级别　三级

四耳陶罐

时代　宋
质地　陶
尺寸　口径8.5厘米、底径9厘米、高17厘米
级别　三级

带流陶执壶

时代　宋
质地　陶
尺寸　口径4.5厘米、底径5.5厘米、高15厘米
级别　三级

带流陶执壶

时代　南宋
质地　陶
尺寸　口径5厘米、底径5.5厘米、高15.5厘米
级别　三级

双耳陶罐

时代　宋
质地　陶
尺寸　口径16.5厘米、底径12厘米、高30厘米
级别　三级

人文明清

明清时期，四川虽历经战乱，但成都仍始终是西南地区政治、经济、文化中心。大量移民入川，使得社会经济得以迅速复苏繁荣。新都地区出土的和传世瓷器多为这一时期外省名窑制品，其中以景德镇民窑烧造的青花瓷器为主，另有黄釉、青釉、蓝釉等。明清时期青花瓷成为中国陶瓷的代表，又有斗彩、五彩、珐琅彩、粉彩等瓷器品种，器型除常见的罐、盘、瓶、碗等生活器皿外，还有仿古瓷器，绘画技法、题材多样。随着冶炼技术的提高，铜器制作水平得到提升，尤以各种宣德炉为代表，铜镜则略显厚重，形制多样，镜背多有“状元及第”“五子登科”等吉祥语言。馆藏几件明正德年间银锭，铭文内容表明其从河南等地流入，是反映当时明代银锭形制发展和课税制度的重要物证。明代四川地区风水堪舆之术仍然盛行，新都地区墓葬常常出土有买地券、镇墓券等砖、石券，是研究当时丧葬习俗、乡里建制等的重要实物资料。

明清陶瓷

元以后，青花瓷逐渐普及，至明清时期青花瓷已经成为中国陶瓷艺术的主流。在青花瓷之前，因受制作工具所限，陶瓷主流的装饰技法以印、刻、划较多。自元代始，瓷器装饰工具引入了毛笔，中国传统的水墨画技法随之对瓷器装饰技法与风格产生了深远影响，传统水墨中的焦、浓、重、淡、清等技法在当时的瓷器装饰中均有所体现。在技法发展的同时，人们的审美情趣也产生了变化，曾经受到追捧的纯净典雅的白瓷和青瓷逐渐被青花瓷所替代。

明代青花瓷经洪武、建文两朝过渡，至永乐、宣德时期逐渐形成了明代自有的风格，胎釉细腻，青色浓艳，造型多样，纹饰优美，是明代瓷业生产的第一个高峰。之后经过正统、景泰、天顺三朝的“空白期”，至成化、弘治、正德时期，明代青花瓷发展迎来第二个高潮，以成化瓷为代表，清新秀丽的风格开始形成，造型庄重圆润、玲珑俊秀，青花纹饰线条纤细、柔和，布局疏朗，多用双线勾勒填色法，所填色彩较淡，层次分明。正德时期青花瓷器，既有成化时期的清雅风格，又有宣德时期灰暗晕散的色调，后期还出现嘉靖时那种泛紫的色泽。

馆藏“明成化款青花瓷碗”胎体轻薄，青花色偏灰蓝，内外均用双线勾勒填色法施杂宝等纹饰，画面简洁明快，线条纤细柔和，填色温润淡雅。明正德“青花寿字瓷碟”“明青花花果纹瓷碟”均是运用双线勾勒填色法装饰，纹饰虽不如成化年间精细，但显得更为柔和秀逸。明清瓷器上常常出现龙纹，该馆“明正德款绿釉彩龙纹瓷盘”，内底饰盘龙，头扁长，双短髯上飘，鬃发呈三角形倒竖在头顶，脖细身粗，细花尾，五爪短粗有力，作轮式撑张。

明嘉靖以后，青花纹饰仍然多用双钩轮廓线填涂，以表现“吉祥祈福”的内容为主，青花原料采用进口的回青料和石子青料混合，呈现出蓝中透紫或灰蓝色的效果。馆藏“明嘉靖款青花瓷盘”具有这一时期典型的特征，此外该馆馆藏青花瓷杯较多，外壁满饰花草树木和鸟、鹿、猴等动物纹饰，内壁素面，部分杯底饰一圆圈纹，中间书写“状元”“书”“礼”“乐”“射”“御”等字。

此外，釉陶在这一时期仍然继续流行，除谷仓罐这类常见器物外，高温釉陶器物明显增多，常见人物、动物俑等。馆藏“蓝釉瓷狮”“镇墓瓷俑”器表施高温蓝釉，瓷狮头、身份别烧造，造型健硕，细节精美；镇墓瓷俑面部安详，铠甲纽节刻画细腻。

正德款绿彩龙纹瓷盘

时代　明正德（1426-1435）
质地　瓷
尺寸　口径20厘米、足径12.5厘米、高4厘米
级别　二级

青花缠枝花卉纹瓷梅瓶

时代　明
质地　瓷
尺寸　口径5.5厘米、肩径16厘米、底径9厘米、高22.5厘米
级别　三级

成化款青花瓷碗

时代　明成化（1465-1487）
质地　瓷
尺寸　口径12.4厘米、足径5厘米、高4.7厘米
级别　三级

嘉靖款青花瓷盘

时代　明嘉靖（1522-1566）
质地　瓷
尺寸　口径25.5厘米、底径15厘米、高4.5厘米
级别　三级

青花瓷碗

时代　明
质地　瓷
尺寸　口径12厘米、足径4厘米、高5厘米
级别　三级

青花瓷碗

时代　明
质地　瓷
尺寸　口径12厘米、足径4.5厘米、高4.5厘米
级别　三级

青釉瓷碗

时代　明
质地　瓷
尺寸　口径19厘米、足径7厘米、高7.5厘米
级别　三级

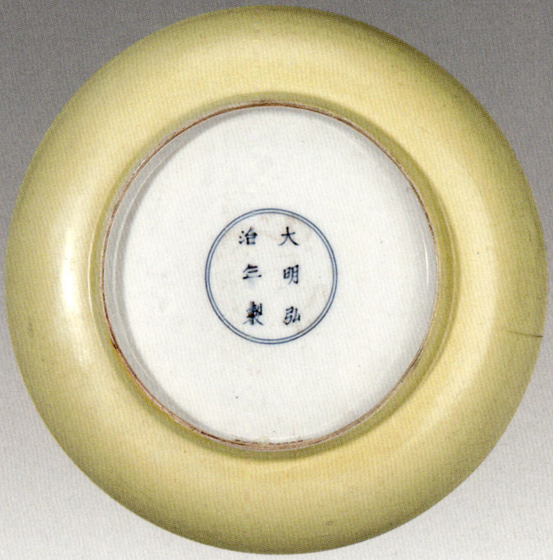

弘治款黄釉瓷盘

时代　明
质地　瓷
尺寸　口径21.5厘米、足径13厘米、高4厘米
级别　三级

青花花果纹瓷碟

时代　明正德
质地　瓷
尺寸　口径11厘米、足径5.5厘米、高3厘米
级别　三级

青花花果纹瓷碟

时代　明正德
质地　瓷
尺寸　口径10.6厘米、足径5.1厘米、高2.6厘米
级别　三级

青花“寿”字瓷碟

时代　明正德
质地　瓷
尺寸　口径11.6厘米、足径6.7厘米、高2.2厘米
级别　三级

青花“状元”瓷杯

时代 明
质地 瓷
尺寸 口径7.5厘米、足径2.5厘米、高4.5厘米
级别 三级

青花“乐”字瓷杯

时代 明
质地 瓷
尺寸 口径7.5厘米
足径3厘米
高4.5厘米
级别 三级

青花“礼”字瓷杯

时代 明
质地 瓷
尺寸 口径8厘米
足径3.5厘米
高6厘米
级别 三级

青花“御”字瓷杯

时代 明
质地 瓷
尺寸 口径6厘米
足径2.5厘米
高3.5厘米
级别 三级

青花“书”字瓷杯

时代 明
质地 瓷
尺寸 口径5厘米
足径2厘米
高3厘米
级别 三级

青花“射”字瓷杯

时代 明
质地 瓷
尺寸 口径6.5厘米
足径2.5厘米
高4.5厘米
级别 三级

镇墓瓷俑

时代　明
质地　陶
尺寸　长14厘米、宽10.5厘米、高41厘米
级别　三级

篮釉瓷狮

时代　明
质地　瓷
尺寸　身长19厘米、身宽11厘米、高29厘米
级别　三级

带盖龙纹陶谷仓罐

时代　明
质地　陶
尺寸　口径5.5厘米、底径8.5厘米、高20厘米
级别　三级

随着社会经济发展，瓷器生产到清代，特别是康熙、雍正、乾隆三朝达到巅峰，仍以景德镇为烧造中心，但其他地区制瓷业也逐渐发展繁荣。瓷器种类仍以青花为主流，随着青料加工工艺的进步，青花色彩层次大大增加，此外斗彩、五彩及各类单色釉瓷器烧造取得极大发展，且创烧了珐琅彩、釉下三彩、粉彩等新品种。器型除常见的罐、盘、瓶、碗等生活器皿外，仿古瓷器占到了相当比例，尤其是各式装饰性较强的瓶、尊等器物较元、明时期大为增加。馆藏“青花瓷坛”是当时常见的生活器皿，“青花牡丹纹瓷尊”则是仿古创新的陈列器具。这一时期瓷器装饰技法多样，花卉、动物、人物故事、吉祥图案等题材不一而足，常有年款或斋堂号等。文庙，又称夫子庙、先圣庙等，是儒家文化的一种集中体现，发展至明清时期，几乎每个州县都有文庙。馆藏带盖瓷罐有“新都县圣庙制”字样，应是当时新都圣庙组织烧造的自用器物。

青花牡丹纹瓷尊

时代　清
质地　瓷
尺寸　口径13.5厘米、底径11厘米、高23厘米
级别　三级

青花人物带盖瓷坛

时代　清
质地　瓷
尺寸　口径9厘米、高20厘米
级别　三级

青花人物瓷坛

时代　清
质地　瓷
尺寸　口径9厘米、足径8.8厘米、高21厘米
级别　三级

龙纹绿釉滴水瓦

时代　清

质地　陶

尺寸　通长38厘米、宽27厘米、高18.5厘米

级别　三级

新都文庙制带盖瓷罐

时代　清

质地　瓷

尺寸　口径19厘米、底径14厘米、高26厘米

云纹双耳带盖瓷罐

时代　清

质地　瓷

尺寸　口径17.5厘米、肩径20厘米、足径16厘米、高40厘米

明代铜器

在经历了辽、金、元的缓慢发展后，明代铜器铸造业迎来了一个蓬勃发展的时期。一方面，随着采矿和炼铜技术的提高，当时掌握了金属锌的冶炼技术，从而可以通过调整锌含量配置合金铜。另一方面，明朝政府改革工匠制度，实行轮班制、住坐匠的徭役制度以及代役租制，使工匠们可以自由投入商品生产，生产的积极性、创造性得到了提高。除钱币铸造外，铜容器较少，以各类用于祭祀和陈列的仿古礼器为主，主要制品是铜镜。

明代铜镜形制规整厚重，以圆形镜为主，其他形制较少。镜钮形式多样，除圆形钮、桥形钮外，常见的还有平顶圆柱形钮和银锭形钮。装饰题材以科举考试、求道修仙等为主，特别是围绕科举、多子多福等题材的吉语铭文铜镜较为常见。新都杨升庵博物馆藏明代铜镜大多为圆形镜，“三元及第铜镜”“五子登科铜镜”都是当时时代特征的反映。

双耳铜瓶

时代　明
质地　铜
尺寸　口径3.5厘米、腹径10厘米
足径6厘米、高21厘米

双耳长颈铜瓶

时代　明
质地　铜
尺寸　口径7厘米、腹径16.5厘米
足径11.5厘米、高43厘米

素面铜镜

时代　明
质地　铜
尺寸　直径5厘米、厚0.5厘米
级别　三级

三元及第铜镜

时代　明
质地　铜
尺寸　直径4.5厘米、厚0.5厘米

五子登科铜镜

时代　明
质地　铜
尺寸　直径4.5厘米、厚0.5厘米

双鱼纹铜镜

时代　明
质地　铜
尺寸　直径12.5厘米、厚0.6厘米
级别　三级

明代钱币

明代钱币除铜钱外，常见的当属银锭，这种采用范铸浇铸成型的贵金属货币，始于唐代，止于1933年废两改元，沿用1000多年。明代银锭的器型对前代有传承也有变化，由于在浇铸过程中来回倾倒铁范，导致银铤两端逐渐起翘，到明代中后期，完成了中国古代银锭从宋元时期平板束腰的主流铤形向明清时期立体起翘的“元宝”锭形的演变。且开始出现锭形的地域差异，四川地区出现大弧头小束腰、锭底成长椭圆状的锭形。

银锭上往往凿刻有铭文，记录地域、用途、重量、经手官员、银匠等信息。南宋以前银锭上铭文大多数用刀凿，一笔一划均錾刻而成，北宋和金朝银锭已有少量的押印戳记打在锭面上，南宋和元朝银锭铭文则多为各种戳印打制而成。明代银锭铭文多为刀凿錾刻，清代和民国银锭铭文又变为组合戳印为主。

馆藏8件明代锒锭，均为明正德年间器物，为当时四川地区流行的大弧头小束腰、两端起翘的典型形制，铭文内容表明部分银锭从河南等地流入，是反映当时课税制度的重要实物资料。

银锭

时代　明正德八年（1513）
质地　银
尺寸　长8厘米、宽5厘米、厚3厘米
级别　三级

银锭

时代　明正德八年（1513）
质地　银
尺寸　长8厘米、宽5厘米、厚3.5厘米
级别　三级

银锭

时代　明正德十五年（1520）
质地　银
尺寸　长8厘米、宽5厘米、厚4.5厘米
级别　三级

银锭

时代　明正德八年（1513）
质地　银
尺寸　长8厘米、宽5厘米、厚3厘米
级别　三级

银锭

时代　明正德八年（1513）
质地　银
尺寸　长7.5厘米、宽5厘米、厚3.5厘米
级别　三级

银锭

时代　明正德（1426-1435）
质地　银
尺寸　长8厘米、宽5厘米、厚4厘米
级别　三级

银锭

时代　明正德（1426-1435）
质地　银
尺寸　长8.5厘米、宽4.5厘米、厚4.5厘米
级别　三级

银锭

时代　明正德八年（1513）
质地　银
尺寸　长7.3厘米、宽5厘米、厚3.5厘米
级别　三级

明清墓券

墓志铭、买地券和镇墓券等随葬文字材料，我们统称其为墓券。墓志铭一般由志和铭两部分组成，志多用散文撰写，叙述死者的姓名、籍贯、生平事略；铭则用韵文概括全篇，赞扬死者的功业成就，表示悼念和安慰。馆藏《明万历十七年邹谧石墓志铭》《清光绪二年范宜人石墓志铭》，对于研究明清时期新都地区行政区划、社会风情、民俗等具有重要价值。

镇墓文包括一切出土于墓葬中的具有“厌胜”“劾鬼”“解适”“告地”等性质的文书材料。买地券也包含在内，区别在于买地券有较为鲜明的“买地契约”的行文构架。买地券是四川地区明代墓葬中常见的随葬器物，是记载墓地土地买卖的契约性文书，券文刻写或用笔书写于砖、石、铁板等硬化的物品上，至清代逐渐走向衰落。其内容一般包括墓主生卒时间、墓地具体位置、四至范围、神仙系统等，因其和道教风水观念等的密切关系，常常附有各类符篆。四川地区出土买地券时间最早的在五代后蜀时期，最晚至明代万历年间，明代以后不见有买地券随葬的例子，分布范围仅限于以成都平原为中心，北至广元、南至乐山的川西地区。馆藏几件买地券均为明代万历年间器物，有石质和陶质两种材质，但券平面形制一致，内容大致相似，集中反映了当时新都地区流行的丧葬习俗。

李廷声买地券

时代　明万历八年（1580）

质地　石

尺寸　横37.5厘米、纵33.5厘米、厚2.4厘米

级别　三级

罗氏二买地券

时代　明万历二十五年（1597）
质地　陶
尺寸　横38厘米、纵39厘米、厚4厘米
级别　三级

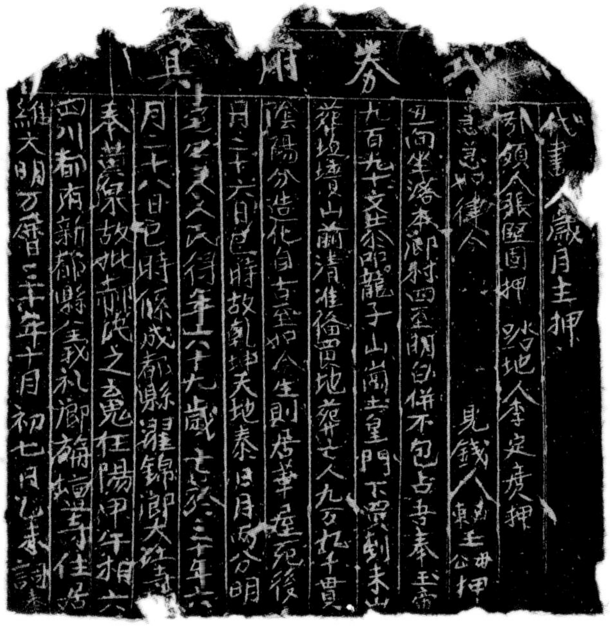

郝氏买地券

时代　明万历三十年（1602）
质地　陶
尺寸　横35厘米、纵35厘米、厚5厘米
级别　三级

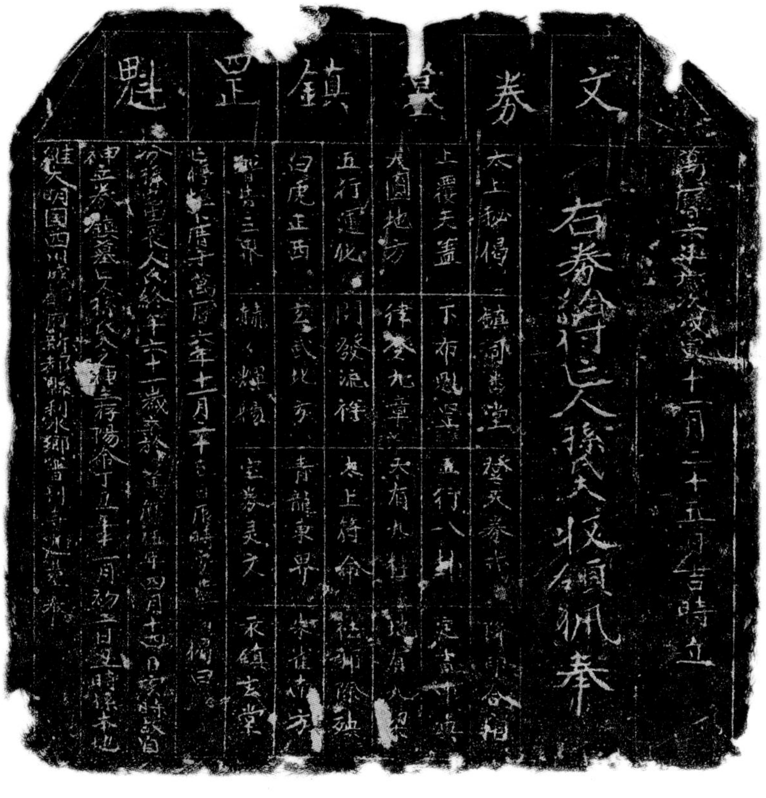

孙氏镇墓券

时代　明万历六年（1578）
质地　陶
尺寸　横45厘米、纵49厘米、厚7厘米
级别　三级

邹谧墓志铭

时代　明万历十七年（1589）
质地　石
尺寸　横52.8厘兴、纵30厘米、厚4.5厘米
级别　三级

1. 墓盖
尺寸　横76厘米、纵73厘米、厚5厘米

2. 墓志铭
尺寸　横57厘米、纵53.5厘米、厚7.5厘米

范宜人墓志

时代　清光绪二年（1876）
质地　石
级别　三级

明清古籍

《花间集》是中国五代十国时期编纂的一部词集，也是文学史上的第一部文人词选集。该书由后蜀赵崇祚编辑，收录了温庭筠、韦庄等18位花间词派诗人的经典作品。此书所录词调多源自唐宫教坊，因唐帝王入蜀避难，京都教坊词调大量流入蜀中，五代时期，前蜀、后蜀政权闭关自守，文化交往迟滞，中原及其他国家的词调难入蜀中，使得蜀中流行之调仍为唐教坊曲。明中期至清初是《花间集》被广泛接受的时期，馆藏《花间集》为明代文学家汤显祖评本。

《精刻古今女史》是明代赵世杰编辑的历代妇女诗文选集，其中《文集》十二卷、《诗集》八卷、《姓氏字里详节》一卷，初刊于明崇祯元年（1628），清末扫叶山房石印本改名为《历代女子文集诗集》。新都杨升庵博物馆藏《精刻古今女史》为明代问奇阁刻本的《诗集》部分。

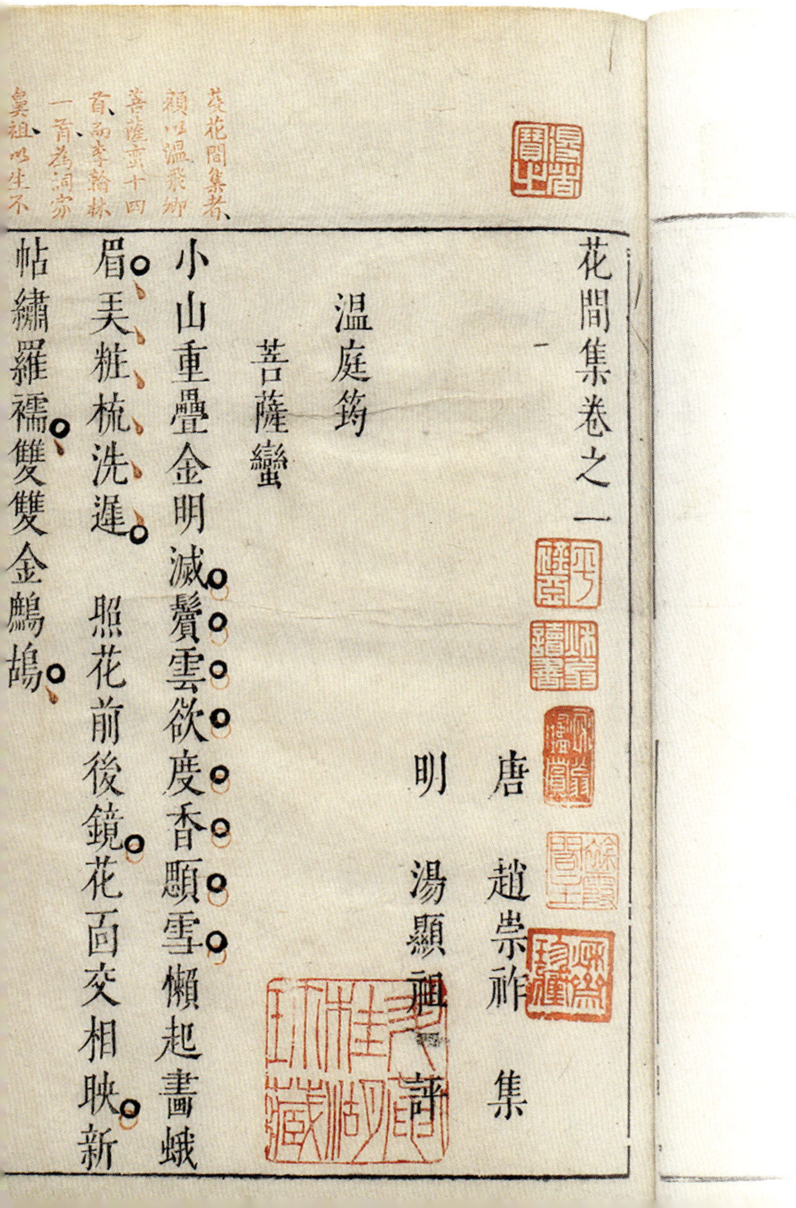

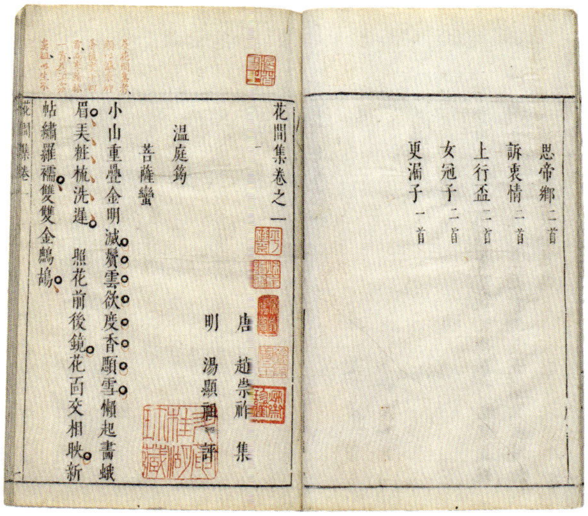

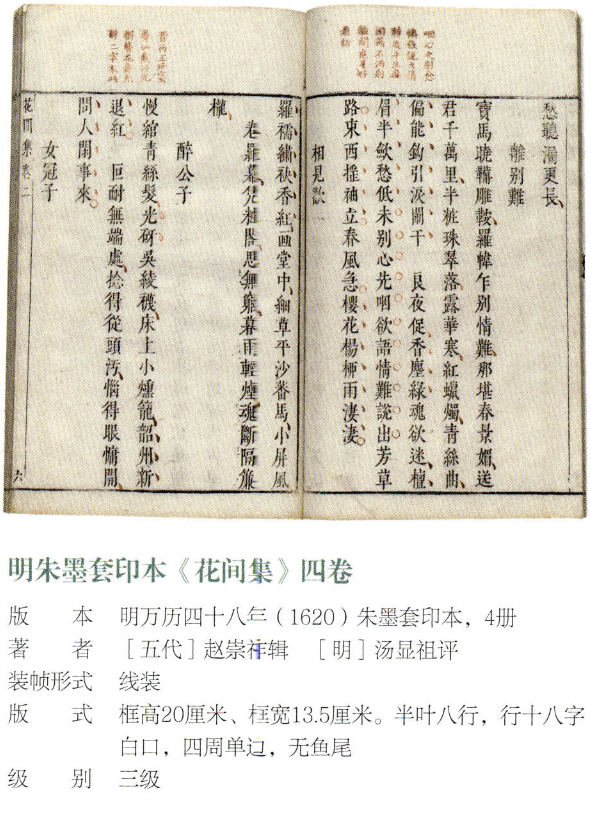

明朱墨套印本《花间集》四卷

版　　本　明万历四十八年（1620）朱墨套印本，4册
著　　者　［五代］赵崇祚辑　［明］汤显祖评
装帧形式　线装
版　　式　框高20厘米、框宽13.5厘米。半叶八行，行十八字
　　　　　白口，四周单边，无鱼尾
级　　别　三级

明问奇阁刻本《精刻古今女史》二十一卷

版　　本　明崇祯元年（1628）问奇阁刻本
　　　　　4册（存诗集八卷）
著　　者　［明］赵世杰选辑
装帧形式　线装
版　　式　框高20厘米、框宽13.5厘米。
　　　　　半叶九行，行二十字，白口
　　　　　四周单边，单白鱼尾
级　　别　三级

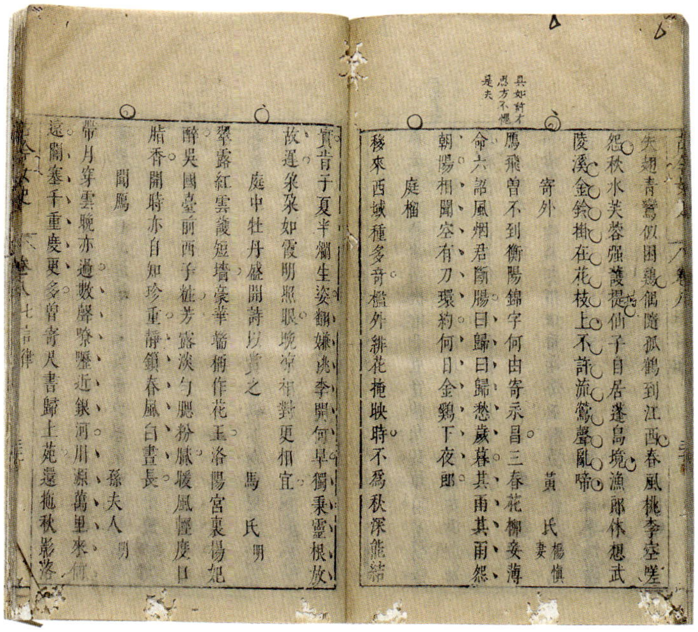

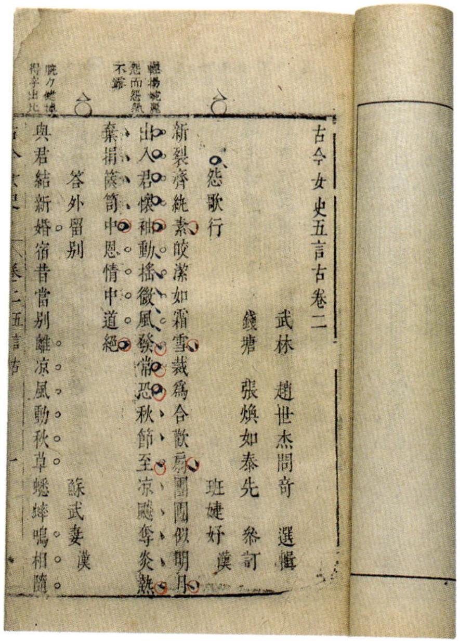

专题研究文章

- 『石门关』下异乡客
  ——新都东汉崖墓出土碑刻与汉代的四川移民/霍 巍
- 新都汉代画像砖研究/罗二虎
- 四川汉代俳优俑
  ——『说唱俑』名辨/索德浩
- 从新都杨升庵博物馆藏碑刻看升庵及其家族社会网络/李晓宇
- 新都杨升庵博物馆藏杨升庵夫妇肖像绘画赏析/李 明
- 新都杨升庵博物馆藏『鼎人』画像砖初探/余卓然

“石门关”下异乡客

——新都东汉崖墓出土碑刻与汉代的四川移民

霍　巍

2002 年，在四川省成都市新都区三河镇互助村抢救性地发掘了一批东汉时期的崖墓，其中的第 3 号墓是一座由墓道、墓门、甬道、前室、中室、后室和侧室构成的多室墓，墓门为双层门框，以双扇石门封门，石门皆以整块青石凿成，每扇石门高 191 厘米、宽 100 厘米、厚 14.5 厘米，在右门的背面发现刻写的题铭，共计 74 字，上端刻有竖写的隶书“石门关”三字，下端刻出一长方形的框，框内竖刻隶书五行，共 56 字，经识读为：“惟自旧忯，段本东州。祖考俫西，乃徙于慈。因处广汉，造墓定基。魂零不宁，于斯革之。永建三年八月，段仲孟造此万岁之宅，刻勒石门，以示子孙。”在这段题铭的右侧方框外，还另刻有一竖行字：“段仲孟年八十一以永和三年八月物故”[1]。考古资料正式公布之后，引起国内学术界的关注，先后有学者对这一题铭的文字和内容进行过考释[2]。笔者在前人研究的基础上，拟从秦汉时期的四川移民这个角度，对这座崖墓和墓门上所刻的这通文字再做一些讨论。

一、与新都出土“石门关”性质相类似的汉代题铭

首先有必要指出，新都三河镇互助村东汉崖墓出土的《石门关题铭》，在四川地区的考古史上并非孤例。与之性质相类似的汉代墓葬题铭，也曾在四川成都及其附近地区有过发现。1994 年，四川大学考古系张勋燎教授撰文指出[3]，他曾在四川省博物馆内发现收藏的墓门门枋石刻两块，两石门枋高 195 厘米、宽 27 厘米、厚 15 厘米，两石侧面分别刻有青龙、白虎图像，右枋正面刻字三行，满行长 98 厘米，31 字，共 64 字。左枋刻字三行，满行长 67 厘米，18 至 20 字不等，共 40 字。

经张勋燎教授释读，其右枋所刻文字为：“唯吕氏之先，本丰沛吕□子孙。吕禄，周吕侯。禄兄征过，徙

[1] 有关考古发掘情况可参见：成都市文物考古研究所、新都区文物管理所：《成都市新都区互助村、凉水村崖墓发掘简报》，《成都考古发现（2002）》，科学出版社，2004 年；成都文物考古研究所、新都区文物管理所：《成都市新都区东汉崖墓的发掘》，《考古》2007 年第 9 期。

[2] 魏启鹏：《新都廖家坡东汉崖墓〈石门关〉铭刻考释》，《四川文物》2002 年第 3 期；连劭名：《成都新都东汉墓〈石门关〉铭刻考释》，《文博》2004 年第 1 期。

[3] 张勋燎、袁曙光：《四川省博物馆藏汉代吕后族人墓葬石刻文字及其相关问题》，四川大学历史系编：《中国西南的古代交通与文化》，四川大学出版社，1994 年，第 107—125 页。

蜀汶山□□□□□□□□□建成侯怠征过，徙蜀汶山□□东（杜）社造墓藏丘冢，作冢以劝后生。工匠杨顺，子孙”；左枋所刻文字为：“兄弟兴盛，进□□宫，拜爵二千石、令、长、丞。继建左师门立阙作冢，以劝后生者。工师杨顺，子孝，寿如金石。”他认为这两块门枋石上的刻文虽有剥蚀缺泐，但大部清晰可识，文字中虽无纪年，“但从画像和字体风格观察，当属东汉遗物无疑”。

很显然，四川省博物馆藏的这两块东汉石门枋（以下简称“省博石枋”）所刻文字和新都所出土的《石门关题铭》，都是刻写在东汉时期墓葬的墓门之上，属于建墓者有意为之，意在显示墓主祖先的生平并昭宣于后世，一来祈求死者的亡灵在地下安稳；二来祈求子孙后代兴盛多福，其性质是相同的。细读两墓石刻文字，从行文格式到主要的表述内容也多有相似之处。

例如，“石门关”首先追忆了墓主的生平来历“惟自旧怟，段本东州。祖考俫西，乃徙于慈”，其大意是说墓主人的祖先是来自“东州”的段氏，从西而行，最后来到汉代的广汉郡定居（汉代新都属于广汉郡）。省博石枋也是开篇便叙述其墓主人的祖先，是西汉高帝吕后（雉）的两个族侄——周吕侯吕禄和建成侯吕怠（台），因罪（“征过”）迁徙到蜀地的汶山。

接下来，《石门关题铭》讲叙段氏后裔的段仲孟于东汉永建三年（永建为东汉顺帝刘保年号，永建三年即公元128

年）八月在此（广汉郡新都）“造墓定基”，以使死者飘浮不定的灵魂在此得到安宁（“魂零不宁，于斯革之”），希望达到的目的，是使其所营建的墓宅成为“万岁之宅”，以利子孙。而省博石枋也是紧接着描述吕氏之后裔在蜀之汶山“造墓藏丘冢”“立阙作冢”，其目的也是企求“以劝后生”，使其封官拜爵，官至“二千石、令、长、丞”，且“寿如金石”。

此外，还有一个特点也和两墓石刻文字内容相关，那就是这两处墓葬都处于东汉时期流行死者亡灵可以佐护生人的这种思想观念，盛行“聚族而葬”丧葬习俗。出土《石门关题铭》的新都三河镇互助村第 3 号东汉墓（编号 M3）同时发掘出土的一共是四座墓（编号 HM1—4），魏启鹏先生曾经推测，这处墓地“有可能就是包括了段氏在内的几个家族墓地”[1]，但因在墓地其他几座墓中未发现段氏之外其他家族的铭文材料，这个推测还无法坐实。不过，仅就出土石门关的 M3 而言，从考古出土材料也可以肯定是一处段仲孟生前预建的墓宅，在永和三年（永和也为东汉顺帝年号，三年即公元 138 年）八月，也就是八十一岁的段仲孟在其生前预建了这处墓宅的十年之后，不仅他本人葬进了这座墓宅，在其先后葬入的，还不止他一个人。据考古发掘报告，这座墓葬是一座由墓道、墓门、甬道、前室、中室、后室和侧室构成的多室墓。在墓的前室西南部放置有一具陶棺，中室西部也放置有一具陶棺，另在前室西侧东南部还放置有一具画像石棺，只是遗憾的是报告中没有提及人骨的情况，我们不知道这几具棺内是否葬有不同性别、不同年龄的死者，所以也无法确定他们与段仲孟之间的关系。但是，发掘者根据《石门关题铭》文字材料推测，墓中的画像石棺可能为段仲孟的葬具，而其他陶棺的存在，“说明此墓的使用时间较长”[2]，我的理解，作者这句话的意思也可转译为“葬入的死者至少不止段仲孟一人”，结合墓中同时发掘出土多具棺材来看，表明 M3 也应是一座东汉时期的多人合葬墓。

省博石枋原来的墓葬因为缺乏考古出土背景材料，信息极少，但张勋燎教授从石枋刻文上有“立阙作冢”以及“工师杨顺，子孝”等情况推测：“第一，石刻所在的墓葬原来在地面还另有附属的石阙建筑，规模巨大，宏伟壮观。其次，此墓建筑工程是由当时政府工官机构负责人经办完成。”[3] 如果这个推测可以成立的话，那么我们可以进一步设想，这处吕氏后人的墓葬地面建有石阙、规模很大，就很可能也是一处东汉时期以“家族合葬”为特征的多人合葬墓。

与上面两例刻写在石门和石门枋上的东汉崖墓题铭性质十分相近的考古出土资料，还可举出另一个例证，即四川中江县东汉塔梁子崖墓群中的第三号墓。中江塔梁子崖墓群共清理了九座崖墓，已先后公布发表了调查简报与正式的考古报告[4]。这九座崖墓中，编号为 M3 的一座崖墓规模最大，有前后多个主室和侧室，在墓内发现了壁画及榜题。根据墓葬形制、规模以及出土器物，可以判定其为一座东汉时期的墓葬。墓内第三室第一幅壁画上方，残存有墨书的榜题文字：“先祖南阳尉，□□土乡长里汉太鸿芦文君子宾、子宾子中黄门侍郎文君真坐与诏，外亲内亲相检厉见怨。□□诸上敀颠诸□□□□□□，绝肌则骨当□。□父即鸿芦，拥十万众，

[1] 魏启鹏：《新都廖家坡东汉崖墓〈石门关〉铭刻考释》，《四川文物》2002 年第 3 期。
[2] 成都文物考古研究所、新都区文物管理所：《成都市新都区东汉崖墓的发掘》，《考古》2007 年第 9 期。
[3] 张勋燎、袁曙光：《四川省博物馆藏汉代吕后族人墓葬石刻文字及其相关问题》，四川大学历史系编：《中国西南的古代交通与文化》，四川大学出版社，1994 年，第 107—125 页。
[4] 发掘简报刊于《文物》2004 年第 9 期；考古报告参见四川省文物考古研究院、德阳市文物考古研究所、中江县文物保护管理所：《中江塔梁子崖墓》，文物出版社，2008 年。

平羌有功，赦死西徙，处此州郡县乡卒。”有关 M3 内的壁画榜题，已有学者结合壁画内容、墓内画像等作过一些考释[1]，很显然，这也是一处墓主人先祖从北方中原地区因获罪“赦死西徙”迁徙流放到此之后，由其后世所营建的墓地。虽然这组文字所在的位置不是刻写在崖墓的石门和门枋上，而是采用墨书的方式题写在墓室之内的壁画上方，但文字内容也是追述墓主先祖的生平，纪念和缅怀其功迹，和新都“石门关”以及省博石门枋上的刻文性质有相近之处。

综上所述，新都《石门关题铭》的出土，结合既往的考古发现，再次证明了四川汉代崖墓所出土的这些文字材料当中，包含着极其丰富的文化内涵，尤其是对于帮助我们认识墓主的身世来历，以及相关的交通线路、丧葬习俗等问题，都有着重要的学术价值，值得做更为深入的研究。

二、墓葬题铭与汉代巴蜀地区的移民

《石门关题铭》和上举其他两例四川汉代墓葬题铭材料当中，反映出一个重大的问题，即墓主人的先祖都不是四川当地的土著，而是从东方或北方西迁至蜀的“异乡之客”，折射出历史上四川古代（尤其是秦汉以来）中原地区向巴蜀移民的一个宏大背景。

秦汉时代，随着巴蜀地区进入到中原政治版图之后，秦代中央王朝一个重要的举措，是大规模地向这块新开拓的疆土实行移民。早在秦始皇初灭六国，便迁徙天下富豪十二万户到咸阳，另一部分则迁徙到巴蜀地区，甚至将蜀西北方向的氐、羌族首领也移至蜀地。据《华阳国志·蜀志》记载：“周赧王元年（前 314），秦惠王封子通国为蜀侯，以陈壮为相。置巴郡。以张若为蜀国守。戎伯尚强，乃移秦民万家实之”[2]。同书又记：“然（秦）惠文、始皇克定六国，辄徙其豪侠于蜀，资我丰土。”[3]《太平御览》卷一六六引《蜀记》也载：“秦灭楚，徙楚严王之族于此，故谓之严道。”[4]《三国志·蜀书·吕凯传》吕凯条下引孙盛《蜀世谱》记载：“初，秦徙吕不韦子弟宗族于蜀汉。汉武帝时，开西南夷，置郡县，徙吕氏以充之，因曰不韦县”[5]。

汉承秦制，也向巴蜀和西南夷地区大举移民，实行“迁徙豪强”的政策，见于文献记载的有两次，但最后是否真正成为事实不得而知[6]。上面举出的包括新都“石门关”在内三例东汉墓葬中的题铭文字，其重要意义和史料价值在于，这是以具体、可靠的考古材料，确证了汉代迁徙罪犯和“豪杰”于蜀地的事实，并且还提供给我们一些文献不载的细节。从总体上看，汉王朝向蜀地的移民至少可以分为两种类型：第一类，是带有流放、惩罚性质的移民，如省博石枋和中江塔梁子崖墓的先祖，都是因为犯罪而被强行迁徙；第二类，是非惩罚性质的移民，但往往也与“豪杰”“豪强”之类具有一定势力的大家族有关，或许带有一定的强制性，如新都“石门关”崖墓的先祖大概就属此类。

---

[1] 可参见王子今、高大伦：《中江塔梁子崖墓壁画榜题考论》，《文物》2004 年第 9 期；宋治民：《四川中江塔梁子 M3 部分壁画考释》，《考古与文物》2005 年第 5 期；谢崇安：《中江塔梁子东汉崖墓胡人壁画雕像考释》，《四川文物》2005 年第 5 期；霍巍：《襄人与羌胡》，《文物》2009 年第 6 期等文。

[2] [晋]常璩著、刘琳校注 《华阳国志校注》，巴蜀书社，1984 年，第 194 页。

[3] [晋]常璩著、刘琳校注 《华阳国志校注》，巴蜀书社，1984 年，第 225 页。

[4] [宋]《太平御览》，中华书局影印本，1960 年，第 809 页。

[5]《三国志·蜀书》，中华书局标点本，第 1063 页。

[6] 张勋燎、袁曙光：《四川省博物馆藏汉代吕后族人墓葬石刻文字及其相关问题》，四川大学历史系编：《中国西南的古代交通与文化》，四川大学出版社，1994 年，第 122 页。

第一类情况如省博石枋刻文中所见的墓主人先祖，即文中提到的“吕禄”“周吕侯”“建成侯”等，都是文献记载西汉吕后家族诸吕的姓名和封号，张勋燎教授对此已作过十分详细的论证，兹不赘叙。这是目前所见汉代因犯罪（“征过”）而被流放四川的汉代移民中地位品级最高的一例。据《史记》和《汉书》的记载，吕后（雉）因其父兄跟随汉高祖刘邦在创建汉王朝的过程中均有大功，故她本人成为高后，吕氏族人也皆受爵禄。在汉高祖去世之后，吕后曾专政一时，吕氏家族随之势力显赫，但很快被汉高祖旧臣联合汉军将领将其诛灭。如同张勋燎教授所言，在省博石枋刻石中所记吕禄兄弟和建成侯吕怠等‘征过徙蜀汶山”之事在传世文献中并不见诸记载，但“此石刻虽为东汉遗存，但却为吕怠和吕禄兄弟的子孙追叙先人世系、封爵、名字，所据乃家传族谱资料，且系汉刻原石，距史事发生之时未远，非若史书之为族外人叙记，又历经展转传录翻刻易成颠倒错乱者可比”[1]。因而此石所刻文字所记载的史实不仅可信，而且具有很高的史料价值。

中江塔梁子东汉崖墓群三号墓墓主的先祖，也属于因罪而流放、迁徙到蜀地的汉代高级官吏。墓内的墨书题铭中称其先祖曾做过“南阳尉”，后世还有人做过“汉太（大）鸿芦”“中黄门侍郎”等官吏，墓主人的父辈又继大鸿芦位，曾经“拥十万众，平羌有功”，看来是东汉时期平定所谓“羌乱”中带过兵的首领，后因犯死罪但因功获免，被流放到西蜀，最后老死异乡，其后人被安葬于蜀地的“州郡县乡”。东汉时期的太（大）鸿芦一职，是主国内少数民族事务和外交事务的最高官员，其所犯何罪不得而知，但被免于一死之后，仍被流放到蜀地，这和文献中秦汉时代常常将犯罪的贵族、高官和所谓“豪强”之属流放蜀中的历史记载是吻合的。如《华阳国志·南中志》记载：“晋宁郡，本益州也。元鼎初属牂柯、越巂。汉武帝元封二年，叟反，遣将军郭昌讨平之，因开为郡，治滇池上，号曰益州……汉乃募徙死罪及奸豪实之。”[2]

新都出土“石门关”墓葬中的死者的先祖，从石门上的刻文中未见其有因犯罪而被迁徙的记录，与前述两例墓葬死者的先祖情况有所不同，可能属于被迁徙的“豪强”或自发性移民一类。从《石门关题铭》中“惟自旧忯，段本东州。祖考徕西，乃徙于慈。”的这段文字来看，其先祖原籍“东州”，由西迁徙而来。这里所讲的“东州”，有学者引《后汉书·皇后纪上》“东州饥荒”条下李贤注，认为是特指北方青州之北海国一带；又引《后汉书·郑太传》称“东州郑玄学该古今”条下李贤注云：“玄，北海人（郑玄古乡高密属北海国），故云东州”，因而主张“东州即指北海一带，乃战国时田齐疆土”[3]。笔者认为，此处的“东州”，显然是一个泛指，广义上是指位于川西平原以东的中原或所谓“河东”地区，不一定确指某个具体的地点。与之情况较为接近的是四川郫县出土的另一方东汉时期的碑刻《王孝渊碑》，这块碑刻上记载了王孝渊先祖的来历：“永初二年七月四日丁巳，故县功曹椽□□孝渊卒。呜呼！□孝之先，元□关东，□秦□益，功烁纵横。汉徙豪杰，迁□□梁，建宅处业，汶山之阳。”[4]碑文中所言的“关东”，并非具体的地点，显然是泛指中原之关东地区。两者之间唯有不同者，是段氏未见被称为“豪杰”，而王孝渊家世显为汉代之“豪杰”。秦汉时期迁蜀的“豪杰”或“豪强”，通常都是当地具有一定势力的富商大贾或者世家豪族，他们所具有的一个共同的特点往往都是生前“聚族而居”，死后“聚族而葬”，前文中我们曾分析了“石门关”所在的东汉墓葬中的“段氏”因为也具有这个丧葬习俗上

[1] 张勋燎、袁曙光：《四川省博物馆藏汉代吕后族人墓葬石刻文字及其相关问题》，四川大学历史系编：《中国西南的古代交通与文化》，四川大学出版社，1994年，第117页。
[2]［晋］常璩著、刘琳校注：《华阳国志校注》，第393—394页。
[3] 魏启鹏：《新都廖家坡东汉崖墓〈石门关〉铭刻考释》，《四川文物》2002年第3期。
[4] 谢雁翔：《四川郫县犀浦出土的东汉残碑》，《文物》1974年第4期。

的特点，所以笔者推测死者先祖“段氏”的身份地位大约也不是一般的平民，很有可能也是具有一定身份等级的大族之家，作为汉代迁徙“豪杰”或“豪强”的举措而被迁至新都定居的可能性很大。

三、从《石门关题铭》看四川汉代移民的分布与迁徙路线

《石门关题铭》的考古发现，还提出了一个值得关注的问题，即这些来自异土它乡的移民进入四川盆地之后，其分布情况如何？是否可以从中大体窥见其迁徙的路线？

罗二虎教授认为，秦代的移民因为秦在川西平原上依秦制建立有成都、郫、临邛等三座城邑，因此推测当时的秦移民应主要居住在这个三角地带及其周围地区，南边可能还延伸至今四川乐山市和峨眉山市一带。进入西汉，移民的分布范围已经扩大到川中地区和川南、川东的长江沿岸地区。东汉以后，其分布已遍及四川盆地和汉水谷地[1]。如按这一规律，似乎这些中原的移民是首先进入到蜀地的中心区域，然后再向四方的边远地区逐渐扩散。但是，从上述东汉墓葬中所出土的题铭文字来看，不排除也有另外一种可能性存在，即这些中原移民首先是被安置于远离成都的边远地区，然后经历数代人的发展之后，才逐步进入到成都平原的腹心地带。

从碑铭文字所反映的情况来看，被迁徙到蜀地的中原罪犯和“豪强”之家，最初似多被安置在距离成都较为偏远之地。笔者推测，这一来可能是为了保证首府成都的政治安宁与稳定，二来也是汉代地方政权有意识地加强对这些“中原来客”的控制，消解其势力和影响之举。如前述省博石枋门上所刻文字表明，吕氏家族最初是“徙蜀汶山”，按照张勋燎先生对此的解释，这个“汶山”，既可能是指汶山郡，也可能如《王孝渊碑》碑文中所说的“汶山之阳”之类的概念，指的是靠近汶山之某地[2]。而这两个概念无论何者，都是位于成都平原北面今茂县、汶川一带。中江塔梁子崖墓第三号墓墓主的先祖，也是定居在中江一带。前文中所引的楚严王之

[1] 罗二虎：《秦汉时代的中国西南》，天地出版社，2000年，第75—76页。
[2] 张勋燎、袁曙光：《四川省博物馆藏汉代吕后族人墓葬石刻文字及其相关问题》，四川大学历史系编：《中国西南的古代交通与文化》，四川大学出版社，1994年，第122页。

族被迁徙到“严道”，则在今四川雅安荥经。秦灭六国后从山东和赵国徙蜀的程氏、郑氏和卓氏，后来以冶铁致富，最初也是被迁徙到蜀之临邛[1]，即今四川邛崃市境，这些地点均距离蜀郡的政治中心成都相对较为偏远。

据考古和历史学界诸多学人的研究，从商代晚期至汉初，秦举巴蜀和统一六国以后向蜀地的移民，主要还是依靠从陕西关中地区到川西平原之间的“五尺道”“金牛道”（也称为“石牛道”）“褒斜道”等道路。如宋治民教授所言：“从商代晚期至汉初，自关中地区翻越秦岭到达蜀地这条路线是一条便捷的通道，大约在战国时经大力开通，已成为一条交通大道了。”[2] 这条路线的走向从现陕西汉中出发，南至四川广元，在此可分为两路：一路沿嘉陵江向西南，在昭化脱离嘉陵江河谷进入剑门关，经剑阁、梓潼、绵阳、德阳、广汉、新都诸县市，最后进入成都；另一路出广元东南，在阆中转盐亭、三台、中江、金堂、新都，然后抵达成都。而无论从广元至成都的两条支线中的任何一条，都最终要汇合于新都，所以从这个意义而言，新都堪称成都的“北大门”，也是这条南北交通路线上的重要门户。前述中江塔梁子崖墓和新都石门关崖墓都是位于这条路线上，暗示出这些来自中原北方地区的墓主人可能也是沿此大道进入蜀地。

而新都段氏，则是在目前所知的有明确记载的东汉碑铭石刻文字中，最为接近蜀地秦汉时期政治、经济、文化中心——首府成都的一例移民资料。从新都“石门关”石刻发现地三河镇互助村的东汉段氏墓刻文中“因处广汉，造墓定基。魂零不宁，于斯革之”可知，在经历了辗转迁徙之后，段氏在广汉郡之新都定居下来，并

[1]［晋］常璩著、刘琳校注：《华阳国志校注》，第 225 页，刘琳注［三］。
[2] 宋治民：《试论周秦汉时期中国西南交通》，四川大学历史系编：《中国西南的古代交通与文化》，四川大学出版社，1994 年，第 17 页。

在此“造墓定基”，使死者灵魂从此得到安宁，为子子孙孙死后合葬于此定下“千秋宅基”，表明其家族已经于此永久性地扎下根来。段氏先祖从北方迁徙到四川之后，能够最终进入到成都平原腹心地带定居，和前文所论的吕氏家族后人、中江塔梁子崖墓墓主的先祖、王孝渊碑所载王氏先祖等在蜀地定居的地域相比较，显然情况各异，至于是否与段氏先祖的身世、家境、职业、迁徙原因等具体因素有关，囿于材料有限，就不便多作推测了。

四、结语

综上所述，新都东汉崖墓中《石门关题铭》文字的出土，其意义可以总结为以下三个方面：

第一，它是四川地区考古发现的又一例关于汉代向蜀地迁徙移民的考古实物资料，既与过去在四川省博物馆内收藏的另一件汉代墓葬石刻可以相互对照，也和四川中江塔梁子东汉崖墓 M3 墓主人题记内容具有共同之处，反映出汉代中原北方地区向蜀地移民的一些具体情况，并且补充了文献记载所未能体现的某些细节，是有关汉代交通史、移民史的珍贵考古实物资料。第二，从出土《石门关题铭》的墓地和墓葬情况来看，体现出东汉时期大家豪族生前“聚族而居”，死后“聚族而葬”的丧葬习俗，这一习俗对于汉代四川丧葬文化的影响至为深远，迄今为止在四川地区发现的东汉崖墓中，多见这一习俗的流行，其源头应当来自中原北方地区，由这些迁徙而来的汉代移民带到西蜀。第三，《石门关题铭》所在的东汉墓葬出土于四川成都市近郊的新都，是汉代移民中有翔实文字记载的最靠近蜀地政治、经济、文化中心——成都的一例，它位于周、秦、汉以来中原通向蜀地主要的交通要道上的交汇之所、最后门户和心腹之地，对于认识成都和新都地方史上的“移民文化”及其带来的深远影响，也是颇有价值的。我相信随着今后考古材料的不断发现，历史大轮廓之下的若干细节也会更为丰富。

新都汉代画像砖研究

罗二虎

汉代画像砖在全国范围内分布广泛，目前在河南、陕西、甘肃、内蒙古、河北、山东、江苏、浙江、江西、湖北、四川、重庆、云南、贵州等省、直辖市和自治区都有发现，其中以包括四川、重庆在内的四川盆地和河南等两个区域发现的数量众多，也最具代表性。

四川盆地及其周边地区东汉砖室墓的墓砖上几乎都有纹样装饰，可纳入广义的画像砖范畴，因此这一区域出土的画像砖墓和画像砖的数量在全国居首。

成都市新都区位于四川盆地西部的成都平原腹地。全区面积 496 平方公里，其中六分之五为平原，六分之一为浅丘。秦汉时期这里就已设县，曾先后归属于蜀郡和广汉郡。由于汉代时这里经济发达、人口稠密，因此当地发现了大量的汉代画像砖和画像砖墓。早在清代光绪三年（1877），在现新都区的新繁镇就出土了一批画像砖 [1]。这也是目前所知中国最早发现的画像砖。

一、画像砖分类

根据图像在画像砖上所处位置和画像砖在墓葬中的功能性差异，可将包括新都在内的成都平原及其周边地区出土的画像砖分为建筑画像砖和装饰画像砖等两大类 [2]。

1. 建筑画像砖

建筑画像砖的特点是图像分布在砖的侧面或端面。这类砖除了其图像具有装饰功能外，还具有与普通砖相同的功能，即作为建筑材料来构筑墓室。仅用这类砖来建造的墓葬可称之为“建筑画像砖墓”。因此这类砖分布的地域广泛，数量极多。在这类画像砖构筑的墓葬中，其图像相同的砖常常上下左右连续排列，具有浓郁的图案装饰效果。这类墓的墓砖图像既有图画性很强的，即所谓的典型画像砖，也有由各种几何形纹样构成图案性很强的砖，又常被称为“花纹砖”。实际上，其图画性和图案性的图像界限有时也很难清晰界定，因此也可以将这种花纹砖纳入画像砖的范畴。

2. 装饰画像砖

装饰画像砖与前一类砖的最大差异在于它仅仅是作为装饰用砖。具体地说，这种装饰画像砖在墓内不是作

[1] 当时该地的行政区划属于新繁县，在 20 世纪 50 年代新繁撤县并入新都县。有关这批画像砖的记载见于中华民国时修《新繁县志》。
[2] 罗二虎：《川渝地区汉代画像砖墓研究》，《考古学报》2017 年第 3 期。

为建筑材料使用，而是嵌在墓壁上，作为一种特殊的装饰，因此这类画像砖的图像均位于砖的正面，画面近方形或者为长方形。这类画像砖在墓葬内通常是对称地嵌在甬道和墓室两侧壁，有少量的墓也嵌在墓室内壁上。画像砖在墓壁上的高度一般为砖底端距地面 30—50 厘米，安放是先将壁砖内收 5—7.5 厘米，留出相当于画像砖的厚度，然后再将画像砖嵌砌在其中，故画像砖在墓壁上与其他的壁砖齐平，共同构成墓壁的墙面。由于这种装饰画像砖在墓葬中具有的特殊装饰功能，因此可以将出现这种装饰画像砖的墓称为“装饰画像砖墓”。

在新都地区，历年来出土的装饰画像砖数量很多，目前仅新都杨升庵博物馆收藏的此类画像砖就有 74 块，此外还有不少早年出土的装饰画像砖现藏于四川博物院。根据新都地区出土装饰画像砖的形制差异，还可将其再分三型：

A 型：方形装饰画像砖，实际上这种砖基本都是近方形，一般宽 45.5—49 厘米、高 38.5—43 厘米、厚 5—7 厘米。例如，在新繁清白乡墓出土的装饰画像砖中除了日神、月神砖之外，都属于 A 型。

B 型：横长方形装饰画像砖，一般宽 38.5—50 厘米、高 24—29 厘米、厚 6—7.5 厘米。例如，胡家墩墓和高堆子墓出土的装饰画像砖都属于 B 型。

C 型：纵长方形装饰画像砖，目前发现的数量较少，一般宽 24—28.5 厘米、高 38—42 厘米、厚 5—6.5 厘米。在墓中出现都是与 A 型的方形画像砖组合在一起。例如，在新繁清白乡墓出土的日神、月神砖就属于 C 型。

二、装饰画像砖墓

清代光绪三年（1877）在新繁镇出土了一批画像砖之后，在新都境内又陆续发现了不少散见的画像砖。应指出，在新都地区虽然历年来出土的装饰画像砖很多，但保存较好的装饰画像砖墓数量却极少。目前所知，经过考古发掘清理的这类装饰画像砖墓仅有新繁镇清白乡墓、马家镇马家墓、新民镇胡家墩墓等 3 座。此外，还有数座墓虽然墓葬被毁，但墓葬中装饰画像砖的组合情况还是大体可知。

1. 新繁镇清白乡画像砖墓

该墓位于新繁镇新益村，因为当时行政区划归属清白乡，因此我们仍将其称为清白乡墓。于 1955 年发掘清理，1956 年发表简报[1]。这里以简报为基础再结合其他相关著述中的资

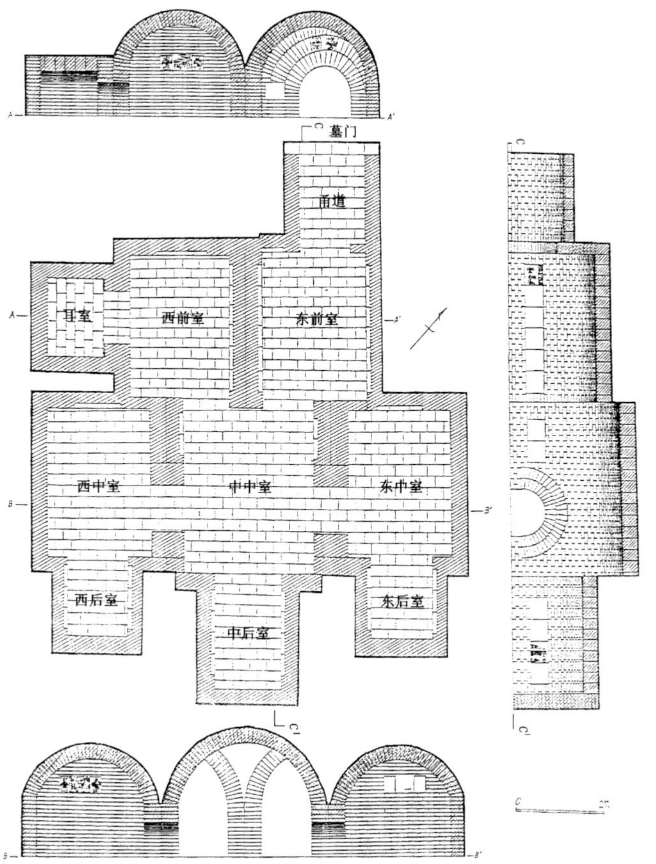

图一　新都新繁清白乡墓平、剖面

[1] 四川省文物管理委员会：《四川新繁清白乡东汉画像砖墓清理简报》，《文物参考资料》1956 年第 6 期。

料[1]，对该墓资料重新进行综合整理。

这是一座东汉晚期大型墓，方向北偏西 40 度。墓葬结构复杂，由墓门、甬道、双前室、耳室、三中室、三后室组成，顶部均为券拱顶（图一）。墓全长 12.72 米、最宽 10.24 米，全部由砖砌成，其中墓壁为长方形砖错缝平砌，顶部用楔形砖起券。墓底用长方形砖平铺两层，砖的铺法是错缝平行顺排。在铺地砖下面还有厚约 30 厘米黄土夯的地基。墓门宽 1.52 米、最高 1.41 米，墓门用长方形砖错缝平砌封闭。墓门内侧的甬道长 1.98 米、宽 1.52 米、最高 1.41 米。东前室长约 3.3 米、宽 2.36 米、高 2.36 米。东前室与甬道间有一券拱门，门最高 1.08 米、宽 1.05 米。西前室长 3.34 米、宽 2.62 米、高 2.4 米。西前室西边还有一耳室，其长 1.26 米、宽 2.42 米、高 1.4 米。两室间有券拱门相通。中室长 3.86 米、宽 3.08 米、高 2.88 米，中室与两边侧室有券拱门相通，东西两侧对称，其结构大小相同，均长 3.22 米、宽 2.78 米、高 2.54 米。中后室长 2.96 米、宽 2.36 米、高 1.94 米。东西后室对称，其结构大小相同，均长 2.22 米、宽 2.12 米、高 1.58 米。

该墓被盗严重，推测原有瓦棺当在 2 具以上，另外还有木棺。墓内残存的随葬品有陶钱树座 2 件、灯 1 件、碗 2 件、罐 3 件、俑头 4 件、俑身 2 件，残陶房屋模型、蟾蜍、猪、鸡各 1 件；铜带钩 3 件、耳杯 9 件（其中大的 1 件、小的 8 件）、挖耳 1 件、箭镞 2 件、车的盖弓帽及竿 2 件、鎏金柿蒂装饰 2 件、钩 1 件、鎏金蝉 1 件、泡钉 40 件、钮 1 件、鎏金十字形饰 5 件；铁刀 2 件、钉 1 个；石板 1 块；云丹片 1 包，此外还有铜“五铢”钱 120 多枚、“大泉五十”和“贷泉”钱各 1 枚。

装饰画像砖：一共 54 块，分别嵌在 8 个墓室的壁上。其嵌在侧壁或前壁下部的装饰画像砖，内容仅有亭前迎谒、轺车骑从、辎车骖驾等 3 种（图二），其中尤以轺车骑从为多，排列位置无一定的规律。东前室两侧壁的第 6—10 层砖间各嵌有 6 块画像砖，在室前部的券拱门上方嵌有日、月神画像砖各 1 块，其下西侧的前壁上也嵌有 1 块画像砖。西前室东壁第 6—10 层砖间嵌有 6 块画像砖；在此壁的第 13—18 层砖的中央嵌有 3 块画像砖，中间为西王母仙境，两侧分别为日神、月神（见图二）。中室两侧壁前端第 6—10 层砖间各嵌有 2 块画像砖。东西侧室北壁（前壁）在第 16—20 层砖间中央均各嵌有 3 块画像砖，也是中间为西王母仙境，两侧为日神、月神。中后室两侧壁第 6—10 层砖间各嵌有 4 块画像砖。东西后室两侧壁第 4—8 层砖间各嵌 3 块画像砖。这些画像砖的大小有两种规格，其中西王母仙境、亭前迎谒、轺车骑从、辎车骖驾等 4 种宽约 47 厘米、高 41 厘米，日神、月神画像砖宽约 38 厘米、高约 28.5 厘米。

建筑画像砖：所有构筑墓室的砖均为建筑画像砖，并且有纹样的一侧均向墓室内。墓砖纹样共有 9 种，主要为各种璧纹、菱形纹、卷云纹。虽然简报没有明确说明哪些纹样在墓壁，哪些纹样在墓顶，但是根据墓砖纹样的拓本宽窄比例不同，可以推测这些纹样在墓内的所在位置。其中璧纹和菱形纹既有宽的，也有窄的，推测宽的应该是长方形砖，装饰在墓壁上，窄的应该是楔形砖，装饰在墓顶。而卷云纹均为窄形的，应该均为楔形砖，装饰在墓顶。

2. 马家镇普东村画像砖墓

该墓位于马家镇普东村（原二大队四队）。1978 年发现，其后对该画像砖墓进行了清理和报道[2]。墓葬

[1] 冯汉骥：《四川的画像砖墓及画像砖》，《文物》1961 年第 11 期。
[2] 四川省博物馆：《四川新都县发现一批画像砖》，《文物》1980 年第 2 期。部分画像砖内容又承该墓的清理者四川省博物馆王有鹏先生告之。

1

2

图二　新都新繁清白乡墓装饰画像砖组合排列推测
1. 墓室一端壁　2. 墓室侧壁

年代应为东汉晚期，下限可晚至蜀汉时期。

当地乡民发现该墓后又扰乱严重，券拱顶和墓壁已不存在，仅可知墓室平面为长方形，长 6.9 米、宽 2.6 米，高度不详。墓室内地面铺地砖中部略为凸起，靠近四壁处略向下倾斜，以利排水。墓底低于现地表 1.8 米。

该墓虽然扰乱严重，但仍出土少量的葬具和随葬品。葬具为瓦棺，由于残破过甚，数量不详。随葬品有陶俑头 3 件、罐 3 件、铜钱 1 件、铜案脚 1 件，东汉铜“五铢”钱 10 余枚，另还有陶俑、房屋模型等残片。

装饰画像砖：均从当地农民手中收集而来，共 16 块，均宽 41—42 厘米、高 33.5—34 厘米。这批装饰画像砖虽然不清楚其在墓中的位置和排列情况，但仍可看出其基本的组合情况。亭前迎谒 2 块、胡人双骑 2 块、骆驼建鼓 3 块、三骑吹 2 块、轩车骖驾、三人宴饮、武库、莲池泛舟、耨秧脚耘各 1 块，另有 2 块装饰画像砖的内容不详。

建筑画像砖：墓砖为两种：一种为长方形花纹砖，长 38 厘米、宽 23.5 厘米、厚 6.5 厘米，两侧端有联璧纹花纹；另一种为楔形花纹砖，长 35 厘米、宽 29 厘米、厚 7 厘米、窄边长 24 厘米、厚 6.5 厘米，短边侧有菱形的“田”字和“回”形纹。

3. 新民镇胡家墩画像砖墓

该墓位于新都镇西北约 7.5 公里的新民镇梓潼村的胡家墩。1987 年发现并清理，翌年发表了该墓的资料[1]。根据该墓出土的纪年铭文砖，可知墓葬的年代为东汉永元元年（89）或稍晚。

发现时墓葬大部分已被破坏，原地面情况不详，但是根据地名推测原地面应有封土堆。墓葬残存部分仅长 2 米、宽 1.3 米、高 1.9 米（图三），应为墓葬的哪一部分不太清楚，但推测也许为甬道至墓室前部的一段。该墓有 4 层铺地砖，墓室地面以上尚存有 19 层用长方形砖错缝平砌的墓壁。长方形砖长 34 厘米、宽 23 厘米、厚 7 厘米。

在墓内底部尚存有大量的朱砂，并有残漆片，也许原有木棺葬具。残存的随葬品有陶俑、狗、钱树座、房

[1] 张德全：《新都县发现汉代纪年砖画像砖墓》，《四川文物》1988 年第 4 期。

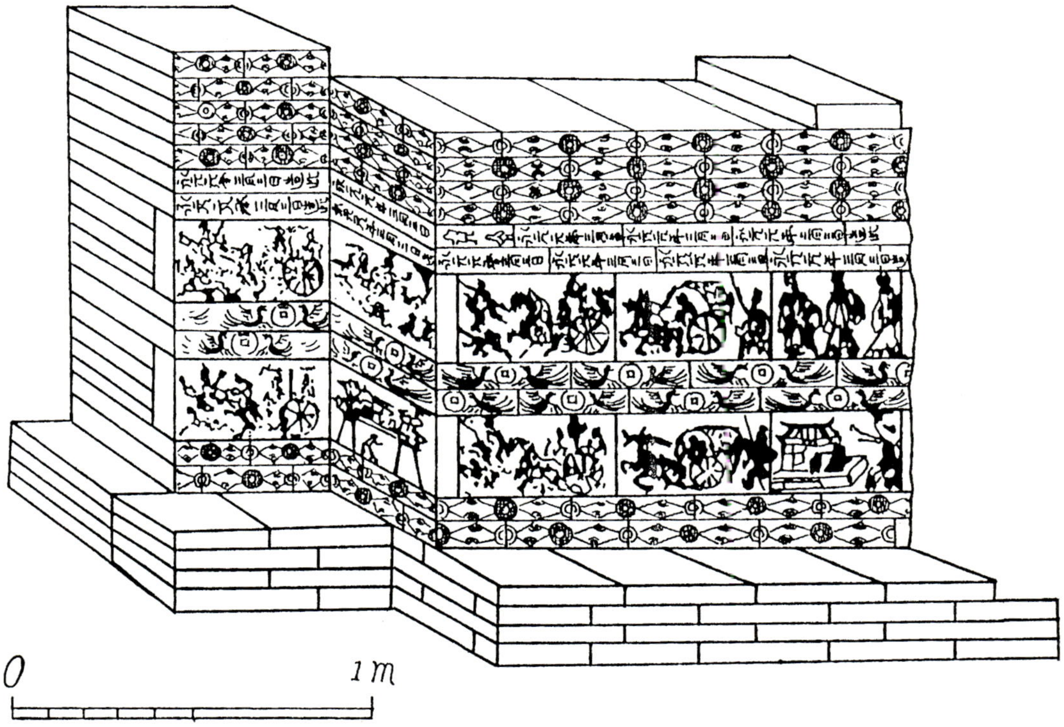

图三　新都胡家墩墓

屋模型的残件，此外还有铜钱树的树枝和石蛋 1 个。

装饰画像砖：在残壁上残存装饰画像砖 10 块，内容 7 种，砖均宽 45 厘米、高 26 厘米、厚 6 厘米，分为上下两排嵌在墓壁上。下面一排的位置高度是从墓内地面往上数第 3—6 层砖间，上面一排为第 9—12 层砖间。其排列顺序若从左往右依次是：下排为轺车伍伯、阙前迎谒、斧车伍伯、辇车卫从、养老；上排为轺车伍伯、西王母仙境、斧车伍伯、辇车卫从、三人叙谈。如果此墓也与其他的画像砖墓一样，是两侧壁对称排列的话，那么该墓的画像砖总数当在 20 块或更多。

建筑画像砖与纪年砖：该墓残存的长方形壁砖均有花纹或纪年铭文，在砖的一端或一侧。砖的具体大小尺寸不详。图案种类有 2 种，即双凤鸟衔“五铢”钱、联璧纹。纪年砖铭文为“永元元年三月三日造此”，砖的一端还有一持兵器人物图像。这些长方形砖的排列是，第 1、2 层为联璧纹砖，第 7、8 层为双凤衔五铢钱纹砖，第 13、14 层为纪年铭文砖，第 15 层以上均为联璧纹砖。

4. 新繁镇高堆子画像砖墓

该墓位于成都市新都区新繁镇蓟家村 11 组（原新农公社六大队十一生产队）高堆子。墓葬为当地村民王某在 1977 年自家住宅旁挖土时发现，后为新都县文管所征集[1]，现藏于成都市新都区博物馆。墓葬已被毁，但根据地名显示的地貌特征推测原应有封土堆。墓葬中出土有大量建筑画像砖（即“花纹砖”和一些装饰画像砖。根据画像砖内容、风格等，可断定该墓为东汉时期。

装饰画像砖：征集到 10 多块，这批砖均约宽 48.5—50 厘米、高 28—29.5 厘米，有如下内容：酿酒、谷物加工、车马过桥、养老 2 块、鼎人 2 块、乐舞、杂技、执幢二骑吏、西王母仙境、日神、月神、野合 2 块。

[1] 冯修齐：《“桑间野合”画像砖考释》，《四川文物》1995 年第 3 期。

无论从数量上还是从内容上观察，这批画像砖都可能仅是该墓中原有画像砖的一部分，还有少部分已散失。

5. 致和乡东岳村画像砖墓

该墓位于致和乡东岳对 12 社（归辖彭州市）。先后征集到两批装饰画像砖 [1]。

第一批：出土的时间和出土的情况均不详，仅知是 1982 年由该村的村民交送新都县文管所。这批装饰画像砖共有 4 块，砖的大小有两种规格。一种砖宽 50 厘米、高 29 厘米、厚 6 厘米，有 2 块，内容为马车过桥、双阙等。另一种砖宽 48 厘米、高 28 厘米、厚 6 厘米，有 2 块，内容为日神、四伍伯等。

第二批：1990 年 4 月 25 日村民在挖窖藏时发现的一座残装饰画像砖墓，并将画像砖取出。同年 5 月 3 日将发现的这批装饰画像砖交给新都县文管所。这批装饰画像砖共有 14 块，其中有 12 块砖均宽 47—48 厘米、高 27—28.5 厘米、厚 5—6 厘米，画面内容：乐舞、养老、轺车、观伎、林间仙鹿灵芝、播种 2 块、习经、棚车卫从、寺门击鼓、池塘拾芋、月神等。另有 1 块砖略小一点，为宽 46 厘米、高 26 厘米、厚 6 厘米，画面内容为升鼎。还有 1 块砖的大小规格比较特殊，其宽 43.5 厘米、高 26 厘米、厚 8.5 厘米，画面内容为二人欢戏。这块欢戏画像砖从砖的大小规格方面观察，应与其他 13 块砖不是出自同一座墓的。

1982 年征集的第一批 4 块装饰画像砖中的日神、四伍伯等 2 块画像砖与 1990 年第二批征集的 13 块装饰画像砖的大小规格相同。从内容方面观察也是关系密切，例如 1982 年征集的日神与 1990 年征集的月神两块砖的画面形式和造型风格基本相同，应该是一对组合镶嵌在墓内。第一批征集的另外 2 块画像砖规格要略大于第二批征集画像砖的规格，但也不排除与第二批画像砖同属一座墓的可能性，此外从内容方面看也有互补的相关性，因此属于同一座墓的可能性很大。

如果以上推测无误，那么可以认为 1990 年在东岳村发现的这座装饰画像砖墓应该至少有 15 或 17 块装饰画像砖，其画像内容有：四伍伯、轺车、棚车卫从、升鼎、林间仙鹿灵芝、播种 2 块、池塘拾芋、乐舞、观伎、养老、习经、寺门击鼓、日神、月神、马车过桥、双阙等。

6. 义和乡谢家大院画像砖墓

该墓位于义和乡谢家大院（归辖彭州市三界镇）。早在 20 世纪 30 年代就已被发现，但是具体情况均已不详，仅知道这批装饰画像砖于 1979—1980 年是交给当时的新都县文管所 [2]。

共有 27 块。根据砖的大小规格大体可以分为三组。

第一组：砖均宽 43—45 厘米、高 24—26 厘米、厚 5—7 厘米，共有 17 块，画像内容有：伍伯骑吏、轺车伍伯、棚车、轺车迎谒、阙前迎谒、龙拉云车、仙人戏鹿、二人升鼎、月神、酒肆（沽酒）、桑园、放筏、手搏、鞞舞百戏、抚琴、奏乐砖 3 块等。

第二组：砖均宽 48.5—49.5 厘米、高 27.5—29 厘米、厚 5—6 厘米，共有 7 块，画像内容有：拾芋、捕鱼、乐舞、市集、棚车、二骑吏、盘鼓舞等。

第三组：均宽 44 厘米、高 28 厘米、厚 6 厘米。画像内容有庖厨、轺车迎谒等。

[1] 有关这两批画像砖的信息由成都市新都区博物馆提供。
[2] 有关这批画像砖的信息由成都市新都区博物馆提供。

从画像砖的规格方面观察，这批砖可能不是出自一座墓的。

三、画像内容分类

新都境内出土的装饰画像砖不但数量众多，而且画像内容丰富，仅新都杨升庵博物馆收藏的就有：马车过桥、轺车迎谒、轺车伍伯出行、轺车、棚车随从与狗、骆驼建鼓、轺车伍伯、棚车随从、棚车卫从、斧车伍伯、轩车骖驾、三骑吹、池塘捕鱼、农事、桑园、放筏、四伍伯、拾芋、市集、谷物加工、酒肆、庖厨、寺门击鼓、习经、亭前迎谒、连接双阙迎谒、独立双阙迎谒、养老谷仓、养老仓楼、观伎、乐舞宴饮、鞞舞、奏乐、手搏、燕居、桑间野合、鼎与人物（红色）、升鼎、仙人迎宾、林间仙鹿灵芝、龙驾云车、仙人博弈、西王母仙境、日神、月神（两种）等 48 种。这其中基本都是长方形装饰画像砖，仅有 3 种为方形装饰画像砖。如果再将清白乡墓出土的西王母仙境、日神、月神、亭前迎谒、轺车骑从、辎车骖驾等 6 种装饰画像砖，马家墓出土的胡人双骑、三人宴饮、武库、莲池泛舟、耨秧脚耘等 5 种装饰画像砖包括在内，种类共 59 种。

笔者在对汉代画像内容进行分类研究时曾确立了自己的分类标准[1]，这就是更多地着眼于画像内容究竟反映了什么样的丧葬观念，墓主人及其家属的主观愿望又是什么。笔者还认为，墓葬中普遍出现的画像内容应反映了当时流行的丧葬观念，而很少出现的、较为特殊的画像内容则可能是反映了墓主或家属个人的丧葬观念。这也是分类和研究时应该考虑的因素。本文仍然贯彻这一分类原则。

不过，画像从形象上讲虽具有确定性，但从含义上讲有的却具有一定的模糊性，一种物像有时可能具有不同的含义，由此也常造成研究者在解释上的分歧。

依据上述原则，笔者曾将川渝地区画像砖的内容分为四类：仙境与升仙、生殖崇拜、驱鬼镇墓、吉祥[2]。下面依据这一分类标准，对新都出土的画像砖内容进行各类，并分析各类画像的具体含义。

1. 仙境与升仙

在这类画像中还可分为神仙仙境、墓主升仙、墓主仙境生活等 3 小类。

（1）神仙仙境

有西王母仙境、日神、月神、亭前迎谒、独立双阙迎谒、连接双阙迎谒、仙人博弈、龙驾云车、林间仙鹿灵芝等装饰画像砖。

主要表现西王母仙境和仙境天国中的各种神仙、仙物等。在西王母仙境中，常与西王母相随出现的物像有灵芝、三足乌、九尾狐、玉兔、蟾蜍、仙人、道士（方士）以及墓主等。例如在新繁清白乡画像墓中，西王母仙境画像砖居内壁正中，并高于其它的装饰画像砖。由此也可见西王母在汉代人们心目中的崇高地位。汉代人认为西王母手中掌管着不死之药，因此掌握着凡人能否成为神仙的大权。在墓中描绘西王母，其目的是为了让死者也能长生而抵达神仙世界。

日神和月神画像砖都位于西王母画像砖的两侧，置于墓室内壁，表现以西王母为首的天国仙境。在中国古人的宇宙观念中，天上的物像均为神灵，日、月更不例外。汉代画像中的日神、月神，形象地再现了古人的这

[1] 罗二虎：《中国西南汉代画像内容分类》，《四川大学学报》（哲社版）2002 年第 1 期。
[2] 罗二虎：《川渝地区汉代画像砖墓研究》，《考古学报》2017 年第 3 期。

种观念。其形象均是人首鸟身，头戴冠，腹部有一圆轮，即为日、月。轮中分别有金乌和蟾蜍、桂树。

天门（阙）：属于这类画像的亭前迎谒、连接双阙迎谒、独立双阙迎谒等装饰画像砖，其画面直接表现的是汉阙形象，但却应该是表现仙境中的天门。这可以在考古发现的实物中找到证明。例如1988年简阳县鬼头山崖墓出土的3号石棺上，即有"天门"题榜的双阙[1]。1981年发现的长宁县七个洞4号墓门外也有"赵是（氏）天门"题榜的单阙[2]。此外，近年在巫山县汉墓中也出土有原置于木棺上的画像铜牌饰，其上有"天门"题榜的双阙画像[3]，这些都为"阙"在墓中的性质、名称提供了确凿的证据。已有学者指出，在墓中出现的"阙"，既非墓主人生前地位和官阶的象征，也非墓主生前所立阙观在墓中的再现，而是象征墓主死后将通过天门进入天国[4]。

仙人博弈画像砖主要是为了表现仙人在仙境无忧无虑的生活。

（2）墓主升仙与仙境生活

这类的画面大多与墓主生前的生活有关。汉代社会崇尚富贵，即如《易·系辞》所言"崇高莫大于富贵"。这些内容的出现诚然有夸耀墓主生前富贵生活和显赫地位的含义，但其目的还不仅仅于此。它们在墓葬中出现，与人们的丧葬观念有直接的联系，具体地说即墓主祈望能将其生前的财富和荣华富贵的生活带入仙境，而他们理想中的仙境生活，即如同自己生前的生活一样。为了便于分析，我们将这一类内容再细分为升仙、墓主生活、墓主财富、墓主身份、墓主人格等几组。

升仙：主要是一种以墓主生前乘车马出行并到达门阙前的现实生活场面为蓝本的墓主升仙图，在装饰画像砖中它通常是以多块砖合成一个完整的内容，就每块画像砖内容而言，有马车过桥（或轺车过桥）、轺车迎谒、轺车伍伯出行、轺车、椎车随从与狗、骆驼建鼓、轺车伍伯、棚车随从、棚车卫从、斧车伍伯、轩车骖驾、三骑吹、四伍伯等。另外，还有鼎与人物、升鼎、仙人迎宾、龙驾云车等以虚构题材来表现的升仙画像砖。在建筑画像砖中，除了上述墓主升仙图之外还有大量的装饰性图像象征墓主升仙，如联璧纹、菱形纹、车轮纹、网格纹、柿蒂纹、云气纹、凤鸟等。

墓主生活：基本都是装饰画像砖。以墓主生前的各种生活场面为蓝本，有观伎、乐舞宴饮、三人宴饮、鞞舞、奏乐、手搏、二人欢戏等画像砖。笔者认为，墓葬中出现这些内容的画像，表达了墓主希望死后能升仙和享受仙境生活的强烈愿望，而这种仙境生活实际上就是墓主生前现实生活的延伸和继续。

墓主财富：以墓主生前拥有的财富为蓝本。装饰画像砖中有莲池泛舟、渔事（池塘捕鱼）、农事、薅秧脚芸、拾芋、桑园、放筏、谷物加工、庖厨、酒肆等。它们反映出墓主生前拥有的各种财富资产情况，将这些内容总汇起来便可构成东汉时庄园经济的主要内容，也是墓主所想过的前述那种生活方式的物质基础。同样，作为一种崇尚财富的观念这也被移植到人们想像的仙境之中。在这些画像中不时出现凤鸟等瑞鸟的身影，其用意也应是告诉人们此为仙境。在建筑画像砖中，还有联币纹、钱纹等图像也是表现墓主财富的内容。

墓主身份：以墓主生前的经历和身份为蓝本。具体有市集、寺门击鼓、习经、武库等装饰画像砖。其目的可能是希望将墓主生前拥有的显赫地位带入仙境。

[1] 内江市文管所、简阳县文化馆：《四川简阳县鬼头山东汉崖墓》，《文物》1991年第3期。
[2] 罗二虎：《长宁七个洞崖墓群汉画像研究》，《考古学报》2005年第3期。
[3] 重庆巫山县文物管理所、中国社会科学院考古研究所三峡工作队：《重庆巫山县东汉鎏金铜牌饰的发现与研究》，《考古》1998年第12期。
[4] 赵殿增、袁曙光：《"天门考"兼论四川汉画像砖（石）的组合与主题》，《四川文物》1990年第6期。

墓主人格：以墓主生前的各种显示“德”的行为为蓝本。具体有三种养老题材的画像砖，此外还有习经等装饰画像砖。

2. 生殖崇拜

人们祈求逝者的生命长存且死而复生，并用性行为、生殖的方式加以表现。这是一种古老的巫术观念与巫术行为的体现，在中国和世界的古代许多地区都曾存在过。

与这类内容有关的具体有野合等装饰画像砖。男女野合等画像砖出现在墓葬这一特殊的环境中，当与生殖崇拜信仰有关。

3. 驱鬼镇墓

这类内容在整个成都平原的装饰画像砖墓中都很少见到，目前仅见于大邑董场墓出土的方相氏装饰画像砖[1]。目前在新都没有发现这类题材的装饰画像砖，但在建筑画像砖上可见到有驱鬼内容的图像。

4. 吉祥

单独表现这类内容的主要见于建筑画像砖，有凤鸟画像砖等。在宜宾市区汉代砖室墓中出土的凤鸟花纹砖上，其凤鸟的尾后面有一“善”字铭文[2]。《说文解字》卷三上：“善，吉也。”它突出地表达了造墓者祈求吉祥的愿望。

四、画像内容组合与主题

1. 装饰画像砖墓的画像内容组合

除了上述已介绍的 3 座经考古发掘清理的装饰画像砖墓之外，在新都地区出土的画像砖墓中还有 3 座大致还可看出其基本组合或部分组合情况。下面就这几座墓的画像组合进行讨论。

（1）新繁镇清白乡墓画像组合

该墓共出土 54 块装饰画像砖，分别嵌在 8 个墓室的壁上。其画面内容的组合情况主要分为两组。第一组是嵌在侧壁或前壁下部的 A 型画像砖，为表现升仙内容的，画像砖仅有亭前迎谒、轺车骑从、辎车骖驾等 3 种，但其中尤以轺车骑从砖的数量为多，排列位置无一定的规律。这种出行图的排列是象征墓主升仙的出行行列，正在向天门的方向行进。第二组是表现天上的仙境，均嵌在墓室的内壁或墓室门的内侧，多为三块装饰画像砖的固定组合，中间为 A 型的方砖，内容西王母仙境，两侧为 C 型的竖长方形砖，内容分别为日神、月神。这种组合画像砖的位置高于两侧壁的画像砖，用以象征高高在上的天国仙境。

建筑画像砖：所有墓砖均为花纹砖，并且有花纹的一侧均向墓室内。墓砖花纹共有 9 种，主要为各种璧纹、菱形纹、卷云纹。

（2）马家镇普东村墓画像组合

该墓的装饰画像砖均从当地农民手中收集而来，有 16 块，均为 B 型的横长方形砖。这批画像砖虽然不清楚其在墓中的位置和排列情况，但仍可以看出其画像内容的基本的组合情况。根据内容可以分为四组：第一组

[1] 大邑县文化局：《大邑县董场乡三国画像砖墓》，《四川考古报告集》，文物出版社，1998 年。
[2] 高文：《四川汉代画像砖》，上海人民美术出版社，1987 年，图一七五。

是表现升仙内容的车马出行图，共有10块，具体的有亭前迎谒2块、胡人双骑2块、骆驼建鼓3块、三骑吹2块、轩车骖驾等。可以看出该组画像砖的数量最多，构成了一列颇为壮观的出行行列。第二组是墓主生活类，仅有内容三人宴饮画像砖。第三组是显示墓主身份内容，仅有武库等画像砖。第四组是墓主资产类，有莲池泛舟、耨秧脚耘等画像砖。另有在公布的资料中虽然说还有2块画像砖，但具体的画像内容不见报道。

建筑画像砖：分为两种。一种为长方形花纹砖，两侧端有联璧纹花纹；另一种为楔形花纹砖，短边侧有菱形的“田”字和“回”形纹。

（3）新民镇胡家墩墓画像组合

在墓葬侧壁上残存的装饰画像砖共有10块，内容分为7种，即西王母仙境、阙前迎谒、轺车伍伯、斧车伍伯、辇车卫从、养老、三人叙谈等。其在墓内是分为上下两排。下面一排从左往右依次是轺车伍伯、阙前迎谒、斧车伍伯、辇车卫从、养老；上面一排从左往右依次是轺车伍伯、西王母仙境、斧车伍伯、辇车卫从、三人叙谈。从内容上可以分为四组：第一组是仙境内容，共2块，具体画像内容有西王母仙境、阙前迎谒等。第二组是表现车马出行，共有6块，具体画像内容有轺车伍伯2块、斧车伍伯2块、辇车卫从2块等。第三组表现墓主身份，仅有1块画像砖，画像内容为三人叙谈。第四组是表现墓主道德，仅有1块画像砖，画像内容为养老。

建筑画像砖与纪年砖：该墓残存的长方形壁砖均有花纹或纪年铭文，在砖的一端或一侧。花纹的种类有2种，即双凤鸟衔“五铢”钱、联璧纹。纪年砖铭文为“永元元年三月三日造此”，砖的一端还有一持兵器人物图像。

（4）新繁镇高堆子墓画像组合

该墓出土的画像砖共征集到10多块，有如下内容：车马过桥、执幢二骑吏、养老、酿酒、谷物加工、鼎与人物、乐舞、杂技、西王母仙境、日神、月神、野合两种。无论从数量上还是从内容上观察，这批画像砖都可能仅是该墓中原有画像砖的一部分，还有少部分已散失。但是，仍然可以大体划分为以下几组：第一组为表现仙境的，共有3块，画像内容有西王母仙境、日神、月神等。第二组为表现墓主升仙的，共有3块，画像内容有车马过桥、执幢二骑吏、鼎与人物等。第三组为墓主生活，共有2块，画像内容有乐舞、杂技等。第四组为表现墓主财富，共有2块，画像内容有酿酒、谷物加工等。第五组为表现生殖崇拜的，共有2种，虽然具体的画面内容有一定差异，但是均是表现野合内容的画像。

（5）致和乡东岳村墓画像组合

大体可以确定出土于同一墓葬的有15块装饰画像砖，其画像内容有：四伍伯、轺车、棚车卫从、升鼎、林间仙鹿灵芝、播种2块、池塘拾芋、乐舞、观伎、养老、习经、寺门击鼓、日神、月神等。可以大体分为6组：看出该墓的装饰画像砖内容组合情况。第一组为表现仙境天国的，共有3块，画像内容有林间仙鹿灵芝、日神、月神等。第二组为表现墓主升仙的，共有4块，具体画像内容有四伍伯、轺车、棚车卫从、升鼎等，除了二人升鼎画像砖之外，其余三种都是表现车马出行的。第三组为表现墓主生活的，共有2块，具体画像内容有乐舞、观伎等。第四组为表现墓主身份经历等，共有2块，具体画像内容有习经、寺门击鼓等。第五组为表现墓主财富的，共有2块，具体内容有播种、池塘拾芋等。第六组为表现墓主人格的，仅有1块，具体画像内容为养老。

（6）义和谢家大院墓画像组合

该地出土的这27块装饰画像砖不是属于同一墓葬的，可能至少代表两座墓的画像砖部分组合。

大体可以确定为同一墓葬的装饰画像砖有 18 块，画像内容有阙前迎谒、月神、龙拉云车、仙人戏鹿、伍伯骑吏、轺车伍伯、棚车、轺车迎谒、二人升鼎、酒肆、桑园、放筏、手搏、鞞舞百戏、抚琴、奏乐 3 块等。可以分为 4 组。第一组为表现仙境天国的，共有 4 块，画像内容有阙前迎谒、月神、龙拉云车、仙人戏鹿等。很明显该组画像中至少还缺少日神画像砖。第二组为表现墓主升仙的，共有 5 块，具体画像内容有伍伯骑吏、轺车伍伯、棚车、轺车迎谒、二人升鼎等。第三组为表现墓主财富的，共有 3 块，具体画像内容有酒肆、桑园、放筏等。第四组为表现墓主生活的，共有 6 块，具体画像内容有手搏、鞞舞百戏、抚琴、奏乐砖 3 块等。

另外大体可以确定为同一墓葬的装饰画像砖有 7 块，画像内容有：拴芋、捕鱼、乐舞、市集、棚车、二骑吏、盘鼓舞等。可以分为 4 组。第一组为表现墓主升仙的，共有 2 块，具体画像内容有二骑吏、棚车等，很明显在这组表现墓主出行的行列中还缺少不少的内容。第二组为表现墓主生前经历的，仅有 1 块，具体画像内容为市集。第三组为表现墓主财富的，共有 2 块，具体画像内容有捕鱼、拾芋等。第四组为表现墓主生活的，共有 2 块，具体画像内容有乐舞、盘鼓舞等。总体上讲，该墓的装饰画像砖立该还缺少较多的内容。

在讨论装饰画像砖墓的画像内容时，这类墓中的建筑画像砖内容也是一个不可忽视的部分。关于建筑画像砖在装饰画像砖墓中的排列情况，可以新繁清白乡墓的情况为例。该墓侧壁的建筑画像砖基本上为联璧纹和菱形纹，而云气纹则仅位于墓内的券拱部分。新都胡家墩墓的装饰画像砖周围饰联璧纹、双凤衔钱纹。由此看来，在两侧壁的装饰画像砖周围的建筑画像砖饰联璧纹和菱形纹为通常的组合方式，而云纹则可能多饰于墓室的上部。

笔者认为，菱形纹和钱币纹均为联璧纹的变体形式，而联璧纹和菱形纹既可象征升仙，又可象征天国仙境，而云气纹则可以象征天国仙境。将这些建筑画像砖嵌在装饰画像砖的周围并装饰墓室，无疑是象征装饰画像砖中的人物、情景和墓室即在天国仙境之中。这些联璧纹、菱形纹和云气纹的花纹砖装饰与石棺画像周围的同类图案装饰的作用是相同的[1]。

2. 画像主题

无论是画像砖的内容还是画像砖的组合，基本上都是表现神仙仙境与升仙的内容。而且，从各种画像内容的相互内在联系和造墓者在墓中放置这些画像的目的来看，均是以升仙为目的。因此，可以认为新都地区汉代画像砖的主题即是墓主升仙。正因为其目的是为了能让墓主升仙，所以才在画像砖中以众多的数量和丰富的题材来表现神仙、仙境和升仙的内容。

通过以上对装饰画像砖内容组合情况的分析可知，其画像的主题是表现仙境与墓主升仙和仙境生活，这也可以看出汉代人对死后世界的描绘，以及他们心中的理想家园。

五、画像砖制作

新都出土所有画像砖的画像制作都为模制。由于画像砖的画像基本都是模制而成，所以在不同的墓葬、甚至相邻的不同地区有时都可以发现同模制造的画像砖。例如，西王母仙境方形画像砖，除了新都新繁清白乡墓有出土之外，在成都昭觉寺画像砖墓中也有出土，并且基本相同，可能是同模制作。此外，这种西王母仙境方形画像砖还在成都扬子山 2 号墓中也有发现，但二者有细微的差别，应该是不同模制作的。再如新都杨升庵博

[1] 罗二虎：《汉代画像石馆研究》，《考古学报》2000 年第 1 期。

物馆藏得两种升鼎画像砖，图像基本相同，但仍有细微差异，如画面右侧的升鼎人物的所戴头帽就不一样。这种情况的出现，可能是由于同一生产地在原有的印模遭到损伤后，又模仿原有印模制造了一个新模，所以留下了细微的差异。还有一种情况，即题材一样，但画面构图等却有差异，故不同模。

由于画像砖是在木模上雕刻，然后再翻模成砖，因此其雕刻技法与成像效果是对立的。从画面成像效果观察，画像砖的塑造技法可分为如下几类。

平面浅浮雕：高出背景平面 0.5—1 厘米，而轮廓线内的物像均处于同一平面上。如新都出土的放筏、鞞舞、手搏、奏乐等画像砖，其画面中的人物基本都是这种表现手法。不过，这种造型技法仅出现在长方形画像砖中，在方形画像砖中尚未发现。

弧面浅浮雕：相对高浮雕而言常略称为"浅浮雕"。特点是其物像高出画面背景，在物像的轮廓线内，用弧面来强调突出物像的立体感。在弧面浅浮雕中还可以分为单层弧面浅浮雕和多层弧面浅浮雕两种，前者的物像表面大体上处于同一平面，而后者在不同的局部以不同的起伏高下相区别，可形成几个层次。物像一般高出背景 0.5—1 厘米。这是新都出土装饰画像砖中最为常见的艺术表现手法，如西王母仙境长方砖、斧车步从长方砖等即为此类。

高浮雕：物像呈弧面地明显凸出于背景平面，立体感很强，常高于背景 1.5—3 厘米。但是，并非整个画面的物像都用高浮雕塑造，而仅仅是一两个局部，如车马出行画像砖中的马身等地方常用这种技法，此外谷物加工画像砖中的人物身体塑造也采用的高浮雕手法。

阳线条：用阳线来表现物像的外轮廓或局部的轮廓。这种技法在方形画像砖中使用较为普遍，如新都出土的养老画像砖中的谷仓建筑的表现手法都是采用的阳线条。

在上述四类技法中，弧面浅浮雕在装饰画像砖中使用得最为广泛。此外应指出的是，在许多画面中均是两种，甚至三种技法同时使用，这主要是指后三种技法。在建筑画像砖中基本都是用阳线条表现。

装饰画像砖在制作完成之后，有的墓还要在画像表面着以颜色。在整个成都平原地区，从出土有残存颜色的装饰画像砖上观察，可断定的颜色种类有红、朱、黑、绿、褐、橙黄、白色等，一般来说多在一幅画面上着2—3 种色。着色的方法和着色的部位，因地区而有差异。在成都市郊，着色时常是先将画面满涂白色作为陶衣，然后再着其他颜色，这样使画面的色彩更鲜艳、美观。其他颜色是仅着画面的物像还是整个砖上满着，尚不十分清楚，大概是只着图像部分。但是在新都地区的长方形画像砖中，未见有施白色底彩（陶衣）的情况，着色是直接涂在画面的物像上，目前所见到的着色画像砖均为朱色的单彩或者是朱色和黑色的双彩。

将这种彩绘的画像砖嵌在周围均用花纹砖组成图案的墓室壁上，富丽堂皇，增加美感，同时具有强烈的装饰效果。关于着色的颜料，由于未曾做过成分分析，其成分不明，但从新都地区出土的砖上残存颜料观察，其朱彩和黑彩都施彩较厚，色彩历经一千七八百年仍鲜艳饱和而不褪色，推测所用颜料很有可能是中国漆。

六、画像艺术风格

笔者曾对汉代石棺画像的艺术风格进行过论述[1]，而新都地区汉代画像砖的艺术风格无论是在内容处理方

[1] 罗二虎：《汉代画像石棺研究》，《考古学报》2000 年第 1 期。

面，还是在造型特点方面都与其有许多相似之处。不过，由于画像砖特有的空间限制，因此在画面的构成与组合方面又形成了自己的独特风格。

装饰画像砖在画面构成和画面组合方面比较复杂，主要有以下两种情况。

第一，一匹砖上有一个完整的画面构成，并表达了一个主题。这是一种很常见的方式，例如新繁清白乡画像砖墓出土的西王母仙境方形画像砖、新民胡家墩墓出土的西王母仙境长方形画像砖。此外，马家普东村墓出土的武库、莲池泛舟、耨秧脚耘等画像砖，新繁高堆子墓的养老、鼎与人物、野合等画像砖也是属于此类。

第二，多块砖的独立画面组合在一起表达一个主题。即每匹砖上都有一个完整的画面构成，但没有表达一个完整的主题，只有当几个画面的内容组合在一起时，才能表达一个完整的主题。这也是一种很常见的表现方式。例如，马家普东村墓出土的装饰画像砖中有亭前迎谒、胡人双骑 2、骆驼建鼓 3、三骑吹 2、轩车骖驾等 5 种出行内容的画像砖，每块砖面都是一个独立的完整画面，但是只有将这 5 种砖排列在一起，才表达出一个完整的主题，即“墓主升仙图”。新民胡家墩墓出土的画像砖中，有轺车伍伯、阙前迎谒、斧车伍伯、辇车卫从等 3 种与车马出行内容相关的画像砖共同构成一种较完整的组合。

七、画像砖分布的区域性

装饰画像砖墓主要分布在成都平原及边缘地区，目前已发现的市、区、县有成都市区、新都、彭州、崇州、邛崃、大邑、新津、郫都、双流、德阳、广汉、什邡、彭山等。

在这一区域内，由于各个小区域间在画像的形式和艺术风格方面也都存在着一定的差异。大体上可分为三个亚区：

成都平原中部：以成都市郊为中心，并包括郫县、大邑、崇州、新津、邛崃以及新都等地区。其特点是装饰画像砖的形式基本都为方形，一块砖构成一个完整的画面。画像砖墓中有一定比例的画像石。

成都平原北部：以广汉、新都、彭州、德阳为中心的地区。其特点是装饰画像砖的形式基本为横长方形，也是一块砖构成一个完整的画面。

成都平原南部：以彭山为中心。其特点是画像砖的形式以长方形为主，既有横长，也有竖长，既有一块砖构成一个完整的画面，又有数块砖构成一个完整的画面，还有一块砖上分格构成两个以上的画面。其画像砖墓中也发现有画像石。

这三个地区的分布范围正好分别与汉代蜀郡、广汉郡、犍为郡等当时被称为“三蜀”的核心地区相当，也分别是三郡的郡治所在地。由此看来，画像砖墓的这三个亚区的形成，有着更为深刻的文化和历史的背景，而当时的行政建置等因素对于文化的发展也产生了一定的影响。

新都境内画像砖墓的分布地点有新繁镇的新益村（原清白乡）、新繁镇的新农乡蓟家村、马家镇普东村、新民镇的梓潼村等，其北部主要分布的是横长方形装饰画像砖墓，偏南部主要分布的是方形装饰画像砖墓，新都地区正好位于成都平原北部区和中部区之间。因此，从新都这一小的区域出土装饰画像砖的区域特色来看，既有成都平原中部的特色，也有成都平原北部的特色。

四川汉代俳优俑

——“说唱俑”名辨

索德浩

俳优俑造型奇特，表情夸张，自出土之日就以很强的观赏性引起了诸多关注。研究者首先遇到的是定名问题。成都扬子山一号墓最早发现这种陶俑，但仅残剩头部，于豪亮先生概称为陶俑头[1]；1957年天回山三号墓又有发现，刘致远先生将其定名为击鼓俑[2]；曾家包汉墓发掘者称其为“说书俑”[3]；之后的报告多称其为“说唱俑”，目前仍以“说唱俑”名称最有影响[4]。但随着出土材料的增多和研究的深入，一些研究者修正了之前的认识，结合文献定名为“俳优俑”[5]。近年来还出现专门讨论俳优俑名称的文章[6]，将此种俑和古代的俳优联系起来，无疑是正确的，但是由于对俳优俑本身信息缺乏足够的发掘，单纯的从文献去论证文献，并没有把考古资料和历史文献构建出一个合适桥梁，因此俳优俑的名称缺乏说服力，影响不大，这也是“说唱俑”名称依然流行的一个重要原因。本文先对考古发现的俳优俑进行类型学分析，找出其关键特征，然后再分析历史文献中的俳优的特点，将二者连接起来。

一、俳优俑的考古学观察

就已发表的资料来看，川渝地区已经出土近数十具俳优俑，主要分布于成都平原及汉文化传播通道上，其中成都地区发现最多。俳优俑均出土于墓葬之中，有明确出土单位的一般定为东汉，且以东汉晚期居多。这类俑体型较大，多在40—60厘米之间，制作精细。四川西汉时期少见陶俑，且形体较小，制作粗糙；至东汉中晚期、蜀汉时期，陶俑数量增多，形体增大，制作精良，所以仅从陶俑的特征来看，这批俳优俑时代应该均为东汉，且多数偏东汉晚期。

根据执鼓与否，可以分成两类：

---

[1] 于豪亮：《记成都扬子山一号墓》，《文物参考资料》1955年第9期。

[2] 刘志远：《成都天迴山崖墓清理记》，《考古学报》1958年第1期。

[3] 成都市文物管理处：《四川成都曾家包东汉画像砖石墓》，《文物》1981年第10期。

[4] 如《中国大百科全书·文物博物馆》“说唱俑”词条，《中国大百科全书·文物博物馆》，中国大百科全书出版社，1993年。

[5] 刘志远、余德章、刘文杰：《汉代画像砖和汉代社会》，文物出版社，1983年，第123—129页；余德章：《四川汉代的俳优俑》，《文物天地》1983年第5期。

[6] 于天池、李书：《是“说唱俑”还是“俳优俑”——汉代崖墓“说唱俑”考辨》，《文艺研究》2005年第4期；于天池：《两汉俳优解》，《音乐探索》2003年第3期。

甲类，空手表演，此类俑充分利用手足动作、结合身体姿势作出怪样，表情滑稽，主要分布于成都以外的地区。

根据坐立姿势不同，又可以分两型：

A 型，立式，如绵阳九龙山、孔雀村出土的俳优俑[1]。

B 型，坐式，如重庆堡山汉墓出土的俳优俑。

乙类，执鼓，一般是左手执鼓，右手执槌，但也有右手执鼓，通过击鼓伴奏来进行表演，面部或堆笑或作怪样，结合身体姿势，非常滑稽。此类俑主要分布于成都地区，其他地方罕见。

根据坐立姿势不同，可分两型：

A 型，立式，如郫县宋家林砖室墓出土的俳优俑。

B 型，坐式，如金堂赵镇李家梁子 M23 出土的俳优俑。

总结其特征：1. 男性。2. 存在身体缺陷，比例不协调，上身长，下身短；相貌丑陋，身体臃肿，大腹便便，双乳下垂。3. 装扮可笑，上身袒露，裤子欲落，赤脚。4. 动作滑稽，手、脚乱舞，身体扭动，面部表情怪异。5. 有时候还利用鼓作为表演工具，立式俑手执鼓，坐式俑一般蹲坐于鼓上。

通过这些信息，我们推断此类俑就是利用身体上的缺陷和滑稽动作，有时候可能还兼有语言以供人嬉笑、娱乐。

二、文献记载的俳优

《史记》卷一百一十二《平津侯主父列传》：

故虽有疆国劲兵，陛下逐走兽，射蜚鸟，弘游燕之囿，淫纵恣之观，极驰骋之乐，自若也。金石丝竹之声不绝于耳，帷帐之私俳优侏儒之笑不乏于前，而天下无宿忧。

《史记》卷一百一十七《司马相如列传》：

荆吴郑卫之声，韶濩武象之乐，阴淫案衍之音，鄢郢缤纷，激楚结风，俳优侏儒，狄鞮之倡，所以娱耳目而乐心意者，丽靡烂漫于前，靡曼美色于后。

颜师古曰：“俳优侏儒，倡乐可狎玩者也。”

以上两条文献说明俳优具有逗笑功能，地位低下，可供“狎玩”。

《史记》卷九十一《黥布列传》：

黥布者，六人也，姓英氏。秦时为布衣。少年，有客相之曰：“当刑而王。”及壮，坐法黥。布欣然笑曰：“人相我当刑而王，几是乎？”人有闻者，共俳笑之。

司马贞注：“谓众共以俳优辈笑之。”颜师古曰：“俳谓优之亵狎者也，言相与谐谑而非笑之，非以俳优辈相目也。”众人以为黥布说大话而认为他像俳优一样可笑，据此我们可以推断俳优表演时会以很夸张的语言逗笑观众。

《汉书》卷八十七《扬雄传》：

[1] 巩发明、季兵：《绵阳出土的汉代说唱俑》，《四川文物》1989 年第 2 期；石荣：《东汉说唱俑》，《四川文物》1991 年第 5 期。

又颇似俳优淳于髡、优孟之徒，非法度所存，贤人君子诗赋之正也，于是辍不复为。

淳于髡、优孟被《史记》列入《滑稽列传》，以语言滑稽著称。

《说文解字》："优，饶也……一曰倡也。"段玉裁也说："以其音乐之言谓之倡，亦谓之优，其实一物也。"[1]汉代倡和优概念基本相同，常用倡来代替优，所以文献常将"俳优"称为"俳倡"。

以上两条文献说明俳优具有滑稽的语言能力。

《汉书》卷六十八《霍光传》：

大行在前殿，发乐府乐器，引内昌邑乐人，击鼓歌吹作俳倡。

颜师古曰："俳优，谐戏也，倡乐人也。"

此条文献说明俳优表演的时候用鼓作为工具，还吹奏乐器伴着唱歌。

《汉书》卷五十一《子皋传》：

皋不通经术，诙笑类俳倡，为赋颂，好嫚戏，以故得媟黩贵幸，比东方朔、郭舍人等，而不得比严助等得尊官。

俳倡，李奇曰："诙，嘲也。"颜师古曰："俳，杂戏也；倡，乐人也；嫚戏，嫚，亵污也；媟，狎也；黩，垢浊也。"

此条文献说明俳优用时人认为很低俗的、"肮脏"的嫚戏表演，以博取笑声。

《汉书》卷五十三《景十三王传》：

后去数置酒，令倡俳裸戏坐中以为乐。相强劾系倡，阑入殿门，奏状。事下考案，倡辞，本为王教修靡夫人望卿弟都歌舞。

"裸戏"说明俳优为了取笑，甚至穿很少的衣服。

以上为汉代史书对于俳优的记载，从这几条文献结合后人的注释，我们可以总结出以下几条特征：

1. 俳优地位低下，主要供观众笑乐。与上文俳优俑的功能相同。

2. 俳优有时"击鼓歌吹"。对应上文总结俳优俑特征第 5 点。

3. 俳优的表演很低俗，对应上文总结俳优俑特征第 4 点。

4. 俳优也表演"裸戏"。对应上文总结俳优俑特征第 3 点，上身袒露、裤子还向下滑落。

5. 俳优很有可能都是男性，因为以上文献材料提到的俳优均是男性。常以"俳优自居"者或被认为似俳优者都是男性，如陈暄[2]，这也从侧面说明仅男性作俳优。这对应上文总结俳优俑特征第 1 点。

行文此处，已经可以将俳优俑的形象和俳优相联系了。东汉蔡邕《短人赋》更是提供了更为确实的证据，此文虽是描述当时的侏儒，但和考古出土俳优俑形象非常相似。

侏儒短人，僬侥之后。出自外域，戎狄别种。去俗归义，慕化企踵。遂在中国，形貌有部。名之侏儒，生则象父。唯有晏子，在齐辨勇。匡景拒崔，加刃不恐。其余尪公，劣厥偻窭。啧嚧怒语，与人相拒。蒙昧嗜酒，喜索罚举。醉则扬声，骂詈恣口。众人恐忌，难与并侣。是以陈赋，引譬比偶。皆得形象，诚如所语。其词曰：

---

[1] [清] 段玉裁注：《说文解字注》，上海古籍出版社，1988 年。
[2] [唐] 李延寿：《南史》卷六十一《陈庆之列传》，中华书局，1975 年。

“雄荆鸡兮鹜鹭鹈，鹘鸠鷄兮鶉鷃雌。冠戴胜兮啄木儿，观短人兮形若斯。蛰地蝗兮芦蝍蛆，茧中蛹兮蠢蠕顿，视短人兮形若斯。木门阃兮梁上柱，弊凿头兮断柯斧。鞞鞨鼓兮补履獛，脱椎枘兮擣薤杵，视短人兮形如许。”[1]

蔡邕此处所描写显然非普通的侏儒了，很可能是有表演技能的俳优了，所提到的“劣厥偻窭”“蛰地蝗兮芦蝍蛆，茧中蛹兮蠢蠕蝖”正是俳优俑的形象，俳优俑确实像大腹的蝗虫、肥胖的蚕蛹一样臃肿。这和上文提到的俳优俑特征第 2 点基本吻合。

“鞞鞨鼓兮补履獛”还指明侏儒经常踏鼓表演。鞞是一种鼓名，鞞舞一种伴随鼓声跳的舞。此处的“鞞鞨鼓”应该是指用脚去踏鼓伴奏，为了体现滑稽效果，以至于鞋子都踏破了，所以需要“补履獛”。踏鼓表演是汉代常见的表演方式。傅毅《舞赋》中的“蹑节鼓陈，舒意自广”就描写踏鼓而舞的。还有“七盘舞”就是在舞场中置七鼓，供伎人踏舞。王粲《七释》曰[2]：

七盘陈于广庭，畴人严其齐俟。揄皓袖以振策，竦并足而轩跱。邪睨鼓下，伉音赴节，安翘足以徐击，馺顿身而倾折。

画像中经常能看到踏鼓而舞的形象，如彭县出土的两件画像砖上有伎人踏鼓而舞[3]。

流行的踏鼓舞被俳优表演所吸收，而乙类 B 型俑正是这种表演的再现，所以以往所认为俳优俑脚下所踩的圆榻或者圆盘，实际上就是圆鼓。但是俳优的踏鼓姿势远没有舞者那么轻盈、优雅，多是蹲坐于鼓上，表现丑陋、粗俗，其目的还是逗笑观众。此点进一步印证了上文俳优俑特征的第 5 点。

而且通过东汉蔡邕《短人赋》分析，笔者进一步认为出土的这类俑的形象不仅是俳优，而且是俳优中有身体缺陷的侏儒。

俳优和侏儒经常相连共同出现于文献之中，所以俳优的群体中有很大一部分是侏儒。王国维先生认为：“古之优人，其始皆以侏儒为之。”[4] 汉代俳优的组成仍然会沿袭这一传统。后人甚至认为俳优即为侏儒。

《史记》卷二十四《乐书》：

今夫新乐，进俯退俯，奸声以淫，溺而不止，及优侏儒，獶杂子女，不知父子。

王肃注：“俳优，短人也。”

《乐府诗集》卷五十六《俳歌辞》：

一曰《侏儒导》，自古有之，盖倡优戏也。《说文》曰：“俳，戏也”。

其言下之意认为俳优就是侏儒，或是侏儒在俳优这个群体中很有影响，以致时人将《俳歌辞》等同于《侏儒导》。

但并不是所有俳优都是侏儒，先秦时期已经有正常人来从事俳优这个职业。如“俳优淳于髡、优孟”不再是侏儒，淳于髡长虽“不满七尺”但怎么也不能算是侏儒；而优孟“长八尺”，汉代的一尺相当于今天的 23.1 厘米，优孟一米八几的身高在汉代应该算高大了。

通过对以上考古材料和文献的比较，笔者认为这种陶俑的形象就是汉代俳优中的侏儒。

[1] [唐]徐坚等：《初学记》卷十九，中华书局，1962 年，第 463 页。
[2] 《文选》卷十七“轶态横出，瑰姿谲起。眄般鼓则腾清，眸吐哇咬则发皓齿”下注释。
[3] 刘志远：《四川汉代画像砖艺术》，中国古典艺术出版社，1958 年。
[4] 王国维撰、叶长海导读：《宋元戏曲史》，上海古籍出版社，1998 年。

三、倡优不一定是俳优

通过上文，我们知道俳优实际上是一种通过丑谑、滑稽的表演娱乐观众的一种艺人，表演时还伴以鼓乐、歌唱。汉代还有一种与俳优关系非常密切的艺人——倡优，但由于文献语焉不详，所以后人多将俳优和倡优等同视之，这给我们辨认俳优俑的形象造成了一些误会。

倡优、俳优都属于优。优在先秦时期已经出现，主要从事滑稽、歌舞、竞技、音乐等表演娱人。冯沅君先生曾利用历史文献结合西方的研究成果对古代优的起源、技艺、特征、影响等方面做过详细的研究，至今仍是研究古优的经典之作[1]，文中将俳优、倡优统归为优，并未详述二者的区别。之后有人意识到二者之间存在区别，如翟麦玲认为倡优音乐表演为主，俳优以言语滑稽逗笑见长，并进行了详细的考证[2]，孙崇涛、徐宏图也有类似的看法[3]。

实则不然，汉代倡优范畴很广，基本上等同先秦时优的概念，《说文解字》："优，饶也……一曰倡也。"此处将优等同于倡，《说文解字》是东汉的作品，可见汉代倡的含义扩大。段玉裁在注释"俳"字时也这样认为："以其戏言也，谓之俳。以其音乐言之谓之倡，亦谓之优，其实一物也。"

从倡优的表演也可以看出汉代倡优范畴很广。倡优表演的一个重要内容就是滑稽逗笑。

《战国策》卷十二：

故钟鼓竽瑟之音不绝，地可广而欲可成；和乐倡优侏儒之笑不乏，诸侯可同日而致也。

《汉书》卷八十五卷《谷永传》：

诚留意于正身，勉强于力行，损燕私之闲以劳天下，放去淫溺之乐，罢归倡优之笑……

《汉书》卷一百下：

东方赡辞，诙谐倡优，讥苑扞偃，正谏举郵，怀肉污殿，弛张沉浮。

《三国志·魏书》卷四：

甲戌，太后令曰："皇帝芳春秋已长，不亲万机，耽淫内宠，沈漫女德，日延倡优，纵其丑谑。"

以上文献所记载的倡优都和笑声相连，说明滑稽逗笑确是倡优的重要表演内容，这一点是和俳优的技能相同。类似的文献还有很多，此处不再一一列举。

除此外，汉代倡优还进行乐舞、杂技、模仿等表演。

张衡《西京赋》：

[1] 冯沅君：《古优解》《古优解补正》，《冯沅君古典文学论文集》，山东人民出版社，1980年。
[2] 翟麦玲：《倡优、俳优与侏儒——汉代艺伎考系列之一》，《湛江师范学院学报》2004年第1期。
[3] 孙崇涛、徐宏图：《中国优伶史纲》，《戏剧艺术》1989年第3期。

临迥望之广场，程角抵之妙戏，乌获扛鼎，都卢寻橦。冲狭燕濯，胸突铦锋，跳丸剑之挥霍，走索上而相逢。华岳峩峩，冈峦参差，神木灵草，朱实离离，总会仙倡，戏豹舞罴，白虎鼓瑟，苍龙吹篪。女娥坐而长歌，声清畅而蝼蛇。洪涯立而指麾，被毛羽之襳襹。度曲未终，云起雪飞，初若飘飘，后遂霏霏。

《文献通考》卷一百六引蔡质《汉仪》[1]曰：

……作九宾彻乐。舍利从西方来，戏于庭极，乃毕入殿前，激水化为比目鱼，跳跃漱水，作雾鄣日。毕，化成黄龙长八丈，出水遨戏于庭，炫耀日光。以两大丝绳系两柱中头间，相去数丈，两倡女对舞，行于绳上，对面道逢，切肩不倾，又蹋局出身，藏形于斗中。钟磬并作，倡乐毕，作鱼龙曼延。

这两段史料都描写到倡优走索、变幻、模仿等表演。《盐铁论》卷八："夫家人有，客尚有倡优奇变之乐，而况县官乎。"此处将倡优和奇变相联系，进一步说明了倡优确实从事魔术、杂耍等表演。

《西京赋》中还提到了"仙倡戏"中模仿老虎、龙的场景，其实模仿是先秦优的一项重要技能，如《史记·滑稽列传》记载楚乐人优孟模仿孙叔敖的故事，至汉魏时期，模仿仍是倡优表演的重要内容。因为许慈、胡潜不和，刘备曾用倡优模仿二人来进行劝解。

慈、潜更相克伐……先主愍其若斯，群僚大会，使倡家假为二子之容，效其讼阋之状，酒酣乐作，以为嬉戏，初以辞义相难，终以刀杖相屈，用感切之。[2]

倡优的表演还经常伴有音乐、歌唱。《史记》卷一百二十九《货殖列传》：

中山地薄人众，犹有沙丘纣淫地余民，民俗怀急，仰机利而食。丈夫相聚游戏，悲歌慷慨，起则相随椎剽，休则掘冢作巧奸冶，多美物，为倡优。女子则鼓鸣瑟，跕屣，游媚贵富，入后宫，遍诸侯。

关于倡优音乐表演，翟麦玲已有详细论述，此处不再赘述。

总之，至汉代"倡"范畴扩大，等同先秦时期的"优"的内涵，从事乐舞、杂耍、魔术、滑稽、模仿等杂戏表演，俳优、侏儒都属于倡优，但不能等同于倡优，所以在分析汉代画像、陶俑的时候要注意二者的区别，实际上考古出土有这类形象，如成都扬子山出土有这样的画像砖，砖上杂技、歌舞表演的人物都属于倡优。[3]

四、俳优俑功用

俳优至迟在战国时期已经出现，但目前发现最早的俳优俑为西汉早期，如河北省满城中山靖王刘胜墓[4]出土的两件铜人像，通高7.7—7.8厘米，坐姿、服饰、风格基本相同。颧骨高耸，面部丑陋。头戴圆帽，高髻，身披错金锦纹衣，袒胸露腹。一件右手上举，左手置于腿上。另一件，双手置于盘坐的腿上，低头嬉笑。表情都很滑稽。孙机先生辨认为俳优俑[5]。

俳优俑虽然最早出现于中原地区，但在中原地区并未流行。秦灭巴蜀之后，中原地区对四川影响增加，西汉中期，受中原汉文化影响，四川地区考古学文化发生了一次大的变化，先秦时期巴蜀土著文化已经演变成为具有区域特点的汉文化。俳优俑也应是受中原文化影响的产物，但是传至四川以后流行，且发展出许多自身特

[1]《四库全书》史部《文献通考》卷一百六。
[2][晋]陈寿：《三国志·蜀书》卷四二，中华书局，2006年，第207页。
[3] 高文、王锦生：《中国巴蜀汉代画像砖大全》，国际港澳出版社，2002年，第91页。
[4] 中国社会科学院考古研究所、河北省文物管理处：《满城汉墓发掘报告》，文物出版社，1980年。
[5] 孙机：《汉代物质文化资料图说》，文物出版社，1990年，第397页。

点，形体变大，制作更为细腻，表情更夸张、传神，所以才会被认为是具有汉代四川区域特点的艺术品。

俳优俑的流行和四川汉代社会经济的发展有密切关系。汉代四川经济富庶，《汉书·地理志》也说："巴、蜀、广汉本南夷，秦并以为郡，土地肥美，有江水沃野，山林竹木疏食果实之饶。南贾滇、僰僮，西近邛、莋马旄牛。民食稻鱼，亡凶年忧，俗不愁苦。"富庶的经济为厚葬提供了经济基础。《华阳国志·蜀志》："故工商致结驷连骑，豪族服王侯美衣，娶嫁设太牢之厨膳，归女有百两之从车，送葬必高坟瓦椁，祭奠而羊豕夕牲，赠襚兼加，赗赙过礼，此其所失。原其由来，染秦化故也。"在这和厚葬的氛围下，用俳优以及其他大量陶俑随葬成为四川东汉墓的一个重要葬俗。

目前的俳优俑全部出现于墓葬之中，那么这些陶俑墓葬中有何意义呢？

汉代人们已经创造了一个完善的地下世界。考古资料很能说明问题，仿造人间宫室建筑的各种墓室，墓葬中出土的仓、灶、井、厕、罐等各种在人间的生活用品，说明汉世以为冥界的生活情况与人间相近；墓券中描述有各种地下机构，如"黄帝告丘丞、墓伯、地下两千石、墓左墓右，主墓狱史，墓门亭长"[1]，"光和二年十月辛未朔三日，告墓上墓下中央主士，敢告墓伯、魂门亭长、墓主、墓皇、墓臽"[2]，"（汉熹平二年）天地使者，告张氏之家，三丘五墓、墓左墓右、中央墓主、塚丞塚令、主塚司令、魂门亭长、塚中游击等。敢告移丘丞墓伯。地下二千石、东塚侯，西塚伯、地下击植卿、耗里伍长等"[3]，这些地下官职名称很明显是模仿人间的官职制度，说明冥界的管理机构和方法与人间相同。如此看来冥界与人间极为相似，很多人间的生活现象，冥界一应俱全，汉世的冥界实际上是"人世生活的一种延续"[4]。东汉王充《论衡》论述的最为贴切，"是以世俗内持狐疑之议，外闻杜伯之类；又见病且终者，墓中死人，来与相见，故遂信是，谓死如生。闵死独葬，魂孤无副，丘墓闭藏，谷物乏匮，故作偶人以侍尸柩，多藏食物以歆精魂。"[5]《中庸》也说："事死如事生，事亡如事存，孝之至也。"[6]《荀子·礼论》也有论述："丧礼者，以生者饰死者也。大象其生以送其死也，故事死如生，事亡如存，终始一也。"[7]

既然汉代冥界和人间极为相似，要了解俳优俑在墓葬中的作用，首先要了解俳优在人间的作用。同时也可以通过墓葬中的俳优俑来了解当时俳优的社会活动情况。俳优经常在以下一些社会活动中出现：

1. 宴饮、聚会等娱乐活动经常有俳优出现，以供观众"娱耳目而乐心意"。这应该是俳优最主要的功能，以上所引用的俳优的文献都表明了这一点。但文献所记载的俳优活动范围多限于皇家、贵族府中。目前出土俳优俑的汉墓规模虽然都相对较大，但并不一定都是皇家贵族，有些墓主可能是中下层的官吏或者平民，这也说明了汉代俳优活动范围已经扩大到中下层社会中。

2. 丧葬活动。《盐铁论》[8]卷六：

孔子食于有丧者之侧，未尝饱也，子于是日哭，则不歌。今俗因人之丧以求酒肉，幸与小坐而责辨，歌舞

[1] 罗振玉：《贞松唐集古遗文》，北京图书馆出版社， 2003 年。
[2] 洛阳博物馆：《洛阳东汉光和二年王当墓发掘简报》，《文物》1980 年第 6 期。
[3] 郭沫若：《由王谢墓志的出土论到兰亭序的真伪》，《文物》1965 年第 6 期。
[4] 萧登福：《先秦两汉冥界及神仙思想探源》，（台湾）文津出版社，1990 年，第 1 页。
[5] [东汉] 王充：《论衡》，上海人民出版社，1974 年，第 352 页。
[6] [宋] 朱熹：《四书集注》，岳麓书社，1985 年，第 45 页。
[7] [清] 王先谦：《荀子集解》，中华书局，1988 年，第 366 页。
[8] 王利器：《盐铁论校注》，中华书局，1992 年。

俳优，连笑伎戏。

说明至汉代丧葬风俗变化，俳优在本应庄重、悲伤的丧葬活动中出现。

3. 应用于墓葬之中进行娱神、升仙。俳优俑均出土于墓葬之中，一般是根据“事死如事生”的观念来推断墓葬中俳优俑在主要供墓主在阴间娱乐，当然这种作用不能排除，但李家梁子 M23 出土的钱树座上有一件俳优俑为我们探讨其作用提供了线索[1]。俳优俑编号为 06CJLM23:30-3，捏制，残，从钱树上散落，形体较小，位置不详，但与大的俳优俑形制基本一样。腹部以上模糊不清，腹部圆鼓裸露。下着裤滑至小腹以下，裤腿上有褶皱，坐于圆鼓上。现在一般认为钱树主要起到升仙的作用。而这件钱树座重峦叠嶂，山间洞峰相连，亭台相望，多条道路穿梭于山中，通往峰顶，山间有仙人、鸟兽、车马相戏其中，表现的是一幅逐渐升入仙境的情况。而俳优俑出现在这个境界中表明俳优俑也可以让仙人娱乐，进而帮助墓主升仙。

4. 可能参与祭祀活动。《盐铁论·散不足》篇云：“富者祈名岳，望山川，椎牛击鼓，戏倡舞像。”明确提到倡优作戏祭祀名山，二文已经提到俳优属于倡优的一种，俳优也有可能在祭祀活动中出现。《全蜀艺文志》[2]卷四十九载宋代何耕《录二叟语》提供了证据：

立春日，通天下郡邑，设土牛而磔之，谓之班春，所从来旧矣。其说盖微见于《吕令》而详于《续汉·礼仪志》，大抵先王谨农事之遗意也。成都大都会，自尹而下，茗漕二使者之治所在焉。将春前一日，有司具旗旄金鼓、俳优侏儒、百伎之戏，迎所谓芒儿土牛，以献于二使者；最后诣尹府，遂安于班春之所。

此处记述了成都地区立春祭祀的情况，其中有俳优参与。而且认为这种活动很早就已经出现，但是《全蜀艺文志》时代较晚，尚不能完全确认其真实性。而目前出土的汉代俳优俑确实以成都地区最多，二者之间是否存在着某种联系？如果上文所录情况属实，那说明蜀地自汉以来就有俳优参与祭祀的习俗。

5. 俳优的形象还被制作成陶俑作为小孩子玩具。《潜夫论》卷三：

今民奢衣服，侈饮食，事口舌，而习调欺，以相诈绐……或作泥车、瓦狗、马骑、倡排（俳）、诸戏弄小儿之具以巧诈。

俳优的滑稽性最讨孩子喜欢，所以其形象还被制成陶俑作为商品，这和墓葬中出土的俳优俑可以相互印证。

俳优的第 1、2、3 条功能都与丧葬有关。人死之后，俳优俑进行表演，给忧伤的气氛增加了一丝欢乐，然后将俳优俑葬入墓中，使墓主死后仍然能够在阴间继续得到俳优所带来的快乐。或许还有娱神的功能，助墓主升仙。

五、结语

本文对四川出土的俳优俑进行了梳理，在考古学观察的基础上，结合历史文献资料，认为所流行的“说唱俑”形象就是汉代所说的俳优，再具体一点就是从事丑陋滑稽表演的侏儒。汉代的俳优和倡优是不同的，倡优范畴较大，接近先秦“优”的概念，从事滑稽、魔幻、杂技、模仿等方面的表演，所以目前一些认定的俳优形象需重新推敲。在 “事死如事生”的观念下，俳优俑被随葬进入墓中，供墓主在阴间享用或助墓主娱神升仙。

[1] 成都文物考古研究所：《李家梁子墓地》，文物出版社，待刊。
[2] 刘琳、王晓波点校本：《全蜀艺文志》，线装书局，2003 年。

从新都杨升庵博物馆藏碑刻看升庵及其家族社会网络

李晓宇

新都杨升庵博物馆长期致力于杨升庵及其家族碑刻材料的收集与保存，迄今已有数量可观的收藏。这些碑刻材料一部分出自杨慎家族墓园（旧称“状元坟”，位于今新都区体育中心足球场内），还有一部分为不同时期从全国各地（主要是云南）征集到的碑刻拓片。对这些珍贵史料的系统整理和分析，将有助于推动杨升庵研究继续向深度和广度发展。本文即拟以杨升庵家族社会网络为中心，探讨这些碑刻材料所呈现出的明代世家大族社会关系网络的复杂面相，以期更加丰富我们对明代中后期社会政治图景的认知。

一、新都杨升庵博物馆藏升庵家族碑刻的史料价值

杨慎家族墓园既是新都地区明代墓葬群的代表，又是现存升庵家族碑刻最集中的历史遗存。正德十年（1515），升庵祖父杨春病逝于新都家中，尽管杨春“遗命附葬先茔，勿远择地，封土勿太高，勿乞葬祭恩泽”[1]，但是，由于升庵之父杨廷和时任内阁首辅，地位显赫，明武宗为表示对杨廷和的格外倚重，特敕礼部按高规格为杨春营建墓地，“神道翁仲长列，丰冢松柏环护，蔚为壮观也”[2]。此后，杨氏家道中落，杨廷和、杨慎、杨恒、杨怀等家族成员皆夫妇合葬于杨春墓周围，形成杨氏家族墓地，俗称“状元坟”。墓地在 20 世纪 70 年代遭到破坏。1988 年，升庵诞辰五百周年之际，新都县文物管理所集资重建，但资金有限，未能恢复原有规模。1997 年，有台湾杨氏宗亲捐款二十万元培修一新。2012 年 7 月，始列为四川省文物保护单位。

从杨慎家族墓园出土了《杨母熊氏墓志铭》《杨母叶氏墓志铭》《杨用贞墓志铭》《杨母王氏墓志铭》等珍贵墓志，现由新都杨升庵博物馆收藏。其中，熊氏为升庵曾祖母，叶氏为升庵祖母，杨用贞（即杨恒）为升庵三弟，王氏为杨恒妻。他们都与杨升庵有直接的亲属关系。今天杨氏家族墓园左侧，还竖有升庵同辈杨怀及夫人方氏的两通巨型墓碑，分别立于嘉靖二十四年（1545）、嘉靖三十一年（1552）。此外，家族墓园原有的一些重要碑刻虽已被毁，所幸拓片一直由新都杨升庵博物馆妥善保存，其中李东阳撰《杨公神道碑铭》、刘春撰《杨留耕行状》（残碑）是研究升庵祖父杨春及杨氏家族社会关系的第一手材料。

墓志铭以记载墓主生平、世系、婚姻等内容为主，是一种格式性较强的文体。传统金石学利用墓志铭补充

[1] [明] 刘春撰：《杨留耕行状》，《（道光）新都县志》卷十一，清道光二十四年（1844）木刻本。
[2] 冯修齐：《培修状元坟功德碑记》，新都县文物管理所，1997 年 9 月立于新都杨慎家族墓区。

和纠正史实，取得了考据方面的巨大成就。新史学兴起以后，采用计量史学的方法研究墓志铭，对大批量的墓志进行样本采集和数据统计，分析和研究其中的血缘、婚姻、家庭、寿命、疾病等带有普遍社会性的问题。相对于金石学和计量史学的方法，研究新都杨升庵博物馆藏升庵家族墓志的特殊性在于，它在内容上不涉及明代重大历史事件的考订和补充，在数量上也未达到样本采集和数据统计所理想的规模。尽管如此，这些墓志中的姓氏、宗族、世系、科第、仕宦、婚姻等有效信息仍然十分丰富，可以作为家族史、社会史研究的重要参考资料。例如，现存的几种新都杨氏家谱均为晚清民国时期修撰，相距升庵生活的时代已很遥远，关于明代杨氏家族的原始材料保存较少，尤其是家族中的女性成员的资料更是鲜见。但是，杨慎家族墓园出土的《杨母熊氏墓志铭》《杨母叶氏墓志铭》《杨母王氏墓志铭》却详尽记录了升庵家族三位主要女性成员（分属三代人）的生平事迹。这些墓志不仅可以补充现存《新都杨氏族谱》失载或语焉不详的内容，还能帮助我们重新认识杨氏家族兴起过程中，女性成员在其中扮演的重要角色。

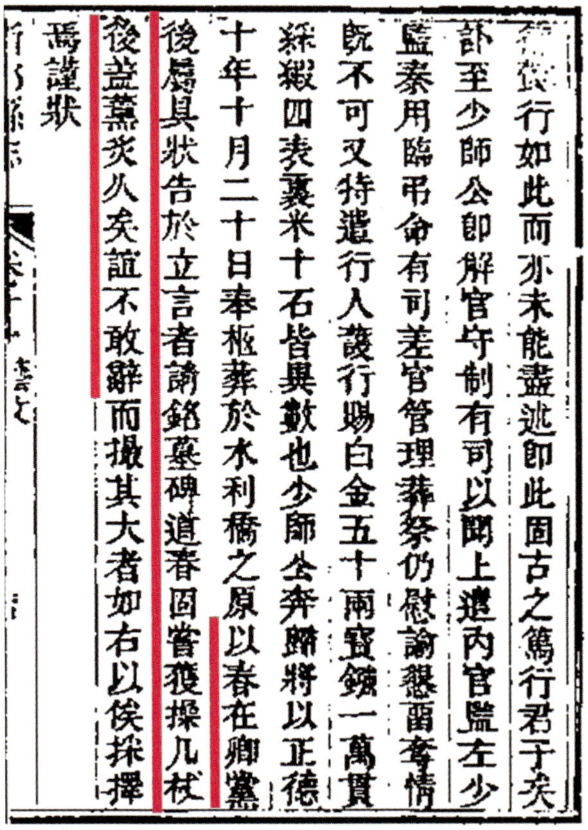
行如此而亦未能盡述卽此固古之篤行君子矣
訃至少師公卽解官守制有司以聞上遣內官監左少
監秦用臨弔命有司差官管理葬祭仍慰諭懇留奪情
旣不可又特遣行人護行賜白金五十兩寶鈔一萬貫
綵緞四表裏米十石皆異數也少師公奔歸將以正德
十年十月二十日奉柩葬於木利橋之原以春在鄉黨
後屬具狀告於立言者請銘墓碑道春固嘗獲操几杖
後盖薰炙久矣誼不敢辭而撮其大者如右以俟採擇
焉謹狀

图一　《（道光）新都县志》收录《杨留耕行状》

此外，这批升庵家族墓志虽然不涉及明代重大历史人物和事件的考证，但在史料校勘、辑佚上仍有一定的价值。例如，余承勋撰《杨用贞墓志铭》《杨母王氏墓志铭》，记录升庵三弟杨恒及夫人王氏的生平事迹，为传世文献所不载，是两篇明代佚文。又如，刘春撰《杨留耕行状》，虽然全文收入《（道光）新都县志》[1]，但将县志所载文字与原碑拓片比较，碑拓仍有较高的校勘价值。例如，县志本文末曰：“以春在乡党，后属具状告于立言者，请铭墓碑道。春固尝获操几杖后，盖熏炙久矣，谊不敢辞。”（图一）“请铭墓碑道”和“（刘）春固尝获操几杖后”两处语句明显不通顺，旨意不明。核对拓片，原碑作“请铭于墓碑于道”和“（刘）春固尝获操几杖从公（杨春）”（图二），文从字顺，意思明白晓畅。尤其是后一句典出《礼记·曲礼上》：“谋于长者，必操几杖以从之。”“从”字必不可少，否则表意不完整。

还有一些墓志，虽然在传世文献中不难找到，但将原碑与传世文献两相比较，二者在文字上仍有不少出入，原碑的内容无论在完整性，还是准确性上，都超过了传世文献。例如，《杨母熊氏墓志铭》收于李东阳《怀麓堂集》卷五十，标题为《封太孺人杨母熊氏墓志铭》。集中这篇墓志对熊氏的生卒年、子女等情况的介绍十分简略，仅曰：“某月日卒，寿八十有三，某月日葬于某山之原，在公墓右数武许。子五。孙十，廷和，某某。曾孙五。”[2]

[1]［清］张奉书修、张怀洵纂：《（道光）新都县志》卷十一，清道光二十四年（1844）木刻本。
[2]［明］李东阳撰、周寅宾校点：《李东阳集》第二册，长沙：岳麓书社，2008 年，第 786 页。

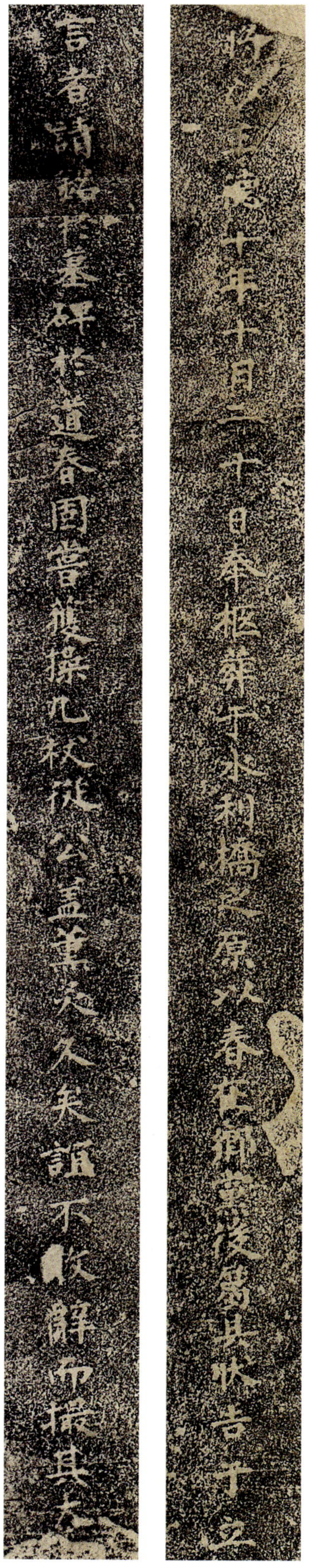

图二　《杨留耕行状》拓片局部

而碑文的介绍则完整详备，曰："壬子二月二十一日卒，寿八十有三。十二月八日，葬于祖茔之原，在公墓右数武许。凡为子者五：远、政、春、惠、哲。为女子者二：长适翟瓒，次适贡士单麟。春以下及次女皆太孺人出。孙九：廷和、廷谦、廷玉、廷平、廷萃、廷仪、廷宣、廷宾、廷实。女孙十三。曾孙五：慎、惇、恺、忱、悦。曾孙女五。"又如《杨母叶氏墓志铭》，收入李东阳《怀麓堂集》卷八十三，标题作《封孺人杨母[叶氏]墓志铭》。集中这篇墓志对于叶氏的生卒年、子女等的介绍也十分简略，曰："孺人生某卒某，得年六十三，葬某乡之某原。孙七人，皆幼。"[1]而碑文的介绍则详细、精确，曰："孺人生正统丁巳九月六日，卒弘治己未二月一日，得年六十三。卜用□月□日，葬□乡之原。女三人：长适张一夔，先卒；次适王恩。孙七人：慎、惇、恺、恒、性、忱、悌。女孙八人，皆幼。"毫无疑问，碑文所含的信息量远远超过后来编纂的文集。

下面再谈一谈新都杨升庵博物馆藏升庵碑刻的史料价值。馆藏升庵碑刻分为两大部分：第一部分为新都升庵桂湖碑林所藏《新都县八阵图记》《杨升庵先生墨迹》等碑刻。第二部分为新都杨升庵博物馆从各地征集来的升庵碑刻拓片，其中绝大部分是分散在西南各地的碑刻。例如，四川成都出土的《忠勤两辅记》《周琦墓祭文》，重庆铜梁出土的《明孺人李母丁氏墓志铭》《明故待封君南滦张公墓志铭》，云南昆明出土的《明故明威将军九华沐公墓志铭》，云南楚雄牟定县出土的《楚雄府定远县新建儒学记》，云南腾冲出土的《方田子郑国秀墓志铭》等，大部分是传世文献中没有收录的佚文，具有极高的研究价值。

桂湖碑林是现存升庵石刻墨迹中收藏数量最多、保存最完整的。从书法史的角度来看，这些墨迹碑刻无疑展现了升庵书法技艺的精妙，同时也反映出明清时期的士大夫对升庵书法的酷爱。但是，从社会政治史的角度来看，升庵墨迹在一定程度上还为我们揭示出升庵生前广泛而复杂的社会交际情况。众所周知，"大礼议"之后，杨家的权势一落千丈。杨廷和被迫告老还乡，郁郁而终。升庵被罚到云南永昌卫（今云南省保山市）戍边，至死未得到嘉靖皇帝赦免。杨家虽然失势，但未进一步受到朝廷的迫害和奸人的陷害。升庵虽身犯重罪，仍能优游山水，诗书自娱。这些都得力于西南官场人士的庇护和保全。现存的这些碑刻材料，一定

[1] [明]李东阳撰、周寅宾校点：《李东阳集》第三册，长沙：岳麓书社，2008年，第1237页。

程度上反映出升庵与西南地方权贵的交谊，有利于我们了解升庵戍边生活的真实情况，以及明代中期西南官场的复杂生态。

总之，这些馆藏碑刻不仅为我们呈现出升庵生平的吉光片羽，而且反映出升庵家族的谱系脉络，乃至明代中期广阔的社会生活图景 可以增进我们对明代家族发展史的丰富性、复杂性和曲折性的认识和了解，具有极高的史料价值。

二、墓志铭中的联姻、联谊与杨氏家族的兴起

元末明初，杨氏家族从江西庐陵出发，经湖北，一路向西躲避战乱，最后落籍四川新都。蜀地沃野千里，不知饥馑，优裕的生活条件，不仅让杨氏家族在此迅速繁衍生息，而且飞黄腾达，跻身精英家族的行列，缔造了“一门七进士，宰相状元家”的百年传奇。那么，杨氏家族如何白手起家，从社会边缘走向帝国权力的核心？新都杨升庵博物馆藏升庵碑刻为我们解开这一秘密提供了宝贵的线索。

一般认为，新都杨氏“一门七进士”，是明代四川科甲功名最盛的一族。杨氏由科第而登仕宦，杨升庵的父亲杨廷和是相当于宰相的首辅，他的祖父杨春是提学佥事，他的叔父杨廷仪是兵部侍郎，他的二弟杨惇是兵部主事，堂弟杨恂是云南佥事，而升庵本人则是状元出身，任翰林院修撰、经筵讲官。但是，新都杨氏第一代杨世贤、第二代杨寿山，终其一生都是游荡于社会底层的平民。流民的后代如何变成了明帝国的精英家族？新都杨升庵博物馆保存的碑刻材料记录了杨氏早期兴起的秘密：

杨氏之先本楚人，元末徙新都。春之曾祖讳贤，赘于李。祖讳寿山，考赠行人司正。公讳玫，皆冒李姓。[1]

公本黄姓，黄州府之麻城人，始祖兴礼，国初避乱入蜀，卜定厥居，赘于梁，因冒梁姓。[2]

铜梁之张，自楚孝感而徙。……避乱入蜀，乐铜梁之僻沃。[3]

以上三段碑刻记录了新都杨氏及与其有姻亲或交游关系的另外两个蜀地家族的来源问题。这三个家族入蜀的经历高度相似，都是从湖北迁徙而来的，祖上都曾经是楚人，迁徙的原因都是为了躲避战乱，杨家和梁家的祖上入蜀后都曾入赘改姓，最关键的是他们的后代都以科举入仕，成为了朝廷的显贵。墓主张文锦（号南濴）虽不是进士出身，但其子张佳胤却是嘉靖二十九年（1550）进士，官至兵部尚书、蓟辽总督。那么，移民的迁徙和世家大族的兴起究竟有何关系？潘光旦对明清两代嘉兴望族的研究，为我们提供了参考借鉴：“流浪性太大的固然不能成就什么事业，而安土重迁的又大多固步自封，惟有在相当的戟刺之下能自动的选择新环境的人，才真正能有为有守，一样成家立业，也唯有这种人才最能维持久远；时和景泰，他可以进而博取功名利禄；时难年荒，他可以退而株守田园，韬光养晦。在以家族制度为重心的中国社会里，这种人似乎特别占便宜。”[4]

从中可以看出，迁徙是杨氏早期兴起的一个关键因素，但是，归根结底，杨氏家族兴起的真正原因并不在此，而是通过社会网络的辐射实现的。社会网络是人际关系的集合，成功而有效的社会网络就像一张笼络各种资源的大网。新都杨氏家族的兴起，就是通过联姻和联谊两种方式将各种必要的社会关系组织起来的。古人云：

[1]［明］李东阳：《杨母熊氏墓志铭》，新都杨升庵博物馆藏拓片。

[2]［明］杨廷仪：《明故进阶嘉议大夫两浙都转运使清泉梁公墓志铭》，新都杨升庵博物馆藏拓片。

[3]［明］杨慎：《明故待封君南濴张公墓志铭》，新都杨升庵博物馆藏拓片。

[4] 潘光旦：《明清两代嘉兴的望族》，《潘光旦文集》第三卷，潘乃穆、潘乃和编，北京：北京大学出版社，1995 年，第 391 页。

“物以类聚，人以群分。”一般来说，明代社会精英阶层之间的联姻，讲究门当户对，这大致符合现代优生学的婚姻匹配原则。可以说，家族制度越发达，门第观念就越牢不可破。在科举时代，科举家族之间通婚是最常见的事情，科甲望族之间更容易缔结婚姻关系，在对等的科举家族当中寻找配偶，可以说是最不费力的事情。但是，新都杨氏来自社会底层，本非科甲望族，没有与精英阶层联姻、联谊的资格。那么，如何获得科名这张“入场券”，就成为杨氏社会关系网络构建的一个基本前提。为了实现这一前提条件，新都杨氏经历了当时科甲望族普遍经历的发展道路。

《杨母熊氏墓志铭》《杨母叶氏墓志铭》对杨氏在蜀地早期的平民生活很少提及，一般是从第三代杨玫开始叙述。杨玫，字美玉，生于洪武二十年（1387）。明英宗宣德年间，“膺贡入国学”[1]，即从新都县学推荐到京师国子监当贡生。后因考试不合格，被罚到贵州永宁州（今贵州省关岭布依族苗族自治县）充当基层的吏目。父辈这样尴尬的科举和仕途经历，当然无所夸耀，因此，在墓志中，对杨家成为科第世家以前的叙述，重点不在父系的杨玫，而在母系的熊氏。熊氏是杨玫的第三房夫人，比丈夫杨玫小二十三岁，她是杨氏家道兴隆的关键人物。

在各种记载中，熊氏都是一位具有普遍意义的贤母形象，可以用“勤俭持家，教子有方”这八个字加以概括。再加上杨玫“卒于贵州官邸，伯仲子继没”，“熊氏以三丧归”[2]，丈夫早死，守寡多年，独立支撑起一个家庭，则更显得难能可贵。潘光旦指出：“上代有贤祖母，或孝义的老祖宗，下代有好子孙。说子孙的好，即所以‘报’祖宗的贤孝，就玄虚了。……但好祖宗的存在，也很可以引来做一个很实在的解释。祖宗，尤其是中国的祖宗，代表两种力量：一是遗传，二是教育。祖宗贤明端正，能行善事，表示他自己就有一个比较健全的生理与心理组织，这种组织是他的遗传的一部分，很可以往下代传递的。……这样说来，好祖宗是直接成为好子孙所由产生的一个理由，直接成为世家大族所由兴起与所以维持的一种动力，不必假手于第三者的因缘果报之说了。”[3]

潘光旦的观点在杨氏家族的历史叙述中可以得到很好的印证。杨氏早期的历史建构强调祖宗的风水和阴骘，重点在福报。例如，《新都杨氏家谱》称杨氏第二代祖杨寿山平生不求仕进，乐善好施，“时人或称为‘李佛子’”。永乐八年（1410），杨寿山卒。其子杨玫“以阴骘普渡僧几千人，旋有高僧指示葬地”[4]。葬地在新都城西一里，“此地旧有直渠、宝光寺塔影，掩映其中，名曰‘玉笔点银河’”。意思是直渠犹如银河，宝光寺的塔影倒映其中如玉笔，构成“玉笔点银河”的风水局，可保佑杨家文运昌盛、仕途通达。杨玫遂将其父杨寿山埋葬于此地。杨氏后人以此作为家族兴起的理由。但这种理由显得过于玄虚，不如塑造一位贤祖母更实在、更有说服力。

如果说《杨母熊氏墓志铭》借大学士李东阳之手，从相夫、教子、守寡、持家等多个角度塑造了熊氏的贤母形象，建构起杨氏家风家教的传统。那么，《杨母叶氏墓志铭》[5]则反映出在杨氏取得科甲之前，无门第可攀的劣势情况下，采取家长慎重挑选的婚配策略：

（熊氏）慎为少子（杨春）择妇，曰：“所以承杨氏祀者，在此！”故孺人（叶氏）归于公。家始贫，孺

[1]［明］李东阳：《杨母熊氏墓志铭》，新都杨升庵博物馆藏拓片。
[2]［明］李东阳：《杨母叶氏墓志铭》，新都杨升庵博物馆藏拓片。
[3] 潘光旦：《明清两代嘉兴的望族》，《潘光旦文集》第三卷，潘乃穆、潘乃和编，北京：北京大学出版社，1995年，第388页。
[4] 杨崇焕纂：《新都杨氏家谱》，民国二十年（1931）刊印，第24页。
[5]［明］李东阳：《杨母叶氏墓志铭》，新都杨升庵博物馆藏拓片。

人力奉姑养，闭户织，辟笑言，不闻于邻。

叶氏是杨升庵的祖母，杨廷和的生母，杨春的原配夫人。尚处于平民阶层的杨氏家族，通过“慎为少子择妇”的方式维持发展。取得科甲后，杨氏的婚配策略发生了很大的变化。首先，是体现科第和门第对等的原则。例如，杨、梁两家缔结姻亲关系：

先君少师留耕公（杨春）既葬之十有一年，有弱女许聘于温江清泉梁公（梁万钟）季子绶。[1]

杨春是成化十七年（1481）进士，官至湖广按察司佥事（正五品），后以子杨廷和贵，加封光禄大夫（从一品）。梁万钟是成化五年（1469）进士，官至两浙都转运使（从三品）。许聘于梁氏第三子梁绶的是杨春的第四女。《杨留耕行状》提到杨春去世时，有三女已嫁人，仅剩一女“尚幼”，即是此女[2]。梁氏居清泉（今属四川省成都市温江区），杨氏居新都，现籍均属成都府，而且两家人都是明初从湖北麻城避乱入蜀的，祖籍也是相同的。

其次，拥有科甲和门第的杨氏，不仅可以轻松地在蜀地同阶层的门第中缔结优质的姻缘，甚至可以突破地域的限制，在蜀地以外找到婚配的对象。例如：

孺人王氏，新都中翰君讳恒号贞庵配也。为少师杨石斋翁第三子，以恩荫授是官，时尚未聘。翁为谋之楚西陵给谏王君良佐，翁所举士也。其父栗斋翁任山东德府长史，孺人适在任，乃通其婚议，许聘焉。正德丙子，中书君逆其子于京师。[3]

杨恒，字用贞，杨廷和的第三子。杨廷和有四个儿子，除杨恒之外，其他三子都是科举出身，而且长子杨慎正德六年（1511）状元及第。正德五年（1510），杨廷和参与平定安化王朱寘鐇叛乱有功，杨恒以恩荫得官。明清科举时代，以恩荫得官，而非科举正途出身，往往受到社会歧视。所以，杨廷和原准备降低门户，为杨恒谋娶楚西陵（今湖北省宜昌市西陵区）王良佐的女儿。王良佐是杨廷和的门生，官阶也不高，“给谏”即六科给事中（正七品）。但在此时，刚刚被任命为山东德府长史的王璲却愿意将女儿嫁给杨恒。王璲，字重德，号栗斋，湖北夷陵（今湖北省宜昌市夷陵区）人，成化十三年（1477）举人。王璲出任的山东德王府左长史是正五品，在门第上显然高于西陵的王良佐。正德十一年（1516），杨恒在京师迎娶王璲之女。从杨恒与王氏的婚姻中，我们可以看出没有科第的杨氏家族成员，也能从杨氏的科甲门第中受益，获得优质的婚配对象。科甲望族一旦形成，其婚配选择往往不受阶层和地域的限制，可以在同阶层和同地域以外的门户中去寻找联姻的对象。这样，新都杨氏家族的社会网络就从四川本地扩散到全国其他地域。

所以，潘光旦指出：“婚姻能讲类聚之理，能严选择之法，望族的形成，以至于望族的血缘网的形成，便是极自然的结果。因为所聚与所选的，大处看去是人，小处看去，还不是许许多多遗传和环境所造成的优良品性么？这种类聚与选择的手续越持久，即所历的世代越多，则优良品性的增加、集中、积累，从淡薄变做醇厚，从驳杂变成纯一，从参差不齐的状态进到比较标准化的状态，从纷乱、冲突、矛盾的局面进入到调整、和谐的局面——也就越进一步，而一个氏族出生人才的能力与夫成为一乡一国之望的机会也就越不可限量。”[4]

[1]［明］杨廷仪：《明故进阶嘉议大夫两浙都转运使清泉梁公墓志铭》，新都杨升庵博物馆藏拓片。
[2]［清］张奉书修、张怀洵纂：《（道光）新都县志》卷十一，清道光二十四年（1844）木刻本。
[3]［明］余承勋：《杨母王氏墓志铭》，新都杨升庵博物馆藏拓片。
[4] 潘光旦：《明清两代嘉兴的望族》，《潘光旦文集》第三卷，潘乃穆、潘乃和编，北京：北京大学出版社，1995 年，第 397—398 页。

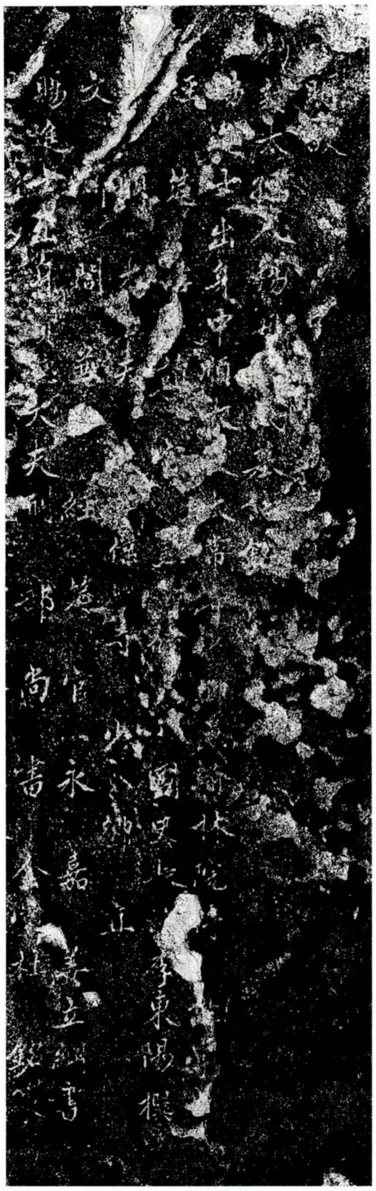
图三

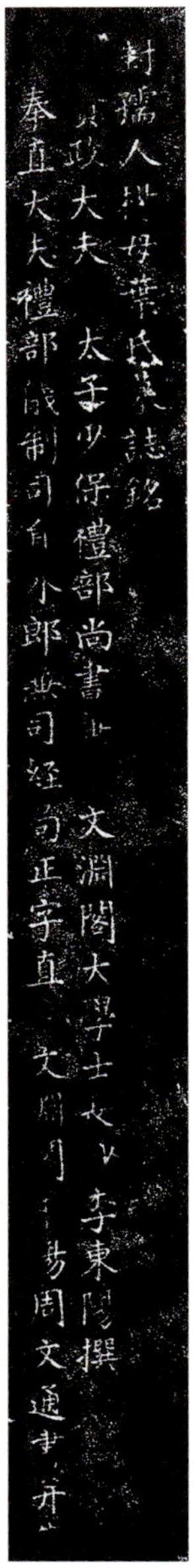
图四

当然，名门望族的兴起，既要有内助，也要有外援。因为家族成员的数量有限，以联姻的方式拓展社会网络不免捉襟见肘，联谊是世家大族拓展社会网络的另一重要渠道。

联谊的基本原则是科第或门第对等，这种对等原则以同年、同僚、同乡等形式表现出来，而丧葬礼仪是这种对等原则的集中体现之一。由于逝者的葬礼往往是生者社会权力的展现，而作为葬礼中最重要的一项内容——请人为逝去的亲人撰写墓志铭，不啻于对生者社会关系的一次检阅。按照墓志铭的固定格式，铭前要署上撰写者、书丹者、篆盖者的官职、籍贯、姓名，有的还会附上刻工的姓名[1]。这些身份信息提供了杨氏联谊的重要线索。尽管新都杨升庵博物馆藏杨氏家族墓志铭有不少已收入到明人文集和地方志，但是收入文集和地方志时往往进行重新编排，一些反映杨氏家族联谊关系的重要信息被隐去，而碑拓的价值就体现在这些被重新编排后隐去了的信息中。现择要列举于侧。（见图三、图四、图五、图六）

图三释文：

明故敕封太孺人杨母熊氏墓志铭

赐进士出身、中顺大夫、太常寺少卿兼翰林院侍讲学士、经筵讲读官、同修国史、长沙李东阳撰

中顺大夫、太仆寺少卿、直文渊阁兼经筵官、永嘉姜立纲书

赐进士出身、资政大夫、刑部尚书、金堂杜铭篆

图四释文：

封孺人杨母叶氏墓志铭

资政大夫、太子少保、礼部尚书兼文渊阁大学士、长沙李东阳撰

奉直大夫、礼部仪制司员外郎兼司经局正字、直文渊阁、莱阳周文通书并篆

[1] 新都杨升庵博物馆藏碑刻仅发现一处刻工的姓名，在杨廷仪撰《明故进阶嘉议大夫两浙都转运使清泉梁公墓志铭》的墓盖左下方刻有“侔侔 石匠余廷厚镌”字样。

图五释文：

明故大理寺右寺副杨君用贞墓志铭

赐进士出身、翰林院国史修撰、承德郎、青神余承勋撰

赐进士出身、征仕郎、兵科都给事中、前翰林院庶吉士、嘉定安磐篆盖

明威将军、四川都司署都指挥佥事、前锦衣卫指挥佥事、青神余承恩书丹

图六释文：

明故敕封孺人杨母王氏墓志铭

赐进士出身、翰林院国史修撰、承德郎、青神余承勋撰

赐进士出身、承直郎、户部广西清吏司主事、邑人汤仰篆盖

赐进士出身、文林郎、大理寺左评事、成都高文荐书丹

图五

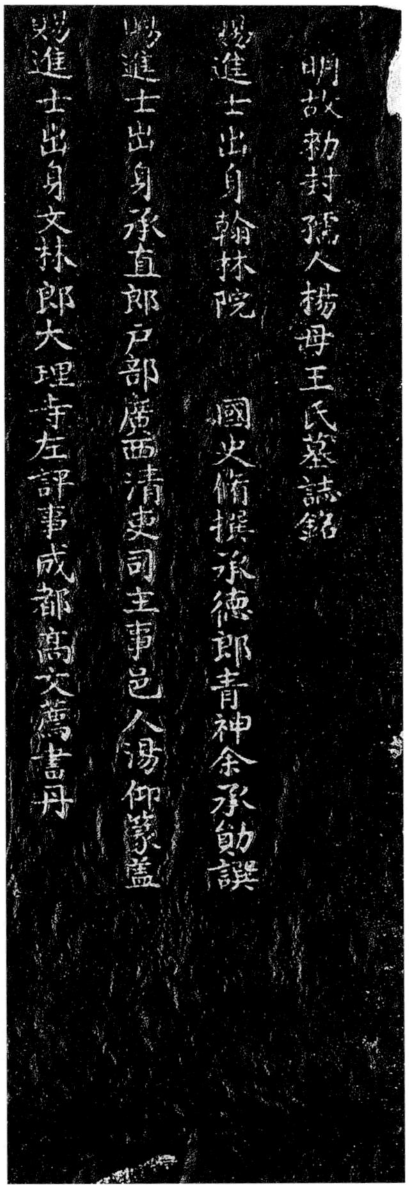

图六

以上四篇墓志的署名反映出不同时期杨氏家族复杂的社会关系网络。《杨母熊氏墓志铭》作于明孝宗弘治五年（1492），当时正是杨氏家族的上升时期。杨春、杨廷和父子皆为进士，杨春任湖广按察司佥事。杨廷和因参与修纂《宪宗实录》有功，充经筵讲官，官居清要，前程不可限量。为熊氏撰墓志铭的李东阳和誊写者姜立纲，与杨廷和关系密切。他们都参与过《宪宗实录》的修纂，李东阳与杨廷和长期共事，引为知交。姜立纲虽然不是科举正途出身，却是宫廷御用的大书法家，擅长楷书，声名远播日本。弘治四年（1491），姜“以誊写《宪宗实录》，升正四品太仆寺少卿”[1]。杨、姜的交谊还不止于修《宪宗实录》，据《姜立纲年谱》：弘治十年（1497）二月，“杨廷和函致姜立纲，谢其对子慎的关照”[2]。为墓志铭书篆盖的杜铭，字敬修，金堂（今四川省成都市金堂县）人。杜铭是正二品的川籍京官，与杨春、杨廷和父子既是同僚，又是同乡。据《杨文忠公年谱》：弘治九年（1496），杨廷和“撰资政大夫刑部尚书杜铭行状”[3]。杜铭为杨廷和祖母熊氏书篆盖，四年后，杨廷和为杜铭撰写“行状”，从中可以看出两家的来往和交情。

[1] 陈佐、姜洪：《姜立纲书法文献研究》，杭州：浙江文艺出版社，2016年，第63页。
[2] 陈佐、姜洪：《姜立纲书法文献研究》，杭州：浙江文艺出版社，2016年，第65页。
[3] 杨崇焕：《杨文忠公年谱》，民国八年（1919）四川官印刷局代印，第5页。

《杨母叶氏墓志铭》作于弘治十二年（1499），与《杨母熊氏墓志铭》事隔七年，撰者仍然是李东阳，此时李已经入阁，为文渊阁大学士，地位比七年前更加显赫。由于姜立纲卒于前一年，叶氏墓志改由周文通誊写并篆盖。周文通是继姜立纲之后，又一位供职宫廷的大书法家。姜、周二人的履历、职位也很相近，都是以善书选拔为翰林院秀才，授中书舍人。焦竑《国朝献征录》中，姜立纲与周文通的传前后相连，表明了二人的承接关系[1]。周文通还长期担任司经局正字。弘治八年（1495），杨廷和“迁左春坊左中允，以侍皇太子讲读”[2]。司经局正字与左春坊左中允同属詹事府，杨、周二人在这一时间应该共事过。

正德十年（1515），杨春卒于新都家中。此时，杨慎已中状元，杨廷和接替李东阳出任内阁首辅，杨廷仪任太常寺卿，杨氏的权势达到鼎盛。杨春的葬礼成为杨氏家族成员中规格最高的。应杨廷和之请，李东阳为杨春撰神道碑铭，全称《明故封光禄大夫柱国少保兼太子太保户部尚书文渊阁大学士杨公神道碑铭》，署名“特进光禄大夫、左柱国少师兼太子太师、吏部尚书、华盖殿大学士致仕长沙李东阳撰”[3]。此铭未署书丹者姓名，从笔迹推测，应该出自时年二十八岁的状元杨慎之手。同时，礼部尚书刘春为杨春撰写了《杨留耕行状》。此碑已毁，新都杨升庵博物馆保存有残碑拓片，《（道光）新都县志》收录全文。刘春，字仁仲，巴县（今重庆市巴南区）人。刘春此时以礼部尚书掌詹事府事，与杨廷和属于同僚兼同乡的双重交谊。正德十三年（1518），杨廷和二弟杨廷平卒，也是请刘春撰的墓志铭。此外，靳贵为杨春撰写了墓志铭。靳贵，字先遂，直隶丹徒（今江苏省镇江市丹徒镇）人。弘治三年（1490）探花，曾任礼部右侍郎，掌詹事府事。正德九年（1514）入阁，为文渊阁大学士。与杨廷和为内阁同僚。靳贵所撰《杨春墓志铭》已碑、拓无存，仅《戒庵文集》卷十六收录有全文。

嘉靖三年（1524）是杨氏家族命运的拐点。因“大礼议”事件冒犯嘉靖皇帝，杨廷和致仕回乡，杨慎充军云南永昌卫，杨氏在朝中的地位一落千丈。《杨用贞墓志铭》和《杨母王氏墓志铭》反映出这一时期杨氏家族社会关系的显著变化。杨用贞，即杨恒，是杨廷和第三子，以恩荫授大理寺右寺副。杨恒卒于嘉靖八年（1529）八月，一个月后杨廷和即病故。由于杨廷和被钦定为议礼诸臣之罪魁，当时政治环境异常险恶，杨家人不敢声张，仅以庶民之礼将其葬于杨春墓左侧，行状、墓志铭、神道碑铭等一概付之阙如，直到隆庆元年（1567）平反后才补撰。受这些变故的影响，嘉靖十年（1531）正月杨恒下葬时，墓志铭中已看不到过去杨氏家族成员葬礼的风光。举人刘善充为其作行状。刘善充事迹不详，杨慎诗词中屡次提到与他的交往，王文才先生怀疑“是慎妹丈刘大昌泰之的族人”[4]。但是，余承勋《杨用贞墓志铭》曰：“予与善充视用贞皆内兄也。”[5]说明余、刘二人都是杨恒的妹夫，即杨廷和的女婿。按赵贞吉《杨文忠公墓祠碑》，杨廷和有“女二，长嫁修撰余承勋，次嫁举人刘大昌”[6]。据此推测，刘善充应该就是刘大昌。为杨恒撰写墓志铭的余承勋，字懋功，号方池，青神（今四川省眉山市青神县）人。正德十二年（1517）进士，授翰林修撰。他与篆盖的安磐都名列议礼诸臣之

[1]［明］焦竑辑：《国朝献征録》卷二十二《翰林院三》，明万历四十四年（1616）徐象枟曼山馆刻本。
[2] 杨崇焕：《杨文忠公年谱》，民国八年（1919）四川官印刷局代印，第5页。
[3]［明］李东阳：《杨春神道碑铭》，新都杨升庵博物馆藏拓片。
[4] 王文才选注：《杨慎诗选》，成都：四川人民出版社，1981年，第47页。
[5]［明］余承勋：《杨用贞墓志铭》，新都杨升庵博物馆藏拓片。
[6] 官长驰注：《赵贞吉诗文集注》，成都：巴蜀书社，1999年，第615页。

中[1]，受此牵连，余绝意仕途，回乡著书四十余年，事见《（乾隆）青神县志》卷九。书丹者余承恩，字懋忠，号鹤池。承恩是承勋的次兄，二人为兵部尚书余子俊侄孙。《杨用贞墓志铭》说杨恒之子杨志仁"许娉于予（余承勋）兄之子女"，疑即与承恩之女联姻。由此可见，青神余氏与新都杨氏为世代姻亲，交谊极深。余承勋娶杨廷和长女为妻，杨志仁又娶余承勋兄之女为妻。正德十三年（1518），杨慎还为余承勋祖母张氏撰写过墓志铭，书丹者为安磐[2]。说明杨氏、余氏、安氏等家族之间长期保持着稳定的交谊，并未因政治权势的起落而反复。如果从嘉靖三年（1524），杨氏因"大礼议"失势算起，这种不离不弃的关系一直维系到四十余年以后。嘉靖四十四年（1565），在杨恒夫人王氏与杨恒合葬之际，余承勋又撰写了《杨母王氏墓志铭》，即是这种交谊最好的证明。此时距杨廷和、杨恒去世已隔三十六年，距杨慎去世已隔六年。

综上所述，名门望族的产生与维持，基于许多复杂的原因。早期的家庭迁徙，中期的科甲联姻，鼎盛时期的官场联谊，构成了这些复杂原因中最基本的形式。在这些形式中，门当户对的婚配和交谊显得自然得体、顺理成章。要维持家族的长盛不衰，则要努力控制这些形式不发生变化。家族一旦发生变故，社会关系网络迅速收缩、瓦解。"大礼议"之后，杨慎谪戍永昌卫，杨廷和病逝，杨氏家族失去在同类中联姻、联谊的优势，导致迅速走向衰落。但是，一些世代联姻、联谊的牢固关系，仍然经受住了世态炎凉的考验，或出于亲故间同气连枝的天性，或出于政治上利害休戚的抗争，他们同荣辱、共进退，坚韧顽强地将情谊维系下来。

三、升庵所撰碑刻墓志与西南地方政治网络

评估一个家族的活力，通常可从生命力和意志力两个方面进行考察。一方面，家族核心成员的寿夭，关系着家族的盛衰。另一方面，家族核心成员坚强的意志、百折不挠的精神，也是家族存亡必不可少的条件。尤其是当家族处于劣势的情况下，后者比前者更有决定性的意义。"大礼议"之后的杨氏家族，从不利的方面说，经历了家族核心成员的死亡（杨廷和之死）、反向迁徙（杨慎谪戍云南），以及婚配范围的大幅收缩（高门大户怕担政治风险而不愿与杨家联姻）。但是，面对种种不利因素，以杨慎为代表的杨氏家族成员依靠长期的坚守，与命运抗争，维持着家族的存续。但是，无论生理上的遗传和寿夭，还是精神上的操守和抗争，没有外部环境的支援和庇护，也是难以实现的。

嘉靖三年（1524）秋，杨慎被谪遣出京，贬戍云南永昌卫，次年正月抵达云南，从此开始了其长达三十四年的戍边生活。杨慎在云南，心情虽然愁苦，但生活并不凄惨。由于其父杨廷和以首辅致仕，在西南地方官场仍有潜在的影响力，又由于杨慎"状元"的特殊身份，受到地方权贵的青睐，还由于一些官员对"大礼议"续嗣派的暗中同情和支持，基于这些不同的原因，云、贵、川的许多地方势力并没有以"罪犯"或"充军成卒"的身份对待他，相反，还有很多人追随和崇拜他。据学者考证，杨慎在云南"服刑"三十四年，受到云南巡抚、云南提学副使、永昌知府、安宁太守、赵州知府的庇护，一些致仕、挂冠乡宦的照顾，许多地方文士朋友的拥戴，享受着优良的居住环境和宽裕的生活物质条件。例如，安宁太守王白庵特为他造"遥岑楼"，云南提学副使孙继芳命赵州知府冯吉建馆给杨慎住，巡抚顾应详支持杨慎成立诗社，朋友王颖斌、王廷表父子在滇南自己

[1]［清］张廷玉等撰：《明史》第17册，北京：中华书局，第5068页。
[2] 周杰华：《余母张氏墓志铭考略》，《四川文物》1989年第4期，第35页。

家里为杨慎造“状元馆”。云南士人纷纷结交“杨状元”，其中，与杨慎交情最深厚的有张含、李元阳、杨士云、王廷表、胡廷禄、唐锜，号称“杨门六学士”。在地方官民庇护下、朋友们邀请下，杨慎多次游览昆明、大理、洱海、点苍山等名胜、考察滇西北南诏古文化遗迹。据统计，杨慎以“奉戎檄”“领戎役”为名，受四川、贵州地方官之邀，曾经十一次返蜀、九次回新都、一次去贵州。在川黔官府，他均为座上客，曾“奉戎檄”居泸州五年，地方官为其造住宅“蕊珠楼”[1]。因此，杨慎在云南的“罪戍”生涯，虽然内心深处时时感到“天涯岁月催人”“儒术于吾何有哉”，但客观环境的“优渥”，使他获得了比其他戍卒更充足的读书、著述、考察、学术交流的时间和自由。

除了以上这些文献已知的内容，馆藏升庵所撰碑刻墓志，为我们勾勒出了这一时期杨升庵生活状况的更加丰富的历史细节。这些碑刻大致可分为三类：

第一类是杨升庵与朋友的诗词唱和、互相题赠，也就是人们所熟知的升庵在云南优游山水、放浪形骸、诗书自娱的逍遥生活。其中有些碑刻是许多文献著录早已公布，并为学界所熟知的，有些内容则鲜为人知。以下详人所略，略人所详，分而述之：

（1）杨升庵先生墨迹

此碑今陈列于新都桂湖碑林内。墨迹内容为杨慎访“太狂草堂”所作五律诗一首，跋文两段。第一段跋文署：“嘉靖戊子十月四日，升庵书。”第二段跋文署：“嘉靖戊子冬十月廿六日，升庵记。”据跋文，五律诗作于嘉靖六年（1527）“中秋后三日”，即八月十八日，两段跋文作于一年后重访“太狂草堂”之时。“太狂草堂”，在今云南弥渡县城北青螺山麓。曹太狂，即曹学，字行之，号太狂，眉山（今四川省眉山市）人。嘉靖初年，寓居云南大理苍山中和峰，“性豪放，能诗，草书遒劲，更精于画”。后移居蒙化，建“太狂草堂”。杨慎常前往探访。数年后，曹太狂卒于蒙化。事见《（乾隆）滇黔志略》卷一二。从第一段跋文“吾二人者，归期当有说乎”来看，杨、曹都是因罪贬谪到云南，又是蜀中同乡，常在一起畅想归蜀后的逍遥快乐，以慰思乡之情。

（2）《石屏歌》

《石屏歌》全名《题梁生霄正苍山奇石屏歌》，收入《升庵文集》卷二十五，是万历年间，陈大科据《滇中集》补录的。此诗是嘉靖二十二年（1543）前后，杨慎观赏诸生梁正霄家中所藏大理石屏后所作。大理石屏在明代艺术品市场上，属于贵重的清玩，价值连城。《天水冰山录》记录抄严嵩家所得之物，其中就有数量众多的大理石屏。杨慎为什么要为诸生梁霄正题诗，情况不详。但杨慎与梁的交往牵涉到丽江木氏，是一个值得注意的问题。蒋晖《明代大理石屏考》认为，梁是作为丽江木公的使者，与杨慎结识的。丽江木氏，原为丽江纳西（古称“么些”）土司。木公，字恕卿，号雪山，又号万松，世袭丽江土知府。生平好学，曾多次给杨慎写信问候，并派使者梁霄正持诗集、著述，请杨慎编订、作序，计有《万松吟卷》《木氏宦谱》《雪山诗选》等[2]。无独有偶，崇祯十二年（1639）二月，徐霞客在丽江受到土知府木增盛情款待，与杨慎与木公的交往十分类似，可以参证。徐霞客《滇游日记》提到木增“以楚雄诸生许姓者陪宴”。事后，许生私下用白银与徐交换绿绉纱。木增又命

[1] 陈世松、李映发：《成都通史·元明时期》，成都：四川人民出版社，2011 年，第 394 页。
[2] 蒋晖：《明代大理石屏考》，济南：山东画报出版社，2018 年，第 72—73 页。

大把事来“求作所辑《云薖淡墨》序”[1]。将杨慎与徐霞客的事情合观，可知明代丽江木氏对汉文化和汉族文人十分尊重，交往中常以当地诸生为中介，故索诗求序，实属常情。

（3）《方田子郑国秀墓志铭》

这篇墓志铭在1986年11月出土于云南省腾冲县城东南一公里的来凤山东侧[2]。署名：

正德丁卯云贵进士兼禺山外史、月坞痴人、铁楼野老、明台真逸、隆昌张含撰

赐进士及第第一人、前翰林院修撰、经筵讲官、国史纂修校正、蜀都杨慎书

赐进士第、知荆州府事、前翰林院庶吉士、河南道监察御史、太和李元阳篆

墓志铭由杨慎、张含、李元阳合作完成，时间在嘉靖三十八年（1559）二月二十七日。四个多月以后，杨慎病逝于昆明高峣，这篇墓志成为三人平生友谊的最后见证。张含、李元阳名列“杨门六学士”，据考证，所谓“杨门六学士”，并非杨慎的门生弟子，而是杨慎谪戍云南期间，志同道合的六位莫逆之交[3]。

张含，字愈光，云南永昌人。“不乐仕进，以诗名。……与成都杨修撰慎为文字友。”[4]杨慎与张含的交往长达六十余年，早在弘治十一年（1498）二人就已订交。当时，杨慎年仅十一岁，张含长杨慎八岁。张含是南京户部右侍郎张志淳的长子，张志淳又与杨廷和素厚善，张、杨两家乃两代世交。

李元阳，字仁甫，太和（今云南省大理市）人。嘉靖五年（1526）进士。嘉靖七年（1528），杨慎与李元阳初识于大理。两年前，李元阳曾“以议礼忤权臣”，被外派到江西分宜任县令[5]。故杨、李二人政治立场相同，一见如故。此后，二人常相伴出游。嘉靖二十年（1541），李元阳罢官归里，与杨慎、张含等诗词唱和，“寿九十，无病而终”[6]。

此外，这篇墓志铭的主人郑文英（字国秀，号方田子）与杨、张、李没有深交，为何这三大文化名人要联手为其写铭篆盖？有学者已注意到这一问题，认为：“墓主人方田子郑国秀，是永昌府属腾越州（腾冲）乡间的一位普通农人，以农耕和小本生易致富。杨、张、李不肖于官府，而甘愿为普通人民‘树碑立传’，这在封建社会的名流学者中很是鲜见。”[7]但是细读墓志，张含与墓主郑国秀“有连且交”，“先司徒择婿，得文灿（国秀之弟），悦，遂女其女”[8]。由此判断，张、郑两家实为姻亲。又据《滇黔志略》：“张志淳（张含父），其先江宁人，洪武中迁金齿。”[9]金齿，是明代金齿军民指挥使司的简称，后改为永昌卫，即今云南保山。《方田子郑国秀墓志铭》称郑氏“先闽之温陵同安人，……正统间，曾大父讳元方者，从天戈南征，遂籍腾冲卫”。说明张、郑两家祖上都是从外地迁到云南来的军籍，跟杨慎谪戍永昌卫一样，同为军队编制。也许是共同的遭际，将他们联系在了一起[10]。

---

[1]［明］徐弘祖著，褚绍唐、吴应寿整理：《徐霞客游记》（增订本）下册，上海：上海古籍出版社，1980年，第875页。
[2] 杨复兴、彭文位：《云南腾冲出土杨升庵楷书石刻》，《四川文物》1988年第5期，第52页。
[3] 周雪根：《“杨门六学士”称谓考述》，《广州大学学报》（社会科学版）2018年第3期，第86页。
[4]［明］李中溪纂修：《（隆庆）云南通志》卷十一，民国二十三年（1934）龙氏重印本。
[5]［明］过庭训撰：《本朝分省人物考》卷一百一十四，明天启刻本。
[6]［明］刘文征纂修：《（天启）滇志》卷十四，清钞本。
[7] 杨复兴、彭文位：《云南腾冲出土杨升庵楷书石刻》，《四川文物》1988年第5期，第53页。
[8]［明］张含撰：《方田子郑国秀墓志铭》，新都杨升庵博物馆藏拓片。
[9]［清］谢圣纶辑、古永继点校：《滇黔志略点校》，贵阳：贵州人民出版社，2008年，第86页。
[10]关于明朝世袭军户制度下，军户家庭的日常生活，可参阅：（加）宋怡明著、钟逸明译：《被统治的艺术》，北京：中国华侨出版社，2019年。

第二类碑刻反映了杨慎与蜀藩、沐王府等西南地方世袭贵族的复杂关系。由于明朝永乐以后，藩王被逐渐剥夺政治、军事权力，他们的地位和影响往往被明史研究者所低估和忽略。但事实上，遍布整个明帝国的藩王在政治礼仪和文化艺术领域，仍然起着举足轻重的作用。正如柯律格在《藩屏：明代中国的皇家艺术与权力》指出的那样："关注明帝国藩王精英的物质文化活动，关注那些物质和视觉文化中得以幸存但尚未被发现的层面，这样的做法必须占据中心地位，这样或许可以撼动长久以来对那部分中国历史的认识方式。通过对他们所组成的'藩屏'的重视，我们或许可以意识到，对于他们所遗留的东西，我们仍然知之甚少。"[1] 馆藏升庵所撰碑刻墓志中，就有不少杨慎与这些王公贵族交往的证据。从中我们不仅可以看到他们对杨慎的关照和庇护，还可以看到这些"藩屏"在明朝地方权力结构中的地位和影响力。

（1）《忠勤两辅记》与《周琦墓祭文》

据《成都通览》："桂溪寺皇坟：在东门外十里之高板桥侧，寺为前代古庙。古坟系前明太监之坟，有古碑。按明蜀藩承奉司承奉正宁宜［仪］墓、蜀藩承奉司承奉副周琦墓均在此。"[2] 桂溪寺的原址大约位于今成都市武侯区航空路 16 号，即四川大学附属中学（成都市第十二中学）科华校区（初中部）。承奉司，是明代在亲王府设立的宦官机构，设承奉正（正六品）、承奉副（从六品）。又据《（民国）华阳县志》[3]：

明蜀藩承奉司承奉正宁仪墓：在县治东十里桂溪寺后。嘉靖三十四年葬，蜀藩有《谕祭碑》。而杨升庵先生为撰《忠勤两辅记》，即记宁仪与其副周琦匡导蜀王，能竭忠尽虑事。成、康两王皆亲幸墓域，褒以"忠勤两辅"四字，故碑题以此。仪，字菊东。琦，字粟庵。并见记中。

明蜀藩承奉司承奉副周琦墓：琦墓亦在桂溪寺侧近。嘉靖三十五年葬，蜀藩有《谕祭》，碑文剥蚀，不甚可读。琦事迹稍见《忠勤两辅记》。

《华阳县志》提到的《谕祭碑》和《忠勤两辅记》，新都杨升庵博物馆保存了《忠勤两辅记》拓片，及周琦墓《祭文》的拓片。《祭文》疑是周琦墓前《谕祭碑》碑阴的文字，所刻内容全部是嘉靖三十一年（1552）八月周琦逝世以后，前来吊唁的各级官员祭奠周琦的祭文，共计二十一篇。此外，末尾有一篇杨慎撰的诔文。祭文排位顺序大致按照从中央到地方的官制品级排列。排在第一位的是内官监太监王逊的祭文，致祭时间是嘉靖三十二年（1553）正月十七日。杨慎的祭文排在第七位，署名"前翰林修撰杨慎"，致祭时间是嘉靖三十二年（1553）正月九日。六天以后，也就是太监王逊致祭前两天，杨慎又撰《忠勤两辅记》，在颂扬宁、周二公兢兢业业辅佐蜀王之余，还不忘申明宗藩世代相承、为国藩篱的重要意义。记曰："今王殿下驾幸其地，因以'忠勤两辅'四字褒之，又与皇祖锡土命名之旨相合。"[4]

由此，不难看出一个的问题：杨慎当时虽然已是六十五岁的老人，但名义上仍是发配充军的身份，蜀藩为何会让杨慎参与官方公开的祭奠活动？尤其是在太监王逊前来致祭之际，难道又仅是巧合吗？查《明史·诸王世系表二》，亲自到桂溪寺坟前祭奠宁仪、周琦的是蜀康王朱承爚，其父为蜀成王朱让栩[5]。杨慎与成、康两

[1]（英）柯律格著，黄晓鹃译：《藩屏：明代中国的皇家艺术与权力》，郑州：河南大学出版社，2015 年，第 198 页。
[2] 傅崇矩：《成都通览》，成都：天地出版社，2014 年，第 27 页。
[3]［民国］陈法驾修、曾鉴纂：《（民国）华阳县志》卷三十，民国二十三年（1934）刻本。
[4]［明］杨慎撰：《忠勤两辅记》，新都杨升庵博物馆藏拓片。
[5]［清］张廷玉等撰：《明史》第 9 册，北京：中华书局，第 2645 页。

代蜀王都有交往。早在嘉靖元年（1522），杨慎就曾奉命回蜀，代明世宗“祀江渎及蜀藩诸陵寝，作《江祀记》”[1]。同时，还作有一篇《祭蜀王文》[2]。当时，适逢蜀王府中侍江时逝世，杨慎又为其撰写了墓志铭，这篇墓志铭收入《成都出土历代墓铭券文图录综释》[3]。嘉靖二十六年（1547），蜀成王薨，杨慎再作《祭蜀王文》，文中回忆当年受到蜀成王优待礼遇的情景：“慎昔奉朝命，恭祀连冈。获拜衮舄，得望珪璋。桂山飞盖，竹园赐觞。”[4]

杨慎与蜀藩的交往长达三十余年之久。嘉靖三十四年（1555）二月十五日，杨慎撰《金沙寺慈航桥碑记》[5]，歌颂蜀康王捐资，命宁仪、周琦等重建慈航桥的善举。明代的金沙寺慈航桥位于今成都人民南路三段以西的南河上，据说明代举子上京赴试就是从这里上船出发[6]。桥的南端就是金沙寺大门，慈航桥是进出金沙寺的必经之路[7]。将杨慎的碑记立在如此醒目的地点，这与两年前让杨慎参加官方的祭奠活动，会不会有内在的关联？按明朝律例：“凡永远充军，或奉有特旨处发叛逆家各子孙，止于本犯所遗亲枝内勾补，尽绝即与开豁。”[8]杨慎就属于“永远充军”这类情况，他在《与同年书》中说“走发戍明旨，有‘永远’字样”[9]，即是明证。按律例规定，“永远充军”者死后，还要从亲族中征调子孙替役，直到后人死绝才算完结，并没有提到“永远充军”者何时可以“归休”的问题。杨慎《与同年书》所说“凡军政条例，年六十者，许子侄替役”，以及他的《感怀诗》曰“七十余生已白头，明明律例许归休”[10]，其实并非实情。因为按律例，“永远充军”不在六十岁归休之列，除非皇帝下诏赦免，才能允许放归。那么，杨慎要返蜀，唯一合法的方式是“领戍役”。由于明代藩王被剥夺了政治、军事权力，每逢举行重大的礼仪和祭祀活动，王府人力不够，要向地方官府借调伕役。这就是简绍芳在《杨慎年谱》中反复多次提到的杨慎“领戍役于蜀”的原因。在蜀藩的庇护和运作下，杨慎在云南服役期间，得以多次返乡探亲。但是，以这种“领戍役”的方式返蜀，时间是短暂的，戍役一结束，就必须回到云南卫所。而且每次往返要经历长途跋涉，尤其是对于年近古稀的杨慎来说，恐绝非易事。

最后，要顺便指出的是，撰《金沙寺慈航桥碑记》一个月后，杨慎又撰《皇明敕赐飞鱼服承奉正栗庵周公诔》，诔文刻在周琦墓《祭文》的最末。周琦墓《祭文》上杨慎所撰的一祭一诔，是新发现的两篇佚文（图七、图八），此前未见有研究者提到过。

（2）《明故明威将军九华沐公墓志铭》

1956年，云南省文物工作队在昆明郊外呈贡县（今云南省昆明市呈贡区）王家营原上的龙山东侧，发掘到三座明代云南沐氏墓，增添了不少关于沐氏镇守云南的史料。其中包括杨慎撰写的《明骠骑将军右军都督府都督佥事石冈沐公墓铭》和《明故明威将军九华沐公墓志铭》，未见收录杨慎的各种文集，是两篇佚文。前者

[1]［明］简绍芳编次：《赠光禄前翰林修撰升庵杨慎年谱》，王文才选注：《杨慎诗选》，成都：四川人民出版社，1981年，第204页。
[2]［清］李玉宣修、衷兴鉴纂：《（同治）重修成都县志》卷十五，清同治十二年（1873）刻本。
[3] 陈世松：《明代蜀藩宗室考》，《蜀学》第5辑，成都：巴蜀书社，2010年，第182页。
[4]［清］李玉宣修、衷兴鉴纂：《（同治）重修成都县志》卷十五，清同治十二年（1873）刻本。
[5]［民国］陈法驾修、曾鉴纂：《（民国）华阳县志》卷二十八，民国二十三年（1934）刻本。
[6] 袁庭栋：《成都街巷志》下册，成都：四川教育出版社，2010年，第607页。
[7]［民国］陈法驾修、曾鉴纂：《（民国）华阳县志》卷二十八，民国二十三年（1934）刻本。
[8]［明］申时行等修：《明会典：万历朝重修本》卷一百六十一，北京：中华书局，1989年，第832页。
[9]［明］杨慎撰：《升庵遗集》卷二十五，王文才、万光治等编注：《杨升庵丛书》第三册，天地出版社，2002年，第1086页。
[10]［明］简绍芳编次：《赠光禄前翰林修撰升庵杨慎年谱》，王文才选注：《杨慎诗选》，成都：四川人民出版社，1981年，第209页。

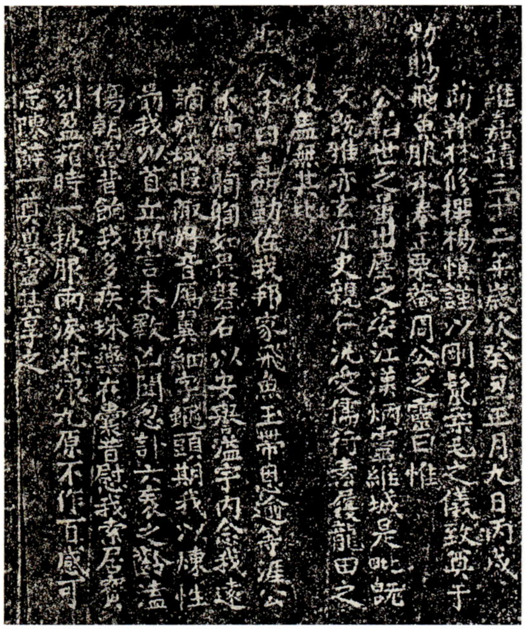

图七　杨慎撰《周琦祭文》

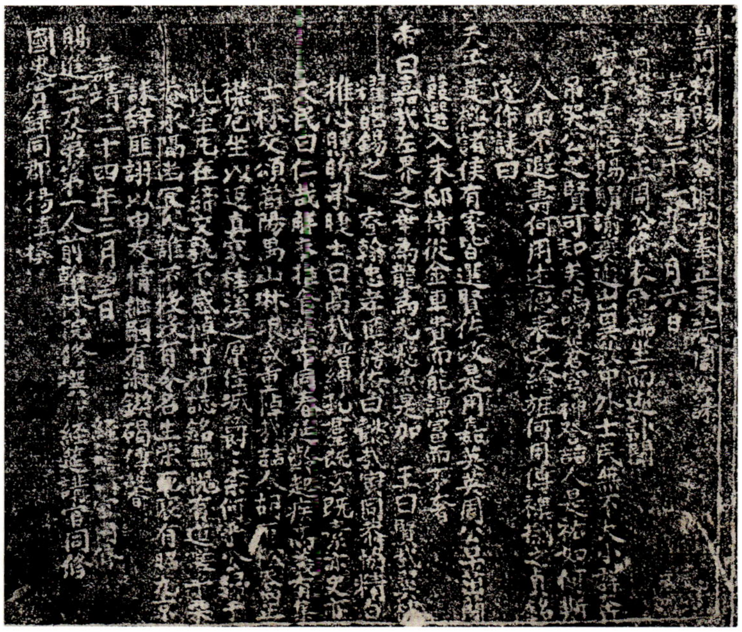

图八　杨慎撰《栗庵周公诔》

署“博南山戍、前赐进士及第第一人、翰林院修撰新都杨慎撰”，后者署“赐进士及第第一人、前翰林院修撰、经筵讲官、国史纂修校正成都杨慎撰文”[1]。新都杨升庵博物馆收藏了《明故明威将军九华沐公墓志铭》[2]拓片，其中提到杨慎与沐崧、沐绍勤、沐朝阳祖孙三代的交情，摘录于下：

公（沐绍勤）配杨氏，子曰朝阳，年仅成童。乃以状来丐余志而铭之。余自甲申之岁恩谴来滇，石冈公（沐崧）意气相投，文藻倡和，殆无虚旬。……严武之于杜陵，王诜之于坡公，不是过也。铭其奚辞？今己未之夏，余留滞于兹，抚旧慨昔，则石冈公久矣骑箕，而九华墓亦有宿草矣。抆泪而铭之。

沐氏统治云南二百余年，历代黔国公地位拟于宗藩亲王。黔国公总镇云南，其权势自不待言，但还有一些沐氏亲支分镇云南各地，他们在云南地方上的影响力，同样也不可小觑。黔国公所生诸子，一般长子袭封，次子则出镇地方。方国瑜先生指出：“沐氏分支镇守金齿、腾冲，自沐瓒始。”[3]沐崧是沐瓒之孙、沐详之子，字希甫，号石冈，黔宁王沐英六世孙。袭父职，任参将，镇守金齿、腾冲。杨慎谪戍的永昌卫就在其辖区内。墓志上说他“嘉靖元二间，乃上印辞镇，悬车闭门”[4]。此后，得以优游林下，与杨慎诗词唱和。卒于嘉靖十五年年底。沐绍勤，字世修，号九华，沐崧之子。嘉靖十五年（1536）“朝于京师，兵部选为云南左卫指挥佥事，食禄而不亲戎事”。[5]卒于嘉靖三十年（1551）九月。杨慎《祭沐九华文》曰：“我之与君，两世通家。……顾我于逆旅，慰我于天涯。”[6]从中不难看出沐氏父子在云南对杨慎的关照和庇护。嘉靖三十年沐绍勤病逝后，杨慎在云南失去一个重要的靠山，所以转而谋求回蜀。可惜回蜀归休不成，于嘉靖三十七年（1558）十月，从

[1] 张增祺：《云南呈贡王家营明清墓清理报告》，《考古》1965 年第 4 期，第 185、189、190 页。
[2] [明] 杨慎撰：《明故明威将军九华沐公墓志铭》，新都杨升庵博物馆藏拓片。
[3] 方国瑜：《滇南沐氏十二代画像长卷概说》，《云南史料丛刊》第 7 卷，昆明：云南大学出版社，2001 年，第 232 页。
[4] 张增祺：《云南呈贡王家营明清墓清理报告》，《考古》1965 年第 4 期，第 189 页。
[5] [明] 杨慎撰：《明故明威将军九华沐公墓志铭》，新都杨升庵博物馆藏拓片。
[6] [明] 杨慎撰：《升庵文集》卷九，王文才、万光治等编注：《杨升庵丛书》第三册，天地出版社，2002 年，第 209 页。

侨居的泸州被押回云南。沐朝阳求杨慎为沐绍勤撰写墓志铭，发生在杨慎被押回来的第二年的夏天，故有“今己未之夏，余留滞于兹”等语。墓志撰成后不久，杨慎即病逝了。

此外，新都杨升庵博物馆还收藏了杨慎为沐绍勤祖母吴氏的《诰封太夫人沐母吴氏墓志铭》所书的篆盖，也是杨慎与沐氏交情的一个证明。

第三类碑刻反映出杨慎与云南地方官员之间的复杂关系。俗话说“现官不如现管”，没有地方官吏的庇护，杨慎也很难维持长达三十余年的充军生活。从这些碑刻中，可以看到杨慎努力与地方官吏们建立良好的关系。但是，地方官吏群体数量庞大、成员复杂，而且升迁流动频繁，处理与他们的关系显得更加困难。

（1）《楚雄府定远县新建儒学记》

楚雄府定远县即今云南省楚雄彝族自治州牟定县。此记作于嘉靖二十九年（1550）三月十五日，是杨慎应云南按察司提学副使胡尧时之请所作，即记中所云：“县之官师请于胡公，公乃猥以慎尝从事秉笔后，属为记之。”[1]关于胡尧时的生平，云南历代地方志中对他的介绍很简略，《（道光）贵阳府志》中有一篇关于他的小传[2]，提供了一些关键的信息：

胡尧时，字子中，泰和（江西省泰和县）人。以进士起家，嘉靖中累官贵州按察使。尝师事王守仁，学以躬行为本。其官按察使也，谓职虽专任刑名，然必有教化在先，而后刑名可用。遂与提学副使奖励士流，身示表则。又新阳明书院，刊守仁所著书于贵州，令学徒知所景仰，士风为之大变。

由此可知，胡尧时原是王阳明的弟子，而且忠实践行阳明心学。他在云南主持新建定远县学，后来到贵州又办阳明书院，都是“躬行为本”“教化在先”的观念体现。在“大礼议”中，阳明学派的立场与杨廷和、杨慎父子是相反的，朝中支持嘉靖皇帝的人大多与王阳明有千丝万缕的联系。然而，杨慎不计前嫌，欣然提笔作记。在这篇记中，杨慎不仅歌颂明朝文治远播化外，还由“三国时诸葛武侯征南中，营于此”的典故[3]，引申出诸葛亮宁静淡泊的志行，以勉励定远县诸生。这既反映出杨慎对云南偏远地区文化教育的关心和期许，同时或许也包含平息“大礼议”政争的一番苦心。

此外，《楚雄府定远县新建儒学记》虽然收入《升庵文集》和多种云南地方志，但传世文献有删改，与原碑文字存在诸多差异，碑文仍有一定的校勘价值。

（2）《明孺人李母丁氏墓志铭》与《明故待封君南滦张公墓志铭》

丁氏是云南广通（今云南省楚雄彝族自治州禄丰县广通镇）知县李第的续配夫人。嘉靖二十六年（1547）冬随李第到广通赴任，翌年十月卒于官邸。杨慎这篇墓志铭大约撰于嘉靖二十七年（1548）十月丁氏去世到次年九月归葬之前的这段时间。关于李第，张佳胤《广通县学记》[4]有简要的介绍：

李公名第，字道升，别号三溪。四川铜梁（今重庆市铜梁区）人。余之先生也。令广通九年，有惠政。迁阿迷州守，寻致仕归。

联系杨慎于嘉靖三十六年（1557）所撰《明故待封君南滦张公墓志铭》，大致可以梳理出他们之间的关系。

[1]［明］杨慎撰：《楚雄府定远县新建儒学记》，新都杨升庵博物馆藏拓片。
[2]［清］萧管纂：《（道光）贵阳府志》卷五十七，清咸丰刻本。
[3]［明］杨慎撰：《楚雄府定远县新建儒学记》，新都杨升庵博物馆藏拓片。
[4]［明］张佳胤：《广通县学记》，［清］张嘉颖修、刘联声纂：《（康熙）楚雄府志》卷八，清康熙五十五年（1716）刻本。

由于科举时代提高时文写作水平的要求，读书人往往遍访名师，求取为诗作文的经验。杨慎状元及第，学问淹博，充军到云南，对西南边远地区的士子来说，无疑是一个难得的求学机会。因此，慕名前来问学的士子应该不在少数。李第到任后，积极兴办广通县学，其子李巡、李还“俱芹宫弟子员”[1]，借机向杨慎请益，属情理之中的事。嘉靖二十八年（1549），丁氏死时，李第因在任期内不得擅离职守，命长子李巡扶榇归葬铜梁。正好在这一年，李第在铜梁的学生张佳胤乡试中举，翌年登进士第。嘉靖三十六年（1557），升任兵部右侍郎的张佳胤回乡为父守丧，特意赴泸州江阳拜会杨慎，相得甚欢，流连累日。其间杨慎还为张父张文锦撰写了《明故待封君南滦张公墓志铭》[2]，文中提到：

职方君（张佳胤）不远千里，躬至江阳，来征愚铭。愚虽未识公（张文锦），而公作《昭君曲三解》见寄，神交久矣。

由此推测，杨慎此前与张氏父子可能并不相识。按照张佳胤《广通县学记》所述，李第大约正好是在此时从阿迷州守任上致仕回乡。张佳胤极有可能是通过李第父子的引荐而结识杨慎的。从这两篇墓志铭中，可以略窥杨慎与云南基层官吏和学校生员的交往情况。同时，这两篇墓志铭也是未收入杨慎各种文集中的佚文。

综上所述，“大礼议”后，杨慎谪戍云南，远离明朝政治中心。在偏远的西南一隅，戍卒身份的杨慎，面对的首要问题不再是朝廷的政争，而是如何妥当处理西南地方社会的各种复杂关系。从新都杨升庵博物馆所藏升庵碑刻材料中，可以看出杨慎当时主要交往的三种对象：一是与杨慎同声相应、同气相求的至交好友。他们当中，既有滇蜀文化名流，也有境遇相同的底层平民。由于志同道合，他们长期保持着深厚的友谊，大多是相濡以沫、相互砥砺的生死之交。二是以蜀藩和沐王府为代表的西南地方世袭贵族。由于被剥夺了政治、军事的权力，明代的藩王大都醉心于文化艺术。“有明博学第一”的杨慎理所当然地成为他们青睐的对象。杨慎积极与这些地方世袭贵族合作，最大限度地争取到他们的庇护。这是杨慎在谪戍期间，长期受到优待礼遇，未遭到进一步迫害的重要原因之一。三是云南的地方官吏。这一群体数量庞大、牵涉面广，无法顾及周全。特别是随着沐绍勤病逝、鲍象贤离任，失去靠山的杨慎长期侨居泸州，频繁返蜀，与云南官场日益疏离。但是，万万没想到这种疏离变成了杨慎社会关系网络中最致命的短板。嘉靖三十七年（1558）十月，“杨用修自滇中戍暂归泸，已七十余，而滇士有谗之抚臣昺者。昺，俗戾人也，使四指挥以银铛锁来。……用修遂不能归，病寓禅寺以没”[3]。虽然各种记载对滇士向云南巡抚王昺进谗言诋毁杨慎的具体情形语焉不详，然而，正所谓“谗不自来，因疑而来；间不自入，乘隙而入”，社会关系网络的疏漏，无疑是造成杨慎晚年被押回云南、客死异乡的一个重要原因。

[1]［明］杨慎撰：《明孺人李母丁氏墓志铭》，新都杨升庵博物馆藏拓片。
[2]［明］杨慎撰：《明故待封君南滦张公墓志铭》，新都杨升庵博物馆藏拓片。
[3]［明］王世贞撰：《弇州四部稿》卷一百四十九，明万历刻本。

新都杨升庵博物馆藏杨升庵夫妇肖像绘画赏析

李　明

距离成都三十余公里的新都有一处幽静的所在——桂湖，这座始建于初唐的园林占地七十余亩，以湖为中心，沿湖布置植物，以‘六月荷花八月桂”著称。明代以后即成为纪念杨升庵的场所，收藏相关文物居全国之冠，其中有一类就是杨升庵夫妇肖像绘画。

对于杨慎一生而言，嘉靖初年宫廷中发生的“大礼议”事件是一个绕不开的关键节点，在这场明世宗应该为“继嗣”还是“继统”的纷争中，杨慎力主“继统”，嘉靖三年七月十二日斗争进入高潮，明世宗诏谕礼部十四日为父母上册文，祭告天地、宗庙、社稷，群臣哗然，杨慎高呼“国家养士百五十年，仗节死义，正在今日”，两百余位朝廷大臣在左顺门跪请皇帝改变旨意，在强大皇权面前抗争终以失败告终。杨慎两受廷仗，被谪戍云南，但其绝不妥协之精神、不计生死之壮烈，为士人所敬仰，时人何良俊曾与盛时泰、文伯仁聚于朱之藩之草堂，各赋诗寄杨慎，堂壁即悬挂《杨慎像》。

何良俊等人聚会时所悬《杨慎像》是何模样？已不可知晓，但故宫博物馆所藏晚明著名画家陈洪绶《杨慎簪花图》却流传至今，这大约是现存最早的杨升庵形象。画中杨慎躯干伟岸，身着宽大的衣袍，两手都掩在衣袖内，头微扬，下颚上抬，似在吟诗或说话，身子微微后倾，似在醉中，以粉傅面，头挽双丫髻，插上花朵。后有二侍女随从，一人双臂交插手持羽扇，一人两手捧钵，她们迟步不前，凝望主人，表现出迷惑不解的神情。

上有一段题跋："杨升庵先生放滇南时，双结簪花，数女子持樽，踏歌行道中，偶为小景志之。洪绶。"清代赵翼在《陔余丛考·簪花》中云："今俗惟妇女簪花，古人则无有不簪花者。"说明男子簪花在明清已属怪异荒诞，而杨升庵却的确有簪花之举，《杨文宪公年谱》记载："（嘉靖）十七年戊戌，修撰年五十一。春，于役归蜀，始寓居泸。尝醉，作双髻插花，以脂粉涂面，门生舁舆，诸妓捧觞，游行城市。"至于杨慎为何如此？则有或用晦行权、自污保身，或自耗壮心、消磨岁月，或自由不羁、超脱放旷等不同说法。孰是孰非已不重要，簪花成为杨升庵一个典型形象，在晚明广为传播，不但被陈洪绶描绘，甚至被搬上舞台，沈自徵就此创作了杂剧《杨升庵诗酒簪花髻》。

新都杨升庵博物馆也藏有三幅杨慎肖像绘画，虽不如陈洪绶《杨慎簪花图》历史悠久，为当代名家所作，却也各具特色，更加丰富地从不同侧面展现杨慎的生活与人生。马璟所作《杨升庵像》最早，画中杨慎一副中年文人打扮，着黑巾黑袍，立于秋风之中，题跋："拟把生涯学醉歌。1977 年冬日写杨升庵先生像，马璟于桂湖。""拟把生涯学醉歌"一句出自约作于嘉靖十二年的杨升庵《春兴》八首之一，全诗为"天上风云此际多，山中日月竟如何。争传鸣凤巢阿阁，又见飞鸿出罻罗。宣室鬼神思贾谊，中原将帅用廉颇。难教迟暮从招隐，拟把生涯学醉歌。"此时杨慎戍滇已经快十年了，既感到被朝廷赦免遥遥无期，却又仍然心存希望，难以自弃，并未完全放弃起复的希望。马璟是当代著名人物画家，求学于中央美术学院，就职于北京画院，画风清新潇洒，笔墨生动畅快，画中杨升庵手执书卷，若有所思，刻画出他在希望与绝望之间徘徊的心情。曾晓浒所作《杨升庵图轴》，画中杨慎着白衣立于竹石枫叶之间，回首遥望，左手握拳，神情坚毅，题跋"无奈旅怀多，村酤引睡魔。醒醒不成寐，枫叶助吟哦。写升庵《马坊桥》诗意，庚申年曾晓浒时客新都桂湖。"马坊桥位于重庆璧山梅江河上，是当时出川交通要道，此诗为杨慎出川途中路过时所作，抒发去国怀乡之感。当代川籍名家曾晓浒出生于成都，求学于广州美术学院，就职于湖南师范大学，融合南北之画风，自成一家，他虽以擅长山水著称，但这幅杨慎肖像造型准确，形神兼备，可见在人物上也有极高造诣。"庚申年"为 1980 年，同年曾晓浒还作有《山水图》，这是一幅巨制，气势磅礴，表现了巴蜀山水的雄浑隽秀。崇山峻岭间一线瀑布飞泻而下，近处木桥上杨慎骑马缓缓而行，后有一仆人跟随，两人都被大自然神奇造化所震惊。题跋："沧溟有气张圆幔，银汉无声泻直弦。写升庵《水峡驿观瀑布泉行》诗意，庚申年春初梅花盛开时节，小客桂湖作此，曾晓浒并记。"《水峡驿观瀑布泉行》一诗描写了位于泸州至叙永之间的江门峡："水峡群山日月昏，飞泉百道接江门。犹龙近迓晴虹挂，似马遥看匹练奔。悬绅瀑布屏风叠，砯崖转石青天折。三千尺下直难量，十二崿流承不绝。烟骞雾卷滴珠槽，霭净岚沉冷玉膏。庄周虚说鼋梁险，枚叟空夸鹭碛涛。一从流戍辞巴蜀，几回于役行荒服。百丈频经水峡牵，孤灯惯向江门宿。纤萝不动月明天，彷佛桃源拟问仙。沧溟有气张圆幔，银汉无声泻直弦。山水清辉殊可乐，已觉蟠胸饱丘壑。乘兴聊赓太白篇，知音莫笑徐凝恶。"江门峡为古代滇黔入川的古驿道，杨慎流戍云南三十五年，先后七次回川，必经江门峡，此诗展现川滇两地绮丽瑰伟的风光，显示他似乎已从流放的伤痛中摆脱出来，在大自然中寻找到了心灵的慰藉，实现了精神的超越。

杨升庵名满天下，却很少有人知道他的夫人黄峨。新都杨升庵博物馆还藏有两幅黄峨肖像绘画，马琼所作《黄峨图》绘才女立于紫藤架下，石榴花开正艳，回首微笑，端庄秀美，手中握一卷诗书，气质自不同凡俗，题跋："移来西域种多奇，槛外绯花掩映时。不为秋深能结实，肯于夏半烂生姿！番嫌桃李开何早，独秉灵根放故迟。朵朵如霞明照眼，晚凉相对更相宜。壬戌年冬日录黄峨《庭榴》诗并为造像于桂湖，马琼书。"黄峨出身名门，父亲黄珂官至尚书，自幼博通经史，能诗文，擅书札，才学不在其夫之下。正德十三年杨升庵原配夫人亡故，第二年与之结婚。杨升庵和黄峨新婚住在桂湖西端的榴阁，因庭院中栽种石榴树而得名，此时正值红榴怒放，喜看枝头，绯花掩映，朵朵如霞，激起了黄峨诗情，写下《庭榴》一诗，托物抒怀，自比榴树，一是身为续弦继室，不与桃李争春，石榴花五月花开虽迟，却喜与才子结为连理，二是石榴籽粒众多，渴望婚后子女繁衍。"壬戌年"为1982年，如果说马琼展现出黄峨生活中幸福美满的一面，著名女画家周思聪同年所作《黄峨图》则充满了苦涩，画中黄峨依石而立，面露愁容，片片黄叶随风飘落，题诗："曰归曰归愁岁暮，其雨其雨怨朝阳。写黄峨诗意，壬戌，思聪。"此句出自黄峨《寄夫》："雁飞曾不到衡阳，锦字何由寄永昌。三春花柳妾薄命，六诏风烟君断肠。曰归曰归愁岁暮，其雨其雨怨朝阳。相闻空有刀环约，何日金鸡下夜郎？"婚后六年后升庵谪戍云南，黄峨才二十六岁，她一路护送，历尽千辛万苦，到了湖北江陵两人就分开了，黄峨回到新都，长期留居夫家管理家务，而杨慎则被押解至云南，从此天各一方，长达三十年之久。《寄夫》是黄峨对丈夫的倾述，写出了锦书难托的悲哀，诗中用了衡阳回雁峰的典故，字字血泪。周思聪求学于中央美术学院，就职于北京画院，任中国美术家协会副主席，为画坛著名才女，擅长水墨人物画，造型能力极强，笔墨富有表现力。周思聪身为女性，当然更能理解黄峨的悲苦并给予深切同情，笔下黄峨文静含蓄而温和，有一种平凡的内在美。同时，这幅《黄峨图》的作画时间正值周思聪八十年代致力于画风的变革与探索的关键时期，体现了她引入西方现代艺术表现形式，同时对笔墨加以提炼和强化，使之更为精练，并富有意趣的艺术追求。

"滚滚长江东逝水，浪花淘尽英雄。是非成败转头空。青山依旧在，几度夕阳红。白发渔樵江渚上，惯看秋月春风。一壶浊酒喜相逢。古今多少事，都付笑谈中。"一曲《临江仙》道尽历史兴亡，杨升庵夫妇生活的时代早已远逝，但新都杨升庵博物馆所藏的一幅幅杨升庵夫妇肖像绘画，却能带我们穿越时空，回到六百年前，试图了解这对患难夫妻的内心，并有所感，有所思！

新都杨升庵博物馆藏“鼎人”画像砖初探

余卓然

鼎作为中国古代的一种重要器物，常出现在画像石、画像砖的图像中。新都杨升庵博物馆的馆藏画像砖中，包含“鼎”图像的有四件，均为东汉时期画像砖。这些画像砖图像为鼎和人的组合，本文暂将其称为“鼎人”画像砖。本文将对这些画像砖的图像内容进行分析，从不同画面构成要素中了解图像表现的内容和题材。并通过对比研究，探究新都杨升庵博物馆藏画像砖中“鼎”的类型、功能和象征意义。

一、新都杨升庵博物馆藏“鼎人”画像砖简介

馆藏“鼎人”画像砖一（图一），长 49 厘米，宽 28.5 厘米，厚 6 厘米。夹砂灰陶，模制，正面造型手法为浅浮雕加阳线刻，四边和背面均为素面。正面图像中部为一圆形带盖大鼎，盖顶有带乳钉柱状钮，鼎两侧附两曲尺形耳，下腹附三蹄足。鼎腹部饰卷云纹及连续曲线纹饰，鼎底部与三足相连处饰卷云纹。鼎左右各有一人，左边一人头戴高冠，身着广袖长袍，躬身侧立，面向大鼎，手持一板状物。右边一人戴头巾，身穿交领及膝长服，下着紧脚裤，躬身侧立，面向大鼎，手握一分叉条状物，向前伸出。鼎身和人物身上有残留的红、黑色彩。

馆藏“鼎人”画像砖二（图二），长 51 厘米，宽 29 厘米，厚 6 厘米。画面内容和馆藏“鼎人”画像砖一几乎完全一致，可能为同一模具所制。但该画像砖表面已无色彩痕迹。

馆藏“鼎人”画像砖三（图三），长 46 厘米，宽 26 厘米，厚 6 厘米。夹砂灰陶，模制，正面造型手法为浅浮雕加阳线刻，四边和背面均为素面。正面中部为一圆形带盖大鼎，鼎盖上有一环形钮，两侧附曲尺形双耳，鼎腹下附三蹄足。鼎腹部一圈饰卷云纹，其余部分满饰云气纹。鼎上方两侧各有一滑轮，两根绳子通过滑轮系在鼎盖的环钮上，大鼎左右两侧各有一人，均戴帽，面对大鼎手拽长绳用力下拉。

馆藏“鼎人”画像砖四（图四），与馆藏“鼎人”画像砖三画面十分接近，唯一区别在于右侧人物，馆藏“鼎人”画像砖三右侧人物侧面戴帽，馆藏“鼎人”画像砖四右侧人物正面梳双髻。

通过对上述图像的观察，笔者将馆藏“鼎人”画像砖一和馆藏“鼎人”画像砖二归为 A 型，馆藏“鼎人”画像砖三和馆藏“鼎人”画像砖四归为 B 型，见（表一）。

新都杨升庵博物馆两块 A 型“鼎人”画像砖征集自新繁新农，B 型“鼎人”画像砖分别来源于彭州义和、致和。除此之外，四川省博物院馆藏一块与 A 型内容相同的画像砖，出土于彭州太平。《中国巴蜀画像砖大全》中收录的一块残的 B 型画像砖出土于彭州升平。从目前发现的资料来看，这两种画像砖均出自今新都、彭州交叉地区，应确定属于巴蜀系统的画像砖。

二、关于“鼎人”画像砖内容

关于新都杨升庵博物馆藏这两种“鼎人”画像砖表现的内容，很多研究者曾提出过各自的观点。

（一）历史故事说

高文先生和王锦生先生编著的《中国巴蜀画像砖大全》对A型图像和B型图像均有收录，他们认为A型图像表现“楚子问鼎”的故事，B型图像表现“泗水捞鼎”的故事[1]。也有研究者认为这些画像砖是表现“乌获扛鼎”[2]或“武帝得鼎”[3]的故事。

笔者对“历史故事说”持怀疑态度。从画面本身来看，没有明显的证据表明这些图像和“楚子问鼎”“乌获扛鼎”或“武帝得鼎”等历史故事有直接关联。相比之下，“泗水捞鼎”的故事似乎更接近这些画像砖表现的内容。其一是因为“泗水捞鼎”是两汉乃至魏晋时期画像中比较常见的题材，山东、江苏、河南等地的很多汉代画像中都表现“泗水捞鼎”的故事；其二是B型画像砖图像表现的有二人用力拉绳，像是要把鼎拉起来的场景，似乎与“捞鼎”的动作相契合。

但如果考虑更多细节，这种认为带鼎的图像表现“泗水捞鼎”故事的观点仍然是缺乏说服力的。从鼎的形制上看，新都杨升庵博物馆藏画像砖中的鼎均为带盖圆鼎，而山东、江苏、河南等地的“泗水捞鼎”图像中的鼎均为无盖的鼎，其中多数可见为方鼎。此外，与其他地区的“泗水捞鼎”图相比，新都杨升庵博物馆藏的“鼎人”画像砖并没有表现完整的捞鼎场景和故事。《史记·秦始皇本纪》对这个故事的记载是：“始皇还，过彭城，斋戒祷祠，

图一　馆藏“鼎人”画像砖一

图二　馆藏“鼎人”画像砖二

图三　馆藏“鼎人”画像砖三

图四　馆藏“鼎人”画像砖四

[1] 高文、王锦生：《中国巴蜀汉代画像砖大全》，国际港澳出版社，2002年，第42—44页。
[2] 李卫星：《四川彭县“泗水捞鼎”画像砖质疑》，《四川文物》1989年第5期。
[3] 高文、王锦生：《中国巴蜀汉代画像砖大全》，国际港澳出版社，2002年，第42—44页。

<table>
<tr><th>A 型</th><th>B 型</th></tr>
<tr><td rowspan="2"></td><td></td></tr>
<tr><td>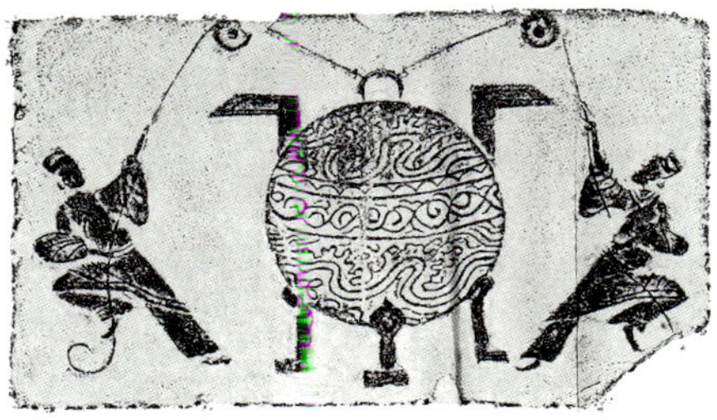</td></tr>
</table>

表一　馆藏“鼎人”画像砖图像分类

欲出周鼎泗水。使千人没水求之，弗得。”[1] 其中“弗得”二字揭示了这个故事的最终结局，即捞鼎失败，山东、江苏、河南等地的“泗水捞鼎”图像对这一结局均有明确的暗示——表现为龙出现破坏捞鼎、绳子断裂，鼎向一边倾斜等。此外，这些画像中多数以桥梁、鱼等元素体现捞鼎的环境，同时往往也表现为很多人同时拉鼎，体现“使千人求之”。而新都杨升庵博物馆藏的“鼎人”画像砖的内容没有体现其中任何特点。A 型画像砖上没有任何拉拽牵引的动作，B 型的两根绳子系在鼎盖上而非鼎身上，以常识来看，这样的动作导致的应该是揭开鼎盖而非拉起鼎身。综上，笔者认为不能将新都杨升庵博物馆藏的“鼎人”画像砖归为“泗水捞鼎”的题材。

（二）捞鼎嬗变说

有的研究者认识到四川地区的这些“鼎人”画像砖受到了道教文化的影响，指出四川地区“鼎人”画像砖受中带盖圆鼎表现的是炼丹所用之丹鼎；但仍然认为这些图像是“泗水捞鼎”题材流传到四川后经过演变呈现出来的不同形态，是丹鼎题材对已经非常成熟的取鼎图像进行挪用与改造的过程[2]。

（三）道教炼丹说

有部分研究者认为新都杨升庵博物馆藏的“鼎人”画像砖中的鼎是丹鼎，画面表现的是炼丹场景。罗二虎先生将 A 型画像砖归为“炼丹图”，同被归为“炼丹图”的还有泸州大驿坝 1 号东汉中期墓石棺画像砖中的鼎和人的图像（图四），该画像左侧是一大鼎，造型与新都杨升庵博物馆藏画像砖中的鼎类似，均为带盖圆鼎，饰云气纹。右侧人物手持节杖、头戴特殊装饰，“很可能就是汉代的道士”[3]。

庄小霞先生从鼎的形制、丹鼎图内容以及丹鼎图的含义等各方面分析，认为四川地区汉画丹鼎图是表现四

[1]［汉］司马迁：《史记》，北京：中华书局，1963 年，第 248 页。
[2] 吴雪杉：《从“九鼎”到“丹鼎”——四川汉代“取鼎”图像的嬗变》，《天津美术学院学报》2011 年第 2 期。
[3] 吴雪杉：《从“九鼎”到“丹鼎”——四川汉代“取鼎”图像的嬗变》，《天津美术学院学报》2011 年第 2 期。

川地区炼丹术的图像，内容与“泗水捞鼎”题材的画像是截然不同的[4]。

无论是“炼丹说”还是“嬗变说”，都肯定了“鼎人”画像砖图像具有道教炼丹色彩，其中的“鼎”也应当是丹鼎。从整体方向上来看，笔者基本认同这种观点，并从“鼎人”画像砖其他内容细节上找到了相应的证据。

除了前文所述的鼎的形制、纹饰之外，从新都杨升庵博物馆藏“鼎人”画像砖中人物的一些细节上，也能发现一些与道教炼丹相关的证据。关于A型“鼎人”图像右侧人物手中所持之物，之前也有研究者在其各自的研究中有过简要描述。吴雪杉先生将其描述为一端系于鼎身一端持于人手的“细绳”，并认为“从取鼎的角度来看，这根绳子的效果并不乐观”[5]。罗二虎先生描述鼎旁两个人物“宽衣长袍，或高冠持笏，或手持芝草，也应是道士之类的人物”[6]。笔者认同罗二虎先生对此细节的描述，认为右边人物手持的物品为芝草。事实上，这种分叉“树枝状”的图像在很多汉画像中都曾出现，而这些画像往往与升仙、西王母等题材相关。王仁湘先生曾对这种“芝草”图像做过整理和研究，举出在很多画像中都出现过这种“芝草”的例子，其中就有同样属于新都杨升庵博物馆藏的“仙人骑鹿”画像砖（图六），鹿前有一持三歧灵芝的仙人，灵芝上可以明显地看到三个菌盖，王仁湘先生认为其是“灵芝之属”[7]。王仁湘先生的研究指出，部分“芝草”图像表现有完整的伞盖（图七），有的则只保留了“树枝状”的分叉（图八）[8]。A型“鼎人”图像右侧人物手中所持之物当属后者，是一种“芝草”。汉代求仙炼丹盛行，灵芝更是被当做仙药。手持“仙药”的人站在圆鼎旁边，更印证了馆藏“鼎

图五　泸州大驿坝1号东汉中期墓石棺画像砖中的“鼎人”图像

图六　馆藏“仙人骑鹿”画像砖

图七　成都出土西王母画像砖及其局部图，右下角玉兔跪姿手握芝草

图八　河南淅川出土手握芝草的羽人画像砖，没有表现灵芝的菌盖

[4] 庄小霞：《四川汉画像所见丹鼎图考》，《四川文物》2015年第6期。
[5] 吴雪杉：《从“九鼎”到“丹鼎”——四川汉代“取鼎”图像的嬗变》，《天津美术学院学报》2011年第2期。
[6] 吴雪杉：《从“九鼎”到“丹鼎”——四川汉代“取鼎”图像的嬗变》，《天津美术学院学报》2011年第2期。
[7] 王仁湘：《汉画芝草小识》，《中华文化画报》2012年第4期。
[8] 王仁湘：《汉画芝草小识》，《中华文化画报》2012年第4期。

人”画像砖的道教炼丹主题。

三、“鼎人”画像砖中“鼎”的用途

如前文所述，新都杨升庵博物馆藏“鼎人”画像砖表现的内容主题与道家炼丹文化密切相关。但这是否就代表其中“鼎”的图像就是炼丹用的“丹鼎”呢？笔者对此有很大的疑问。从画像砖图像内容来看，图像中表现的有“人”和“鼎”，甚至有前文所述的“芝草”，但却没有表现有“火”“蒸汽”等切实与“炼丹”场景相关的内容。同时，从图像中“鼎”本身的器型来看，与这种图像相似的器物或许也并不适合用来炼丹。

（一）关于炼丹器的形制

从有关中国古代炼丹设备的研究中可以了解到，新都杨升庵博物馆藏“鼎人”画像砖图像中“鼎”的形制并不适合炼丹。

理想的炼丹设备具应该是一种“蒸馏器”，蒸馏是一种热力学的分离工艺，它利用混合液体或液－固体系中各组分沸点不同，使低沸点组分蒸发，再冷凝以分离整个组分的单元操作过程，是蒸发和冷凝两种单元操作的联合。炼丹需要把所需“精华”物质从原料中提炼出来，由蒸发单元和冷凝单元两个部分组合而成的“蒸馏器”才是能完成这个提取工作的设备。

汉代出土的蒸馏器中，都具有这样的整体结构，实验人员对这些器物进行了模拟实验，证明这样的结构可以提取原料中的有效成分[1]。而后世对炼丹设备的记载中，也可以看到“容二斗”“釜中之气在达于罐中之水而止”[2]的记载。

而“鼎人”图像中的“鼎”是一个单一结构的带盖圆鼎，从造型上来讲不具有这样的功能，更适合作为容器或具有简单加热功能的煮器，而不适合作为炼丹设备。

（二）“鼎”图像与相似器物的对比

从形制上看，新都杨升庵博物馆藏画像砖中“鼎”都是带盖圆鼎，蹄足，曲尺形耳。与之相似的有部分青铜带盖圆鼎，以战国时期较为常见。同时，与画像砖年代更接近的汉代漆鼎均为圆鼎，其中大部分都带盖。总体造型以鼓腹、矮兽蹄足、外撇器耳为明显的时代特征[3]（图九[4]），与新都杨升庵博物馆藏画像砖中“鼎”十分接近。

图九　成都老官山汉墓出土陶胎漆鼎

从纹饰上看，从新都杨升庵博物馆藏画像砖中“鼎”都是以云纹、云气纹为主，其中B型“鼎人”画像砖中的“鼎”遍饰云气纹。这在青铜器中非常不常见，青铜

[1] 赵倩卉：《对古代蒸馏器的再认识》，郑州大学文物与博物馆专业2018届硕士学位论文。
[2] [明]宋应星：《天工开物》卷十六，北京：中华书局，1983年，第275—276页。
[3] 王哲：《战国至西汉漆鼎研究》，中央美术学院2011届硕士学位论文。
[4] 李阳、周潇：《成都老官山汉墓出土陶胎漆鼎的修复》，《文物修复与研究》2016年。

图十　馆藏 A 型“鼎人”画像砖色彩还原

鼎的云雷纹或云气纹极少单独使用，而常作为空白填充的背景纹理[1]。但在汉代漆器中却经常能见到以云纹、云气纹为主的装饰方法。A 型“鼎人”画像砖中的“鼎”上简化的云纹虽然没有遍饰鼎身，但其装饰的鼎盖、鼎腹、鼎底部等位置也正是漆鼎纹饰最常装饰的位置[2]。

此外，色彩也是非常重要的一点。新都杨升庵博物馆藏的“鼎人”画像砖一难得的保留了部分色彩，主要以红色和黑色的颜料装饰为主，而红黑两种颜色也正是汉代漆器中最常用的两种颜色。笔者利用电脑图像处理技术，将有颜料的区域颜色填充，对馆藏“鼎人”画像砖一做了一个彩色的“拓片”（图十）。从这个图中能很直观的看到此鼎的形制、纹饰以及色彩都和汉代漆鼎十分相似。

漆鼎的胎骨有木胎、陶胎和青铜胎。从四川地区出土漆鼎的情况来看，成都老官山汉墓、绵阳双包山汉墓均出土漆鼎，且都是陶胎漆鼎。成都老官山汉墓中的陶胎漆鼎主要出土在三号墓底箱，同样在三号墓底箱中出土的还有人体经穴俑[3]。绵阳双包山一号墓和二号墓中均出土陶胎漆鼎，在二号墓中也出土了人体经脉漆雕[4]。人体经穴俑作为重要的医学文物，其背后的意义与养生、长生密切相关[5]。此外，双包山二号墓还出土银白色膏状金汞合金一块，被认为是我国最早的道教炼丹实物[6]。陶胎漆鼎与这些遗物同时出土，或许也与道教炼丹的因素有一定的联系。无论是青铜鼎还是漆鼎，其功能都是以礼器和容器的功能为主，在已有的考古发现中，笔者不曾发现以鼎炼丹的明确证据。

（三）“鼎人”画像砖与“太阴炼形”的联系

“太阴炼形”是两汉墓葬中保存着以死为尸解而“暂过太阴”、继而得神药以升仙的信仰。神使、神鸟、丹鼎都是其中常出现的象征符号，目的是达成墓葬对死者的生命转换功能[7]。

---

[1] 何蕾：《论从凤鸟纹到云气纹：战国两汉漆器纹饰的流变》，华中师范大学 2007 年硕士学位论文。
[2] 王哲：《战国至西汉漆鼎研究》，中央美术学院 2011 届硕士学位论文。
[3] 谢涛、武家璧、索德浩、刘祥宇：《成都市天回镇老官山汉墓》，《考古》2014 年第 7 期。
[4] 赵树中、胥泽蓉、何志国、唐光孝、陈显双：《绵阳永兴双包山二号西汉木椁墓发掘简报》，《文物》1996 年第 10 期。
[5] 何志国、孙淑云、梁宏刚：《我国最早的道教炼丹实物——绵阳双包山汉墓出土金汞合金的初步研究》，《自然科学史研究》2007 年第 1 期。
[6] 何志国、孙淑云、梁宏刚：《我国最早的道教炼丹实物——绵阳双包山汉墓出土金汞合金的初步研究》，《自然科学史研究》2007 年第 1 期。
[7] 姜生：《汉墓的神药与尸解成仙信仰》，《四川大学学报》（哲学社会科学版）2015 年第 2 期。

有两个“太阴炼形”的例证十分值得关注，其一是山东济南市无影山南坡西汉早期墓 M11 出土的彩绘陶载人鸠（图十一）。鸠的双翅上有两尊带盖的三足圆鼎，与新都杨升庵博物馆藏画像砖中的“鼎”非常相似，而鼎前方的人物与鼎的大小比例也与新都杨升庵博物馆藏“鼎人”画像砖十分接近。庄小霞先生认为“这两尊与仙药相关的鼎，应当就是丹鼎”[1]。其二是江苏睢宁九女墩东汉墓出土的画像石（图十二），画面中间两只玉兔守卫在丹鼎两旁，“汉画中的玉兔从捣药到护鼎，其思想内涵是一致的，即与丹药有关”[2]。从中可以看到，典型“泗水捞鼎”图像流行的山东、江苏地区，仍有带盖圆鼎的图像出现，而其表现的内容与“泗水捞鼎”题材的画像是截然不同的。由此观新都杨升庵博物藏“鼎人”画像砖，皆以“鼎”为核心，左右二人。其中的“鼎”可能表现的是存放“仙药”之器，画面内容可能具有“太阴炼形”的象征意义。

图十一　彩绘陶载人鸠

图十二　江苏睢宁九女墩东汉墓出土的画像石拓片

四、结语

通过对新都杨升庵博物藏的四件“鼎人”画像砖图像内容的分析和研究，笔者认为新都杨升庵博物馆藏的“鼎人”画像砖应是表现炼丹、升仙相关题材的鼎。但其中的“鼎”图像虽与道教炼丹有关，但可能并非表现炼丹所用的设备，而更可能是盛放丹药、芝草之类“仙药”的器物，与“太阴炼形”或有密切联系，具有升仙、长生的象征意义。

[1] 庄小霞：《四川汉画像所见丹鼎图考》，《四川文物》2015 年第 6 期。
[2] 庄小霞：《四川汉画像所见丹鼎图考》，《四川文物》2015 年第 6 期。

后记

《新都杨升庵博物馆藏珍》一书历时数年规划，经过近两年的文物清理、筛选、分类，条目及论文撰写、文物摄影和设计排版等一系列辛勤工作，最终形成了这部重点突出、特色鲜明、学术性强、图像精美的画册。这一成果离不开新都区政府指导，离不开博物馆员工们的齐心协力，离不开四川大学博物馆和历史文化学院、艺术学院等诸位学者的专注研究，离不开众多专业摄影师的倾情拍摄，现将本书分工详述如下：

四川大学历史文化（旅游）学院院长、博士生导师霍巍教授和国家文物出境鉴定四川站专家们助力调配人才资源，新都博物馆刘雅平副馆长带领王波、余卓然、姜思绪等同事全力配合专家清点梳理文物信息，整理核查相关资料、数据，全程配合文物拍摄工作；四川大学博物馆张苹编审综合众专家意见策划编写了全书纲要、具体组织了全书的文字撰著、图片拍摄，并承担后期的编排、设计、审稿等各项工作。

文字撰写：四川大学历史文化学院霍巍教授为本书撰写了序言、石门关碑刻专题文字及专题论文；索德浩副教授负责撰写馆藏东汉特色文物总体介绍、东汉陶俑部分的文字及专题论文；罗二虎教授负责了汉画像砖部分的文字及专题论文；李晓宇副教授负责了馆藏杨升庵专题文物的总体介绍，其遗墨、著述、碑刻部分的文字及专题论文；艺术学院李明副教授负责了升庵题材书画、馆藏书画精品部分的文字，并撰写了专题论文；国家文物出境鉴定四川站郎俊彦撰写了馆藏其他文物精品总体介绍和两宋风采、人文明清部分的文字，刘婵撰写了古蜀名都、汉风唐韵部分的文字；新都博物馆王波撰写了引言，余卓然撰写了专题论文。

摄影：本书文物图片主要由雅昌文化（集团）有限公司潘敏君、邹嘉、胡静波拍摄，部分采用了成都市考古院李绪成、李升作品；文物艺术摄影由艺术家胡晓流、余林峰创作；景观图片主要由四川省摄影协会副主席冉玉杰、新都杨升庵博物馆王波拍摄。本书有幸请到了南充书法家邱尧正先生题书杨升庵《临江仙》。

四川美术出版社林雪红担任艺术顾问，亲临指导设计；巴蜀书社童际鹏、马兰为审稿付出辛勤劳动；四川大学文新学院研究生罗颖明参与了此书编辑工作。雅昌文化（集团）有限公司负责调色、制版和印制。此外，在全书的编撰过程当中，还有无数同仁为本书的工作团队提供了无私的帮助和支持，恕不一一列举，但皆感铭于心！值此之际，我们谨向上述单位和个人表示衷心的感谢，并期望通过本书的出版发行将新都杨升庵博物馆的馆藏珍品更多展示于世人，让新都这一历史名城深厚的文化弘扬光大。

编　者

2019 年 11 月 23 日

图书在版编目（CIP）数据

新都杨升庵博物馆藏珍 / 新都杨升庵博物馆、四川大学博物馆编. -- 成都：巴蜀书社，2019.12

ISBN 978-7-5531-1243-5

I. ①新… II. ①新… ②四… III. ①博物馆－历史文物－介绍－新都区 IV. ①K872.714

中国版本图书馆 CIP 数据核字（2019）第 268761 号

新都杨升庵博物馆藏珍

XINDU YANGSHENGAN BOWUGUAN CANGZHEN

新都杨升庵博物馆
四川大学博物馆 编

责任编辑	童际鹏
特约编辑	康　燕　　罗颖明
整体设计	张　苹　　康　燕
出　　版	巴蜀书社 成都市槐树街 2 号　　邮编 610031 总编室电话：（028）86259397
网　　址	www.bsbook.com
发　　行	巴蜀书社 发行科电话：（028）862594221　86259423
经　　销	新华书店
印　　刷	雅昌文化（集团）有限公司
版　　次	2019 年 12 月第 1 版
印　　次	2019 年 12 月第 1 次印刷
成品尺寸	230 × 300mm
印　　张	16.75
字　　数	200 千字
书　　号	ISBN 978-7-5531-1243-5
定　　价	660.00 元